양식의 양식

한식에서 건진 미식 인문학

양식의 양식

송원섭·JTBC 〈양식의 양식〉 제작팀 지음

중앙books

일러두기

1. 이 책에 등장하는 외국 인명, 지명, 음식명 및 독음은 국립국어원 외래어표기법에 따르되
일부 상호명은 현지에서 사용하는 대로 표기했다.

2. 도서명은 《 》, 소설이나 시, 영화명, 방송 프로그램명 등은 〈 〉로 표기했다.
국내에 출간되지 않은 도서에 한해 원제를 병기했다.

    〈양식의 양식〉은 2019년 12월 1일부터 2020년 2월 9일까지 JTBC와 히스토리 채널코리아를 통해 방송된 8부작 교양 프로그램이다. 전 세계 음식문화 속에서 오늘날 한식의 진정한 본 모습을 찾아 모험을 펼치는 내용으로, JTBC와 글로벌 네트워크인 A+E 네트워크가 공동 제작했다.

    음식 연구가 백종원, 정재찬 한양대 국어교육과 교수, 유현준 홍익대 건축과 교수, 작가 채사장, 동방신기 멤버 최강창민 등 각 분야의 다섯 전문가들이 출연해 냉면, 백반, 국밥, 치킨, 짜장면, 불+고기, 삼겹살, 삭힌 맛 등 한식 8가지를 두고 밥상 앞에서 다채로운 이야기를 펼쳤다.

    제목 〈양식의 양식〉에서 앞의 '양식'은 흔히 우리가 '오늘의 일용할 양식'이라고 말할 때 쓰는 양식糧食, 즉 식량 혹은 음식이라는 의미다. 뒤의 양식은 '양식 있는 사람이 되자'라고 할 때의 양식良識이면서, 동시에 '바로크 양식', '주심포 양식'처럼 사전적인 의미로 '시대나 부류에 따라 각기 독특하게 지니는 문화 예술의 형식'을 뜻하는 양식樣式이기도 하다.

    다시 말해, '양식의 양식'이라고 하면 '먹고사는 방법에 대한 건전한 상식'이자 '인류가 먹어온 음식들의 스타일에 대한 탐구'라는 의미도 담고 있다.

    미국, 스페인, 중국, 태국, 프랑스, 인도네시아 등지에서 촬영된 〈양식의 양식〉은 한국 방송 이후 2020년 8월까지 일본, 싱가포르, 태국, 대만, 베트남, 말레이시아, 캄보디아, 인도네시아 등 총 18개국에서 방송되어 호평을 얻었다.

〈양식의 양식〉을 촬영한 8개월 동안 송원섭 CP와 이야기를 나눠보고 '이 사람도 식탐이 어지간하지 않구나' 하고 느꼈다. 그 욕심 덕분에 이런 기획이 나왔고, 함께 의미 있는 작업을 할 수 있었던 것 같다. 책에는 영상에 담기지 않은 이야기들도 많은 걸 보니 열심히 공부한 흔적이 느껴진다. 부디 이 책이 많은 분들에게 읽혀서, 늘 곁에 있어 귀한 줄 몰랐던 우리 음식에 대해 좀 더 풍성한 관심을 가져주시길 기대한다.

백종원(요리연구가)

인간이 살아가는 데 필수적인, 이른바 의식주라는 3대 요소 가운데 하나임에도, 정작 우리는 그 세계에 관한 인문학적 탐구를 게을리한 것은 아닌지, 그 반성과 호기심으로 시작된, 양식에 관한 양식을 찾아가는 긴 여행. 막상 떠나본즉 그

길은 생각보다 너무나 넓고도 깊어서 험난하기가 그지없었다. 그래도 행복했던 것은 동고동락하며 맛과 지식과 경험을 나눈 도반道伴들 덕택. 다만 아쉬웠던 것은 그 기나긴 여행기를 담기엔 아무래도 방송은 물리적 제한이 컸다. 그런데 이렇게 번듯하고 이토록 풍성한 책을 마주하게 되니 이제야 비로소 안도의 한숨이 나온다. 오늘도 양식을 대하며 양식 있는 사람으로 살고자 한다면, 그리하여 배부른 소크라테스가 되길 원한다면 꼭 이 책을 읽어보시길 자신 있게 권한다.

정재찬(문학평론가, 한양대 국어교육학과 교수)

 건축은 그 나라의 문화, 경제, 기술, 지리 등이 총망라해서 들어가 있다. 건축을 이해하면 사람이 이해가 되는 이유다. 음식도 마찬가지다. 음식은 지리가 만들어내는 식재료, 당시 사람들의 기술, 물류, 무엇보다도 가장 감성적인 의사결정인 입맛이 합쳐져서 만들어진 결정체다. 대한민국 사람들이 좋아하는 8가지 음식에 대해서 알아가다 보면 한국 사회를 이해하게 되고 더 나아가 나와 인류에 대한 이해까지 자연스럽게 이어지게 된다. 이 책이 의미를 가지는 이유다.

유현준(건축가, 홍익대 건축학과 교수)

 삶 안에서 빈번하게 만나는 것이 음식이지만, 자세히 들여다보면 음식마다 우리의 삶을 담아내고 있음을 알게 된다. 역사와 문화가, 전통과 이야기가 어떻게 하나의 맛과 향으로 버무려질 수 있는지를 알고자 하는 독자에게 이 책은 친절한 레시피가 되어줄 것이다.

채사장(작가,《지대넓얕》시리즈 저자)

'아는 만큼 보인다'라는 말처럼 '아는 만큼 맛있다'라고 말하고 싶다. 우리의 밥상 속 숨겨진 감칠맛(?)을 찾아줄 책. 얼른 코로나 시대가 끝나고 맛있는 음식을 찾아 어디로든 떠나고 싶어진다. 맛있게 촬영하던 그때가 그립다.

최강창민(아마추어 요리연구가, 동방신기 멤버)

"조금 더 생각해보면 냉면이란 음식이 대체 어쩌다 한국에서 이런 인기를 누리게 됐을까 하는 의문이 떠오른다. 더위로 치자면 훨씬 더운 나라 천지고, 국수 사랑으로 따져도 결코 한국에 뒤지지 않는 나라가 한둘이 아니다. 스파게티의 나라 이탈리아에도 식혀 먹는 국수가 있긴 하나 샐러드에 파스타를 얹는 정도다.

이웃 중국과 일본의 대표 음식 중에도 차가운 국수는 쉬 눈에 띄지 않는다. 중국엔 량몐凉麵이나 렁반몐冷拌麵이 있긴 하지만, 이 음식들은 비빔국수 수준에 지나지 않는다. 오히려 북한과 옌볜의 영향으로 동북식냉면이니 조선냉면이니 하는 음식들이 침투하고 있다. 일본에도 히야시추카冷やし中華라는 차게 식힌 라멘이 있지만 이름만 봐도 자국 음식 대접을 못 받는 것을 알 수 있다. 한국의 냉면만큼 보편화된 품목을 찾자면 장에 찍어 먹는 메밀소바 정도다. 그러나 이 역시 한국처럼 벌컥벌컥 육수를 들이켜며 더위를 쫓는 음식

과는 거리가 멀다. 게다가 평양냉면 마니아들은 여름 아닌 한겨울
이 제철임을 지적한다. 싸늘한 동치미 육수를 싹 비운 뒤, 거리로
나가 찬바람을 맞으며 '아, 시원하다(물론 '씨원하다'라고 써야 더 느
낌이 온다)'고 중얼거리는 바로 그 맛. 대체 한국인들은 어쩌다 이런
별난 습성을 갖게 된 걸까. 한국인의 냉면 유전자가 궁금하다."

2009년 7월 17일 자 중앙일보 지면의 고정 칼럼인 〈분수대〉에 '냉면'
이라는 제목으로 썼던 글의 뒷부분입니다. 이때부터 〈양식의 양식〉 같
은 방송 프로그램을 만들어보면 어떨까 하고 생각했으니, 11년 만에 꿈
이 이뤄진 셈입니다.

언제부터인지 정확히 기억은 나지 않지만, 우리가 사랑하는 한식이란
과연 어떤 음식인가 하는 생각을 해보았습니다. 우리 중의 몇몇은 불고
기, 비빔밥, 냉면, 김치를 단지 맛있는 음식이라고 생각하는 데서 그치지
않고, '반만년 조상의 얼'과 '민족의 지혜'를 비춰주는 등불로 여기는 듯
합니다. 하지만 무턱대고 우리 것이 최고라고 주장하는 목소리에는 왠
지 반발하고 싶어집니다. 한식이 맛있는 것은 분명하지만, 과연 이 음식
들이 다른 문화권의 전통 음식보다 '뛰어난' 것일까요? 대체 어느 지역
의 조상님들인들 지혜롭지 않았을까 말입니다.

그래서 언젠가 기회가 오면, 우리가 즐겨 먹는 우리나라의 대표 음식

들이 어떤 과정을 거쳐 오늘날에 이르게 되었는지를 살펴보고 싶었습니다. 조금만 들여다봐도 역시 순결한 음식이란 없었습니다. 사람들이 흔히 생각하는 것과는 달리 음식문화란 다른 어떤 문화 요소보다도 외부로부터의 영향에 민감하고, 생각보다 빠르게 변해왔습니다.

예를 들어 불고기를 이야기할 때 우리는 '고구려 맥적의 전통'을 이야기하곤 하지만, 실제로 우리가 먹는 불고기는 19세기에 와서야 오늘날의 형태를 갖추게 되었습니다. 설렁탕과 짜장면의 역사가 간신히 100년을 넘기고, 구운 삼겹살을 식당에서 판 일은 채 50년을 넘지 않습니다. 그래서 우리가 이렇게 먹는 동안 다른 나라들은 비슷한 재료로 어떤 음식을 만들어 먹었는지, 또 그 차이는 도대체 어디서 온 것인지를 비교해보고 싶었습니다. 그러면 세상에는 이렇게나 먹는 방법이 다양하고, 그렇게 된 데에는 다 이유가 있겠구나 하는 것을 느낄 수 있을 테니 말입니다.

이런 생각을 하던 차에 동아시아 음식문화 연구의 대가인 이시게 나오미치의 책《음식의 문화를 말하다》를 읽다가 다음과 같은 구절을 발견하고 쾌재를 불렀습니다.

"문화를 고찰할 때 유효한 방법론은 결국 '비교하는 것'과 '역사적으로 고찰하는 것'이다. (중략) 그래서 음식에 대해 연구할 때는 '비교의 관점'과 '과거를 거슬러 올라가 추적하는 관점'이 중요한 것이다."

그래, 해보자.

그렇게 해서 기획안을 쓰고, 여러 사람을 만나 설득하는 과정에서 깨달음을 얻었습니다. 외식사업가이자 방송인으로 한국 음식문화를 이끄는 한 축인 백종원 대표를 비롯해 〈양식의 양식〉이란 제목을 지어주신 문학평론가 정재찬 교수님, 각국의 문화와 미감에 정통한 건축가 유현준 교수님,《지대넓얕》시리즈의 저자이며 박학다식의 상징인 채사장님, 그리고 K-POP의 레전드이자 최근 요리왕으로 거듭나고 있는 동방신기의 최강창민 군이 이런 취지에 공감해 저희의 긴 여정에 동참해주셨습니다. 돌이켜보면 이런 대단한 출연진들이 모여 함께할 수 있던 것도 저희 제작진의 복인 듯합니다.

출연진들과 함께 스페인, 미국, 프랑스, 태국, 인도네시아, 중국을 누비며 6개월간 촬영하는 과정에서 별별 일이 다 있었습니다. 제작진의 준비 부족으로 고생하신 출연진의 노고에 대해서는 입이 열 개라도 할 말이 없습니다. 오히려 제작진을 위로하고 격려해주신 출연진께 다시 한번 감사를 드립니다. 특히 미국 뉴욕 촬영 때 숙소였던 뉴저지주의 한 3층 집에서, 제작진의 노고를 위로하기 위해 부대찌개와 꼬리곰탕을 직접 끓여주신 백종원 대표님, 감사합니다. 맛도 물론 기가 막혔지만, 새벽 3시에 꼬리곰탕 솥(이라기보다 들통)의 물을 보충하기 위해 밤잠을 설치신 노고는 앞으로도 잊을 수 없을 것 같습니다.

〈양식의 양식〉 방송이 나간 뒤로 많은 피드백을 받았습니다만, 누구보다 아쉬운 것은 저희 제작진이었습니다. 사실 방송으로 보여드린 내용은 그간 고민하고 고생해 카메라에 담은 것에 비하면 그야말로 일부분이었을 뿐입니다. 그런 아쉬움도 이 책이 나오게 된 계기 중 하나입니다. 아마 방송을 보신 분들은 책을 보면서 '아, 그래서 그때 이런 얘기가 나왔던 것이구나!' 하실 것이고, 책을 먼저 접하시는 분들은 내용 속의 별미들을 직접 눈으로 확인하기 위해 영상을 보실 것을 권해 드립니다.

사실 출연진 외에도 감사 인사를 드려야 할 분들이 너무나 많습니다. 감수를 맡아 제작진의 쏟아지는 질문에 척척 대답을 주신 한국 음식문화사의 1인자 주영하 교수님, 사소한 질문에도 감동적인 성의로 대답해 주신 문정훈 교수님, 최정윤 셰프님, 선우성 사장님, 김영철 사장님, 김인복 사장님, 장승연 대표님, 안영자·손덕준·유방녕·여경래 셰프님 등 일일이 거론하기에는 너무 많아 이 정도에서 일단 맺도록 하겠습니다.

마지막으로 공동제작사인 A+E 네트웍스의 소영선 대표님, 박승호 본부장님, 프로젝트 시작 때부터 때로는 격려와 지원으로, 때로는 직접 나서서 모든 장벽을 허물어주신 신예리 JTBC 보도제작국장님, 인생의 1년을 이 프로젝트에 쏟으신 JTBC 한경훈 차장을 비롯해 문진명·민선기·조치호·이태희·차예슬 PD, 김미수·하주원·김운·남두희·김태희 작가님 그리고 막내 라인에서 고생만 했던 박혜원·류정하·홍명지 님께

이 자리를 빌려 못다한 감사를 드립니다. 이분들이 없었으면 〈양식의 양식〉도, 이 책도 세상에 나오지 못했을 것입니다.

아울러 근거 없는 칭찬과 가열찬 격려로 초보 필자를 채찍질해 주신 중앙북스의 조한별·김수나 님께도 고마움을 표현하고 싶습니다.

P.S. 원고 작성과 수정으로 긴 여름을 다 지내고 마침내 책이 나온다고 생각하니 두려움이 앞섭니다. 비록 본문의 한 자 한 자를 제가 직접 쓰고, 나름 꼼꼼히 팩트체크를 했다고 생각합니다만, 아무래도 부족한 부분이 눈에 띄시면 너른 아량으로 무지를 지적해주시기 바랍니다. 이를 바로잡고 다듬는 데 성의를 아끼지 않겠습니다.

마지막으로 셰익스피어의 말을 살짝 비틀어 각오에 대신하려 합니다.

"The which if you with patient eyes attend, what here shall miss, our toil shall strive to mend(참을성 있는 눈으로 읽어주시면, 모자란 점은 최선을 다해 보완하오리다)."

2020년, 가을

송원섭

1장

소가 부와 권력의 상징이라면 돼지는 처음부터 식재료였다. 육식 소비량의 최고로 등극한 돼지고기의 매력은 과연 무엇일까? 그중에서도 전 세계 삼겹살을 죄다 먹어치우는 한국! 해외에서는 삼겹살은 먹지 않는다? 삼겹살을 둘러싼 오해와 진실, 그리고 매주 삼겹살을 먹는 당신도 몰랐던 삼겹살의 숨은 이야기!

불판 위에 지글지글,
新한류 아이돌

삼겹살

인간은 왜 구운 돼지고기를
사랑하게 되었나

영국의 수필가 찰스 램Charles Lamb(1775~1834)의 대표작《엘리아 수필 Essays of Elia》에는 〈구운 돼지에 대한 고찰A Dissertation Upon Roast Pig〉이라는 에세이가 나온다. 에세이라고는 하지만 앞부분은 소설이라고 해도 무방하다. 램은 M이라는 친구로부터 건네받은 고대 중국 문헌의 내용을 소개한다며(물론 사실무근) 다음과 같은 이야기를 늘어놓는다.

옛날, 중국 한 마을에 호티와 보보라는 부자父子가 돼지를 키우며 살고 있었다. 당시까지 세상 모든 사람은 고기를 구워 먹을 줄 몰랐고, 날고기를 뜯어 먹는 것이 유일한 섭식 방법이었다.

어느 날 호티가 집을 비운 사이 보보는 불을 가지고 놀다가 실수로 돼지우리를 홀랑 태웠고, 어미와 새끼까지 아홉 마리나 타 죽어버렸다. 사태를 어찌 수습하나, 공포에 질린 보보의 코를 묘한 냄새가 자극하기 시작했다. 생전 처음 맡아보는 냄새에 고개를 갸웃거리던 보보는 혹시 돼지가 살아 있는 건 아닐까 싶어 타 죽은 돼지의 껍데기를 만졌고, "앗 뜨거!" 외치며 본능적으로 손가락을 입에 갖다 댔다. 그러자 손가락에 달라붙어 있던 익은 돼지 껍질이 보보의 입속으로 들어갔다. 순간 보보의 머릿속에서 찬란한 빛과 함께 환희의 송가가 울려 퍼졌다. 위대한 발견의 순간이었다.

집에 돌아온 호티는 검은 연기가 피어오르는 돼지우리 앞에서 무언가를 열심히 하고 있는 아들을 발견했다. 가까이 가서 보니 아들이 타 죽은 돼지를 뜯어 먹고 있는 게 아닌가! 아들은 다짜고짜 돼지 살점을 찢어 아버지에게 쥐여주고는 연신 "먹어 봐, 먹어 봐!" 하고 말했다. 돼지 살점은 여전히 뜨거웠고, 호티 역시 "앗 뜨거!"를 외치며 손가락을 입으로 가져갔다. 이내 호티에게도 같은 일이 벌어졌고, 두 부자는 그 자리에서 돼지 아홉 마리를 모두 먹어치웠다.

그로부터 호티의 집에는 수시로 불이 나기 시작했다. 주로 암돼지가 새끼를 낳은 날 불이 났다. 그들을 수상하게 여긴 이웃들은 우연히 이들 부자가 죽은 돼지를 먹는 광경을 보았고, 이들을 신고했다. 즉시 재판이 열렸고, 증거물로 여전히 연기가 나는 타 죽은 돼지 사체가 채택됐다. 증거물을 확인하기 위해 돼지 사체에 손을 대자, 똑같은 일이 반복됐다. 재판관들은 서로 눈빛을 교환한 뒤 그들에게 무죄를 선고했고, 재빨리 시장에 가서 닥치는 대로 돼지를 사 모았다. 그리고 며칠 뒤, 그들의 저택에서 불이 났다….

    찰스 램은 아마도 자신의 영국인 조상들이 맨발로 다니던 시절에도 중국인들은 비단 옷을 걸치고 산해진미를 즐겼다는 사실을 몰랐을테니 이런 허황된 이야기를 만들어냈겠지만, 메시지는 충분히 수긍할 만하다. 요컨대 구운 돼지고기란 집을 홀라당 태워가면서라도 먹을 만한 가치가 있는 음식이라는 것이다. 종교적인 이유로 돼지고기를 멀리하는 사람이 아니라면 누가 감히 동의하지 않을까. 소, 양, 염소, 토끼, 사슴 등 인간이 잡아서 구워 먹었던 수많은 동물 가운데서도 찰스 램이 굳이 돼지를 가지고 이런 이야기를 만든 것은, 아무래도 구워지는 과정에서 풍겨 나오는 매혹적인 냄새라는 측면에서 볼 때, 돼지고기를 능가할 만한 식재료가 드물기 때문이었을 것이다.

    돼지고기 사랑이라면 한국인 역시 빠질 수 없다. 대한민국은 유럽연합(EU), 미국, 중국, 베트남에 이어 세계 5위권의 돼지고기 소비국이다. 2018년 한 해 동안 국내에서 도축된 돼지는 약 1,700만 마리. 대한민국 국민 세 사람이 돼지 한 마리씩을 먹어치운 수치다. 하지만 〈양식의 양식〉에 '삼겹살' 편을 넣은 것은 단지 한국인이 돼지고기를 많이 먹기 때문만은 아니다. 매우 독특하고 고집스러운 방식으로 돼지고기를 소비한다는 점이 가장 큰 이유였다.

▲ 삼겹살 구이는 돼지의 갈비 아래, 뱃살을 구운 한국 음식이다.

　물론 오늘날 우리가 돼지고기를 먹는 방법은 꽤 다양해졌다. 전통적인 방식대로 삶아서 수육으로 먹고, 국물을 내 국밥을 말아 먹고, 갈비는 달달하게 양념해서 구워 먹고, 족발은 역시 양념에 담가 푹 삶아 먹고, 곱창은 끓이거나 볶아 먹고, 볶음 요리가 일반화된 뒤에는 전지, 삼겹살 등 다양한 부위를 고추장 양념에 한데 볶아서 제육볶음이나 두루치기를 해 먹는다. 하지만 이 모든 방법을 넘어 가장 인기 있는 방식은 역시 철판에 올려 구워 먹는 방식이다. 그중에서도 가장 사랑받는 부위는 누가 뭐래도 삼겹살.

　21세기 한국인은 돼지의 다양한 부위 가운데 삼겹살에 대한 편애가 매우 심한 민족이다. 구이로 한정할 때 목살이나 돼지갈비를 좋아하는 사람들도 많지만 삼겹살을 사랑하는 대다수 국민에 비하면 역시 소수파에 지나지 않는다. 2017년 농촌진흥청이 실시한 돼지고기 소비실태 조사에 따르면 성인 응답자 737명 중 61.3퍼센트가 가장 좋아하는 부위로 삼겹살을 꼽았다.

놀라운 것은, 한국인이 삼겹살에 열광하게 되기까지 걸린 시간이 길게 잡아 50~60년 정도밖에 안 된다는 사실. 넉넉잡고 100~200년쯤 거슬러 올라가면, 돼지고기를 먹는 것 자체가 그리 환영받는 일이 아니었다. 설마 하는 분이 많겠지만 사실이다. 만약 여러분이 1960년대의 서울 시내 번화가에 있다면, 하루 종일 돌아다녀도 삼겹살 구이를 파는 식당을 단 한 개도 발견하지 못할 수도 있었다. 심지어 상당수의 탈북자들은 "삼겹살을 구워 먹는 모습은 남한에 와서 처음 봤다"고 증언하고 있다. 〈양식의 양식〉에서 소개한 대표적인 한국 음식들이 그리 오래된 음식들이 아니라는 점은 매번 다시 강조하고 있지만, 유독 삼겹살처럼 이렇게 짧은 시간에 한국인의 입맛을 혁명적으로 바꾼 음식은 정말 드물다. 그렇다면 그 50~60년 사이에 대체 어떤 일이 있었던 것일까?

2,000년간 키워 먹었던 돼지,
그러나 삼겹살을 구워 먹은 기록은 없다?

삼겹살의 역사에 대한 이야기를 나눌 곳은 당연히 불판 앞이어야 한다. 백종원 대표는 '서울의 삼겹살 문화'를 한눈에 보여줄 수 있는 장소로, 역사와 전통을 자랑하는 을지로 전주집을 추천했다. 정재찬 교수, 채사장이 함께 자리했다.

전주집 2층은 딱 하나만 빼면 완벽했다. 퇴근길 직장인들이 소주잔을 부딪치며 하루의 스트레스를 푸는 광경이 온 매장 가득 펼쳐져 있었다. 제작진이 담고 싶은 바로 그 삼겹살집의 풍경이었다. 너무 시끄러워서 대화가 잘 들리지 않는 게 문제이긴 했지만 삼겹살집에 가면 다들 그렇게 목소리 데시벨을 높여서 대화를 나누지 않는가. 〈양식의 양식〉 출연진도 불판 앞에서 열심히 고기를 굽고 소주잔을 나누며, 생각보다 열띤 대화를 이어갔다.

온 국민이 삼겹살 전문가인 대한민국 국민답게 정재찬 교수는 자리에 앉자마자 조용히 한마디를 던졌다. "이건 냉삼이네요."

▲ 을지로 전주집 냉삼겹살

냉삼슈ㅋ. '냉동삼겹살'의 준말이다. 백종원 대표의 설명이 이어졌다. "삼겹살도 자연스럽게 트렌드를 타요. 1980년대에는 주로 냉동삼겹살을 먹었다면, 1990년대 이후에는 냉장삼겹살 그러니까 생삼겹살을 많이 먹었고 근래에 와서 다시 냉동삼겹살이 유행하는 거죠."

이 대목에서 채사장의 질문이 이어졌다. "그런데 돼지에서 삼겹살은 어디를 말하는 거죠?"

"간단히 말하면 뱃살이죠."

백종원 대표가 자신의 배를 가리키며 설명했다. 삼겹살은 영어로 'pork belly', 즉 베이컨을 만드는 부위다. 가끔은 아예 생삼겹살도 '베이컨'이라고 부르는 경우가 있을 정도로 영미권에서는 '돼지 뱃살(즉, 삼

돼지 뱃살 부위

겹살)=베이컨'이 상식이다. 백종원 대표의 설명이 이어졌다. "돼지의 몸에서 갈비뼈 아래쪽으로는 다 삼겹살인 거죠. 그럼 갈비살과 삼겹살의 경계가 어디냐는 의문이 생길 수 있어요. 그건 도축한 뒤 정형 과정에서 그 살을 어느 쪽에 붙이느냐에 달려 있어요."

만약 소비자들이 갈비살을 더 좋아한다면, 정형업자들은 최대한 갈비살이 많이 나오도록, 다시 말해 갈비뼈에 붙은 고기의 양이 최대가 되도록 고기를 도려낼 것이다. 하지만 한국에서는 삼겹살을 최고로 치기 때문에, 삼겹살로 구분되는 부위의 크기가 가장 커지도록 갈비뼈 바로 아래부터는 전부 삼겹살로 구분한다는 이야기다. 그래서 똑같은 돼지라도 한국에서 도축한 돼지는 삼겹살이 더 많이 나온다.

"그런데 우리말로는 삼겹살보다 '세겹살'이라는 말이 더 자연스러워요. 한 겹, 두 겹, 세 겹이라고 하지 일 겹, 이 겹, 삼 겹이라고 하지는 않잖아요."

정재찬 교수의 지적에 다들 그렇지, 하고 동의했다. 삼겹살을 삼겹살이라고 부르는 것은 살과 비계가 층층이 쌓여 고기의 단면이 세 겹으로 드러나 있기 때문이다. 여기에 껍질과 피하지방층까지 추가되면 요

양식의 양식

즘 흔히 볼 수 있는 오겹살이 된다. 그런데 '삼' 뒤에 오는 '겹'이며 '살'이 모두 순 우리말이기 때문에, '삼겹살'보다는 '세겹살'이라는 말이 훨씬 자연스러운 것이다. 실제로 삼겹살이라는 부위가 가장 먼저 등장하는 요리연구가 방신영의 《조선요리제법》(1931)에도 삼겹살은 세겹살이라는 이름으로 소개되어 있다. 다만 언제부터인지 정확하게 알 수는 없다. 국민 대다수에게 삼겹살이 이미 너무나 익숙해져 있기 때문에 현재의 국어사전에는 두 단어가 모두 표준말로 등재되어 있다.

삼겹살이든 세겹살이든 이 이름이 1931년이 되어서야 처음으로 문헌에 등장한다면 고개를 갸웃거릴 사람이 꽤 많을 것이다. 사실 오랜 세월 동안 돼지는 한국인과 가까우면서도 먼 동물이었다. '돼지'라는 이름조차도 그리 오래된 말이 아니다. 한성우의 《우리 음식의 언어》에 따르면, 우리가 이 동물을 '돼지'라고 부르게 된 것은 20세기 이후의 일이다. 그전에는 도야지, 혹은 되야지라는 말이 쓰였는데, 일반적으로 돝, 돈, 돗 등 한 글자 이름이 더 보편적으로 쓰였다고 한다.[1]

그렇다고 한민족의 역사에 돼지가 등장하지 않는 것은 아니다. 가축으로 돼지를 기른 기록은 어느 문명권에도 뒤지지 않을 정도로 멀리 거슬러 올라간다. 《삼국사기》를 보면 고구려 유리왕이 도성을 졸본에서 국내성으로 옮기는 대목에서, 돼지를 따라 옮겼다는 이야기가 나온다. 고구려 유리왕 21년(서기 2년) 3월, 제사에 쓸 돼지가 달아나자 왕이 설지라는 부하에게 돼지를 찾아오게 했는데, 돼지를 쫓아 위나암성까지 다녀온 설지는 "지형이 험하고 물산이 풍부해 도읍을 옮길 만한 땅"이라고 추천한다. 그리고 왕이 그해 10월 도읍을 옮겼는데 이곳이 바로 '국내성'이다. 이미 2,000년 전에 돼지를 가축으로 키웠고 한 나라의 정부에 돼지 사육 담당자가 있었을 정도로 사육이 체계화되어 있었다는 점, 그리고 제사를 지낼 때 매우 중요한 제물이었다는 점을 알 수 있다. 오늘날에도 고사상에 올라오는 돼지머리의 역사가 최소한 2,000년은 된 것이라는 얘기다.

하지만 이렇게 돼지를 키운 역사가 오래되었음에도 불구하고, 돼지는 소에 비해 그리 친숙한 동물도, 식욕의 대상도 아니었다. 아마도 가장 큰 이유는 토종 돼지가 식용으로는 그리 적절한 종이 아니었기 때문으로 추정된다. 《대한민국 돼지산업사》에 따르면 재래종 돼지는 다 자랐을 때 약 22.5~26.5킬로그램 크기에 불과해 다 키워도 그리 고기를 많이 얻을 수 없었다.[2] 요즘의 비육돈이 출하중량 약 110~120킬로그램인 점을 감안하면 재래종 돼지는 돼지라기보다는 강아지 정도의 크기였던 셈이다. 물론 남아 있는 자료로 추정해볼 때 돼지고기 자체를 거부한 것은 아니었다. 1809년, 빙허각 이씨가 엮은 가정살림 책《규합총서》에도 '저피수정회猪皮水晶膾'라는 이름으로 돼지 껍질을 푹 삶아 뜨거운 두부나 묵처럼 만들어 먹는 음식을 비롯해 새끼보 찜, 애저 찜 등 돼지고기 찜 요리들이

양식의 양식

등장한다. 또 신선로(열구자탕)를 끓이는 온갖 재료에는 소고기와 돼지고기가 많이 들어가야 맛있다는 이야기도 있다. 하지만 돼지고기를 구워 먹은 기록은 흔치 않다.

그러다가 19세기 말에 편찬된 요리책《시의전서》에 비로소 '제육구이'라는 이름으로 돼지고기를 불에 구워 먹는 음식이 등장한다. 하지만 이것도 오늘날의 삼겹살 구이와는 전혀 다른 양념구이다. 20세기 중반까지 각종 요리서에 등장한 조리법들을 하나하나 살펴보아도 역시 돼지고기는 굽기 전에 고추장에 버무리는 경우가 압도적으로 많았다. 고추장 외에도 생강, 참기름, 깨소금, 파, 마늘, 후추 등이 많이 쓰인 것으로 보아 돼지고기 냄새의 극복이 아직 중대한 과제였으리라 추측된다.

그런 시절을 거쳐 드디어 1931년, 방신영의《조선요리제법》에 '세겹

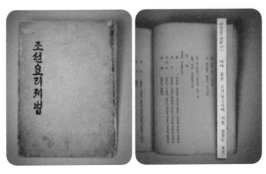

▲《조선요리제법》에서 처음으로 소개된 '삼겹살'

살'이라는 이름으로 삼겹살이 등장한다. 방신영은 세겹살을 '뱃바지라고도 불리는 부위이며, 돼지고기 가운데 가장 맛있는 부위'라고 소개했다. 같은 책에서 소고기에 대해서는 우설, 등심, 안심, 사태, 아롱사태, 콩팥, 업진, 양지머리, 고들개, 흘데기, 둔육 등 다양한 부위를 소개한 데 비해 돼지는 '비계'와 '세겹살' 달랑 두 부위만 다뤘다는 점에서 돼지에 대한 홀대는 여전했다는 점을 엿볼 수 있다.

뱃바지라는 말은 개고기를 다루는 식당에서는 요즘도 널리 쓰이는 말이며, 생선의 뱃살과 같은 의미다. 사람이든 동물이든, 뱃살이 있으려면 많이 먹고 덩치가 커야 한다. 돼지도 풍성한 삼겹살을 맛보려면 최소 60킬로그램 이상은 되는 체구라야 하는데, 앞서도 말했듯 재래종 돼지는 25~35킬로그램을 넘기 힘든 작은 종이었다. 이런 이유에서도 20세기 이전의 한국인들은 제대로 된 삼겹살의 맛을 보기가 쉽지 않았을 것이라는 추측이 가능하다.

이렇게 돼지 사육 2,000년 만에 마침내 '삼겹살이 맛있다'는 이야기가 등장했지만, 이 시절에도 맛있다는 삼겹살은 구이가 아니라 여전히 푹푹 삶아 만든 수육(제육)의 형태였다. 불판에서 지글지글 익어가는 삼겹살을 맛보려면 아직 좀 더 가야 한다.

수출하고 남은 고기라서
먹게 된 삼겹살

해방 이후, 돼지고기 가운데 삼겹살이 가장 사랑받는 부위가 된 것은 '우리 양돈 산업이 일본 수출을 지향하는 구조로 구축되었기 때문'이라고 주장하는 사람들이 꽤 많다. 이들의 주장을 요약하면 다음과 같다.

'1960년대 한국은 대규모 양돈 사업을 벌이기 시작했는데 주 목적은 일본 수출을 위한 것이었다. 그래서 생산된 돼지고기 중 안심과 등심 부위는 일본으로 수출되었고, 한국인들은 그 나머지 부위들을 집중적으로 소비하기 시작했다. 그래서 한국인들은 삼겹살을 중심으로 족발, 내장, 머릿고기 등 잡고기 부위를 주로 소비하게 된 것이다.'

꽤 널리 퍼져 있는 속설. 일부는 맞지만 반드시 맞는다고 하기는 어려운 이야기가 섞여 있다. 일단 백종원 대표는 한국에서 현대적인 돼지 사육이 시작된 곳으로 제주도의 성 이시돌 목장을 소개했다.

지금도 남아 있는 성 이시돌 목장은 아일랜드 출신인 맥글린치 신부가 1961년 개장해 젖소와 돼지를 키우기 시작한 곳. 이전까지 한국의 돼지 사육은 그저 각 농가가 돼지 몇 마리를 울 안에 넣고 음식 찌꺼기, 심지어 인분을 먹이며 키우는 데서 벗어나지 못했다. 하지만 성 이시돌 목장을 비롯한 선각자들의 노력과 함께 정부의 지원, 기업의 관심이 맞아떨어지며 여기저기서 대규모 축산단지가 생겨났고, 1960년대 후반에는 일본이나 홍콩 등지로 돼지고기를 수출하게 되었다.

다만 《대한민국 돼지산업사》에서 김태경 박사는 당시 돼지를 사육한 가장 큰 목적은 수출이 아니라 국내 수요를 충당하기 위한 것이라고 분석했다.[3] 김태경 박사는 1960년대까지도 한국인이 가장 선호하는 고기는 소고기였으며, 그 결과 소고기는 만성적인 부족 상황에 놓여 있었다는 점을 지적한다. 그래서 당시 한국 정부가 대규모 돼지 사육을 통해 소고기에만 편중되어 있는 한국인의 육류 소비 성향을 다변화하려고 노력했다는 것이다. 따라서 돼지고기를 수출하기는 했지만, 국내에서의 수요가 우선이었기 때문에 고기 품귀 현상이 생길 때마다 돼지고기 수출은 즉시 취소됐다는 주장이다.

자료를 살펴보면 부인할 수 없는 사실이다. 뒤에 나올 불+고기 편에 더 자세하게 살펴보겠지만, 수천 년에 걸친 한국인의 소고기 사랑은 참 눈물겨울 정도였다. 해방과 6·25의 대혼란 속에서도 고기를 찾아 먹을 수는 없었겠지만, 이 상처에서 벗어나기 시작한 1960년대부터 한국인의 소고기에 대한 열정이 되살아났다.

동아일보 1960년 3월 8일 자에 실린 '전반적으로 증식/92년 현재 전국 가축동태' 제하의 기사를 보면 단기 4292년(1959년) 연말 현재 한우는 총 1,020,374마리 인데 비해 돼지는 총 438,854마리에 불과했다. 그러던 것이 1962년 말 기준의 통계를 보면 한우는 1,252,550마리로 약 25퍼센트 증가한 반면 돼지는 1,670,935마리로 4배 가까이 늘어났다. 그사이 얼마나 집중적인 돼지 사육 장려가 이뤄졌는지 알 수 있다.

> **채사장** 돼지고기 사육 두수만 보더라도 엄청난 차이죠. 1960년대 100만 두 정도였는데 2010년대에는 1,000만 두까지 올라가잖아요.
>
> **백종원** 기업들이 대규모 축산단지를 조성하고 돼지 키우기에 나섰죠. 지금의 에버랜드가 삼성그룹의 돼지 농장이 있던 자리예요.

생각해보면 1970년대에는 최첨단 테마파크 에버랜드의 이름이 '용인 자연농원'이었다. 그런데 그곳이 양돈장이었다니. 어쨌든 당시 한국인의 소고기 사랑이 워낙 강력했기 때문에 정부 당국은 어떻게 해서든 소고기 소비를 줄이고 다른 고기를 먹게 하기 위해 안간힘을 썼다. 매주 월요일을 '소고기 안 먹는 날'로 규정해 소고기 판매 및 도살을 금지하기도 했고,[4] 소고기의 소비를 대체하기 위해 닭고기白肉와 돼지고기의 공급을 최대한 늘리자는 정책[5]이 매년 신문상에 실렸다.

그런 보람이 있었는지, 1972년 10월 31일 자 경향신문에 실린 돼지고기 특집 기사를 보면 1965년에서 1970년 사이 돼지 선호도가 상당히 상승했음을 볼 수 있다. 국내 총 소고기 소비량이 1965년의 27,261톤에서 1970년 37,430톤으로 37.3퍼센트 증가하는 사이 돼지고기 소비는 55,881톤에서 82,546톤으로 47.7퍼센트나 증가한 것이다.

흥미로운 점은 기사 안에 있는 돼지고기 각 부위에 대한 설명이다. 이 기사에서 최고로 꼽는 부위는 등심이다. '부위별로 나누면 등심살이 제일 좋고 다음이 엉덩잇살, 세겹살의 순으로 꼽을 수 있다'고 한 것을 보면 삼겹살은 아직 3등이다. 이 기사에서 권장하는 조리법을 보면 삼겹살은 역시 '제육'으로 먹는 부위였다.

> 등심은 돼지뿐만 아니라 가장 좋은 부위. 구이 불고기 찜 장조림 커틀레트 로스트 기타 조리에 사용한다. 고기가 연하고 맛이 제일 좋은 부위.
>
> 세겹살(bacon)은 주로 제육에 사용하고 역시 불고기 로스트 베이콘.

저 '로스트'가 어떻게 구우라는 말인지는 모르겠지만, 드디어 세겹살이라는 단어와 '로스트'라는 말이 만나게 되었다. 감격적인 순간이다. 그런데 이 시절, 정말 삼겹살을 구워 먹었을까?

삼겹살보다 먼저
구워 먹기에 성공한 돼지갈비

    삼겹살을 언제부터 구워 먹기 시작했는지를 보여주는 확실한 증거나 증언은 안타깝게도 오늘날 남아 있지 않다. 1950~1960년대 돼지고기를 이용한 구이 음식 가운데, 먼저 각광을 받은 음식은 돼지갈비였다. 서현정 연구원이 쓴 구술자서전 《한국민중구술열전》[6] 가운데 마포 최대포집 창업주 최한채 사장의 회고를 보면 1956년 마포 공덕동에서 개업한 최대포집에서 돼지갈비 구이의 역사가 시작되었다고 기록돼 있다. 물론 최한채 사장 본인이 발명한 것은 아니고, 인근 몇몇 식당에서 이미 시도되고 있었지만, 최초로 돼지갈비 전문점으로 성공을 거둔 식당은 마포 최대포집이라는 것이다. 그전까지는 옥호도 제대로 없던 가게가 1963년 '최대포집'이라는 이름으로 정착하고 성황을 이뤘지만 당시 메뉴는 돼지갈비와 소금구이, 단 두 가지였다. 석쇠에 굽는 소금구이 재료로는 돼지고기 가운데 목살을 이용했다. 최한채 사장의 증언이다.

우리 집에 삼겹살은 안 쓰고…. 그게, 목잡부가 소금구이의 대명사로 쓰거든. 삼겹살은 한 등급 아래지. (중략) 삼겹살은 구워 놓으면 수분이 다 빠져나가고 남는 게 있어야지. 물게(먹을 게) 별로 없어요.

소금구이란 일본어의 '시오야키しおやき'를 그대로 번역한 말이지만 사실 일본에서는 고기구이에 시오야키라는 말을 거의 사용하지 않는다고 한다(주로 생선의 경우에 쓰는 말이다). 어쨌든 고기를 큼직큼직하게 썰어 소금을 뿌려 양념 없이 구운 것인데, 오늘날도 돼지고기 구이계의 쌍벽이라 할 수 있는 삼겹살과 목살 가운데 더 일찍 상품화된 부위는 목살이었다.

어찌 보면 당연한 일일 수도 있다. 당시에는 주로 숯불과 석쇠를 이용해서 고기를 구웠는데, 기름기 많은 삼겹살을 석쇠에 굽는 것은 쉬운 일이 아니다. 기름이 녹아떨어지면서 수시로 숯불에서 불기둥이 솟아오르고, 고기가 겉은 타도 속은 제대로 익지 않기 일쑤다. 또 최 사장의 증언을 살펴볼 때, 요즘은 '바싹 구워져 과자처럼 바삭바삭한' 삼겹살의 식감을 좋아하는 사람들이 많지만 당시에는 보다 풍성한 육질을 더 선호했다는 점을 짐작할 수 있다.

그렇다면 본격적으로 삼겹살을 구워 먹기 시작한 때는 언제일까? 세계일보 2005년 6월 3일 자 특집 기사 '삽겹살, 진실 혹은 거짓'을 보면 일제 시대 탄광에 끌려간 징용 노동자들이 삼겹살을 구워 먹었다는 설, 1970년대 중반부터 서울 신촌 지역에 삼겹살을 파는 식당이 있었다는 설, 보편화된 것은 1980년대 이후라는 설 등이 있다. 물론 '최초로 삼겹살을 구워 먹은 공식 기록' 같은 것은 어디에도 없다.

하지만 뉴스 검색으로 오래된 기사를 찾다보면 1978년 2월 10일 자 중앙일보의 무허가 주점 단속 기사에 '삼겹살 구이 식당'이 나온다. 1979년 8월 25일 자 동아일보 '횡설수설'란에는 이런 대목이 있다.

> (전략) 축우로 유명하던 우리나라는 고기구이 요리가 발달했지마는 돼지고기 구이만은 발전을 못한 것 같다. 지금도 '여름 돼지고기는 잘 먹어서 본전'이 상식일 만큼 돼지고기요리에는 서툴다. 그간 우후죽순처럼 주점가에 늘어가던 삼겹살집에도 여름이 시작되면서 사람의 발길은 눈에 띄게 뜸해졌다. (후략)

그러니까 '삼겹살집이 우후죽순처럼 늘어나기 시작한' 것이 1979년. 불과 41년 전이다. 이처럼 한국인들의 삼겹살 사랑은 생각보다 그리 오래되지 않았다. 왜 이렇게 오래 걸렸을까? 삼겹살 구이가 일반화되기까지는 몇 가지 전제 조건이 갖춰져야 했다.

첫째, 돼지고기가 질과 양 면에서 풍성해져야 한다. 해방 직후인 1948년,

소고기와 돼지고기는 똑같이 1근 70원에 팔렸다. 그러나 해방 이후에도 소는 한국인이 가장 좋아하는 고기의 원료이자, 농업에 가장 중요한 동력원이었다(트랙터는 새마을 운동 이후에나 보편화된다). 당시 한국 정부는 소를 보호하기 위해 적극적으로 돼지 사육과 돼지고기 소비 진흥에 힘썼다. 고기 먹는 걸 좋아하는 민족성을 고려할 때 내버려두면 소를 잡아먹고 씨를 말릴 것 같으니 대신 돼지고기를 많이 먹으라는 것이었다.

기업적인 대량 사육이 이뤄졌고, 돼지들은 위생적인 환경에서 관리를 받게 되었다. 그렇게 길러진 비육종 돼지들을 접하면서 한국인들은 돼지에 대한 오랜 편견에서 벗어날 수 있었다. 특히 앞서도 언급했지만, 재래종보다 3, 4배 더 체구가 큰 수입 비육종 돼지들은 과거 재래종에서는 볼 수 없었던 풍성한 삼겹살(즉, 뱃살)이라는 신세계를 열어준 것이다.

▲ 정부와 기업의 관심 아래 체계적인 모습을 갖추기 시작한 축사단지

둘째는 백종원 대표가 방송에서 특히 강조했듯, '부루스타(휴대용 가스레인지)와 철판'이라는 새로운 조리 도구의 도입이 결정적인 영향을 미쳤다. 초기의 삼겹살 구이 마니아들은 주로 석쇠나 슬레이트 판, 심지어 크고 넓적한 돌을 구이용 판으로 사용했다고 전해진다. 그러나 전통적인 석쇠는 기름이 많은 삼겹살을 굽는 데 적절치 않았기 때문에 삼겹살 구이 전용으로 두터운 불판이 개발되면서 획기적인 변화의 계기가 마련된다(물론 불판에 눌어붙은 고기와 기름을 닦아내는 일의 어려움 때문에, 굽기 전에 불판 위에 은박지를 까는 방식이 지금까지 애용되고 있다).

다음은 가열 기구. 초기의 삼겹살 구이 집들은 연탄불에 삼겹살을 구웠다고 전해진다. 경향신문 1980년 11월 4일 자 연재 소설《나신의 제단》에는 이런 대목이 나온다.

"아주머니더러 돼지 삼겹살 한 접시와 뜨끈뜨끈한 순대국물 좀 달라고 해라. 김치도 새것을 가져오고 소주 한 병. 알겠지?"
연탄 화덕 위에 은박지를 깐 두꺼운 쇠판을 얹어 놓았고, (중략) 쇠판이 어느 정도 달구어졌는지 소녀는 돼지 삼겹살을 쇠판 위에 올려놓았다. 기름이 지글지글 탁탁 소리를 내며 탔다.

화력을 빼면 오늘날의 정경과 그리 다르지 않지만, 역시 연탄불과 어울리는 도구는 철판이 아니라 석쇠다. 철판을 달구는 데 있어 연탄불은 그리 효율적인 도구가 아니다. 이 문제는 1970년대 말부터 1980년대 초, 신기술에 의해 해결된다. 서울을 중심으로, 안정적으로 화력을 공급하는 프로판 가스라는 신기술이 도입되기 시작한 것이다. 물론 이것만으로 모든 문제가 해결되지는 않았다.

가스는 편하기는 하지만 테이블마다 가스 배선을 연결하고 불을 피우는 것이 매우 불편하고 큰 공사를 필요로 했다. 이때 테이블마다 부루스타가 있다면 문제는 간단히 해결된다. 테이블 위에서도 자유롭게 위치를 조절할 수 있고, 수시로 가스통을 교환할 수도 있기 때문이다.

요약하면 1960년대부터 1990년대까지 돼지고기의 역사는 '어떻게 해서든 소고기만을 탐닉하는 국민의 식성을 바꿔보려는 정부 당국의 노력이 마침내 결실을 거두는 해피엔딩'인 셈이다. 바로 이 기간 중에 한국인이 돼지고기를 먹는 방법은 매우 다양해졌다. 동아일보 1966년 7월 28일 자 기사에는 "한국사람 사이에 소음인少陰人이 많아서 돼지고기를 받지 않는다는 설도 있지만 요리법이 빈약한 탓이라는 생각이 든다"라는 내용이 실릴 정도로 돼지고기를 조리하는 방식은 그리 널리 퍼져 있지 않았다. 그래서 1960년대에 돼지갈비와 목살 소금구이가 등장하고, 1970년대 삼겹살 구이가 나오고, 1980년대에는 김치를 함께 먹는 보쌈과 제육볶음이 개발된다.

▲ 돼지고기를 다양한 방법으로 조리한 음식들(왼쪽 위부터 갈비, 보쌈, 불고기, 제육볶음)

이렇게 다양해진 돼지고기 조리법 가운데서 경쟁을 뚫고 정상에 오른 것이 바로 삼겹살이었다. 그 시기는 1990년대. IMF 사태 이후 삼겹살 구이는 마침내 한국인의 '외식 지존'이 된다.

삼겹살은 어떻게
외식계의 지존이 되었나

"삼겹살이 지금처럼 인기를 얻게 된 건 언제부터라고 봐야 할까요?"

채사장의 질문에 백종원 대표는 준비라도 한 듯 술술 대답했다. "물론 하루아침에 인기를 얻은 건 아니에요. 1970년대 이후로 돼지고기 소비는 아주 지속적으로, 꾸준히 성장했어요. 중간에 몇 가지 큰 계기가 있기는 했죠."

백종원 대표가 꼽은 계기 중 가장 큰 계기는 'IMF 사태'였다. 1986년 아시안 게임과 1988년 서울 올림픽을 거친 1990년대 초, 한국 경제는 비약적으로 성장했다. 온 사회에 돈과 자신감이 넘쳐흘렀다. 자연히 고기 소비가 늘어났고, 삼겹살을 구워 먹는 문화도 자연스럽게 정착했지만 이 시절 가장 인기 있던 고기는 '소고기 꽃등심'이었다. 1980년대의 최고급 고기가 '가든에서 먹는 소갈비'였다면 1990년대에는 등심 중에서도 마블링이 눈꽃처럼 섬세하게 박힌 꽃등심이 선망의 대상이었던 것이다. 기업들도 예산이 남아돌던 호황이었으므로 회식 메뉴로도 비싼

▲ IMF를 기점으로 삼겹살은 외식 문화의 꽃이 되었다.

꽃등심이 심심찮게 등장했다.

하지만 1997년, IMF를 맞으며 분위기는 일변했다. 자본을 한껏 키워 지속적인 호황에 대비하고 있던 기업들은 순식간에 과도해진 부채 비율과 고금리 때문에 부도를 맞았고, 일자리를 잃은 사람들이 넘쳐나기 시작했다. 남아 있던 기업들도 긴축에 들어갔고, 전체적으로 소비가 움츠러들 수밖에 없었다. 자연히 소고기를 먹던 사람들이 씀씀이를 줄여 삼겹살을 굽는 불판 앞으로 모여들었다. 경기가 악화되었는데 삼겹살 장사는 오히려 잘 되는 시절이 온 것이다.

정재찬 교수는 이 시절의 삼겹살 굽는 풍경을 너무나 적확하게 묘사한 시로 1998년 발표된 안도현 시인의 〈퇴근길〉을 소개했다.

양식의 양식

▲ 을지로 전주집에서 의기투합하는 출연진

삼겹살에 소주 한잔 없다면

아, 이것마저 없다면

　자고 일어나면 옆자리 동료가 '경영 합리화'라는 이름으로 정리해고 되던 시절. 다들 하루를 넘기기가 버거웠고, 저녁이면 사람 냄새가 그리워 불판 앞으로 모여들던 시절이다. 소고기는 언감생심이었고, 이런 자리일수록 저렴한 삼겹살이 제격이었다.

　IMF의 상처는 서서히 치유되어갔지만 2003년에는 광우병 파동이 소고기 소비를 위축시켰고, 상대적으로 돼지고기 선호를 늘렸다. 이후로는 삼겹살의 인기를 그 무엇도 가로막지 못했다. 온 국민이 이미 다들 구운 삼겹살의 고소한 맛에 중독되었기 때문이었다.

정재찬　삼겹살은 정말 다 같이 먹어야 하는 음식이잖아요.

백종원　오래 같이 먹을 수 있는 음식이라 그런 거 같죠? 일단 기름이 많아서 불판 위에서도 쉽게 타버리지 않죠.

유현준　또 오래 구워야 더 바삭해지고.

정재찬　가격도 저렴하니까 모자라면 추가하는 사람도 마음이 편하고. 이래저래 삼겹살은 마음을 주고받는 자리에 있어야 하는 음식이네요.

　분위기에 취하다 보니 정 교수, 유 교수, 채사장은 그날 전주집 아주머니가 볶아주신 볶음밥을 극찬하다 못해, 감히 며칠 전 백종원 대표가 직접 만들었던 소고기 등심 볶음밥보다 맛있다고 주장하는 망발(?)까지 저질렀다. 이날 의기투합한 제작진과 출연진은 '그렇다면 우리의 삼겹살에 비견할 만한 해외의 돼지고기 문화는 어디를 가야 볼 수 있을까'를 놓고 토론하다가 미국 멤피스로 떠나기로 했다. 미국 남부의 정통 돼지 바비큐를 경험하기 위해서. 그리고 다들 놀라움을 금치 못했다.

돼지고기 바비큐의 성지, 미국 멤피스 축제

〈양식의 양식〉삼겹살 편의 첫 해외 출정지로 꼽힌 곳은 바로 미국 테네시주 멤피스. 여기서 매년 5월에 열리는 대회의 이름은 월드 챔피언십 바비큐 쿠킹 콘테스트World Championship BBQ Cooking Contest인데, '멤피스 인 메이 Memphis in May'라는 초대형 축제의 핵심 행사였다.

잡지 〈보그〉의 음식 칼럼니스트이며, 몇 년 전 한국에서도 방송됐던 〈아이언 셰프〉의 심사위원으로 잘 알려진 제프리 스타인가튼은 그의 저서 《모든 것을 먹어본 남자》에서 멤피스를 '미국 바비큐의 수도'라고 부른 바 있다. 물론 미국 남부에는 수없이 많은 바비큐의 성지들이 있다. 그중에서도 멤피스가 특별한 것은 스타인가튼의 표현에 따르면 '전화번호부를 펼쳤을 때 바로 61곳의 바비큐 전문 레스토랑을 찾을 수 있다'는 이유 때문이기도 하지만, 뭐니 뭐니 해도 바로 이 월드 챔피언십 대회가 열리는 곳이기 때문에서였다.

매년 미국 전역에서 200여 팀이 참가해 우승을 겨루는 이 대회에는 돼

▲ 미국 테네시주 멤피스 도시의 전경. 미시시피강은 이 도시의 젖줄이다.

▲ 무려 42년의 역사를 자랑하는 바비큐 쿠킹 콘테스트

지, 소, 양 등 다양한 분야가 있지만 핵심은 돼지다. 돼지 부문에는 어깨, 갈비, 한 마리 통구이라는 세 개의 하부 종목이 있고, 각 종목의 우승자 가운데 다시 최고 팀을 고른다. 이 대회에서 한 종목이라도 우승하는 팀 에게는 '세계 최고의 바비큐 장인'이라는 영예로운 호칭이 주어진다. 심

사위원들은 미국 전역에서 초빙된 요식업계 전문가에서부터 평소 맛 평가에 자신이 있다고 자부하는 일반인들까지 다양한 인물들로 구성되는데, 이들은 모두 대회 심사를 위해 엄격한 사전 교육을 받고, 자격시험에서 일정 점수 이상을 취득해야 심사에 임할 수 있다.

2019년 5월. 멤피스의 옆구리로는 미국을 관통하는 미시시피 강이 흐르고, 그 강가에 펼쳐진 33에이커(약 4만 평) 넓이의 톰 리 파크Tom Lee Park가 대회 장소. 드넓은 공원에 200여 채의 대회 참가자 부스와 대회 운영 부스들이 빼곡하게 들어차 있었다. 그 200여 개 팀 중에 아시아 출신으로는 일본 팀 하나가 눈에 띄었다. 한국 팀은 아직 참가한 적이 없다고 들었다.

특이하게도 이 대회에 참가하는 모든 팀 사이에서 경쟁이 펼쳐지는 것은 아니다. 분명히 우승자를 가리는 대회이기는 한데, 실제로는 우승에 도전하는 극소수의 팀들과, 누가 우승하건 아무 관심 없는 절대 다수의 팀들이 선명하게 구분된다. 그럼 우승 가능성이 없는 팀들은 왜 출전하느냐고? 바로 여기에 이 대회의 가장 큰 매력이 숨어 있다.

대회 참가 비용은 한 팀당 대략 1,000달러. 이 돈을 내고 참가하면 주최 측에서 천막이 쳐진 공간과 테이블 및 의자, 취사도구 등을 제공한다. 우승의 영광을 노리는 바비큐 레스토랑들은 전문 조리사들로 팀을 짜고, 화덕 설치에서 손님맞이 공간까지 치밀하게 전략을 짜 도전을 준비

▲ '멤피스 인 메이' 축제 현장. 수많은 인파가 모여 축제 분위기를 즐기고 있다.

한다.

하지만 전체 참가 팀들 중 80퍼센트 이상은 멤피스 인근의 동네 친구들로 구성된 팀이다. 예를 들면 친구 10명이 모여서 100달러씩 내고 참가 신청을 한다. 일단 장소와 취사 시설이 마련된다. 그런 거기에 각자 돈을 염출해서 고기와 술을 사고, 사방 친지들을 불러 모은다. 그 친구들은 또 각자 알아서 자신들이 먹고 마실 술과 고기를 가져오고, 그 안에서 축제 기간 동안 고기를 굽고 술을 퍼 마시며 신나게 논다. 말 그대로 축제인 것이다.

이들은 자기네 부스 앞을 오가는 사람은 아무나 불러들여서 고기와 술을 먹인다. 대회 참가자 외에 이 축제에 참여하고 싶은 사람들은 입장료

양식의 양식

▲ 바비큐 쿠킹 콘테스트에 참가한 한 부스의 모습

(10~40달러)를 내고 축제 현장에 입장하는데, 일단 입장하면 여기저기서 "이봐! 우리 바비큐 한번 먹어보면 어때!" 하는 이상한 호객행위를 하는 사람들을 마주치게 된다. 돈은 물론이고 특별히 요구하는 것도 없다. 고기와 술을 주는 대로 받아먹고 "너무 맛있어! 최고야!" 하고 칭찬하며 엄지손가락을 척 들어 주기만 하면 된다. 인기 있는 부스에는 사람들이 줄지어 기다리고 있기도 하지만, 워낙 먹을거리가 풍부하기 때문에 모든 사람이 여유가 넘친다. 고기 한 점 더 얻어먹겠다고 추한 꼴을 보이는 사람은 아무도 없다.

어째서 우승 욕심도 없는 팀들이 돈을 들여 고기 굽는 판을 벌이고, 생판 모르는 남들에게 공짜로 고기와 술을 먹일까? 이걸 이해하기 위해서는 일단 '바비큐'라는 것이 대체 무엇인지에 대한 이해가 필요하다. 우리는 흔히 개방된 공간에서 불을 피워 고기를 굽는 것을 바비큐라고 부른다. 하지만 미국 남부 지방 사람들이 부르는 바비큐는 한국 사람들이 야외에 나와 장작불을 피워 놓고 목살이나 갈빗살을 구워 먹는 것과는 사뭇 다르다. 여기서 《모든 것을 먹어본 남자》에 나오는 제프리 스타인가튼의 설명을 인용한다.

> 진짜 바비큐는 불 위에 올려 굽는 조리법과 아무 상관이 없다. (중략) 뒷마당에서 숯불을 피워 굽는, 미국 남부 외의 다른 모든 지방 사람들이 바비큐라고 일컫는 조리방법은 강한 열로 개방된 화로에서 빠른 시간 안에 조리하는 것이다.
>
> 그러나 진짜 미국 남부식 바비큐는 밀폐된 그릇이나 공간에 고기를 넣고 촉촉한 활엽수를 태워 낮은 온도에서 느리게 조리하는 것이다. 통돼지 한 마리는 바비큐 구덩이나 조리기에서 대략 스물네 시간, 어깨는 열두 시간에서 열네 시간, 갈비는 평균 대여섯 시간이 걸린다. 진짜 바비큐는 언제나 속까지 다 익은 웰던이다. 피나 녹아 나오지 않은 지방의 흔적은 심각한 흠이다. 고기의 질긴 연결 조직은 전부 녹아야 한다. 고기는 뼈에서 깨끗하게 뜯을 수 있어야 하고, 촉촉하고 길게 결대로 찢어져야 한다.[7]

방송에서 백종원 대표도 강조했듯 바비큐의 핵심은 로 앤 슬로low and slow(약한 불로 오래 굽기). 이렇게 장시간을 요리에 투입하다 보니, 한 번 요리를 하면 최소 10~20인분은 해야 효율이 발생한다. 아니, 사실은 20인분도 적다. 돼지 한 마리를 구우면 대략 100인분까지도 나온다고 봐야 한다. 이런 음식은 처음부터 많은 인원이 다 같이 나눠 먹는 것을 전제로 하지 않으면 불가능한 구조다. 나란히 이어진 부스들끼리도 서로 상대방의 고기 맛을 보면서 웃음을 나눈다.

게다가 불에 고기를 올리고 난 뒤에도 매우 긴 시간이 걸리기 때문에, 기다리며 즐기는 것도 바비큐 문화의 일부다. 고기가 익어가는 냄새를 따라 자기네 부스를 찾아온 손님들에게 "맥주 한잔 하시겠소? 우리가 기다리는 동안 지루해서 소시지를 좀 구웠는데 그거라도 드릴까?" 하면서 어디서 왔냐, 너도 고기 좋아하냐, 한국에서도 돼지고기 많이 먹냐, 이렇게 친구를 사귀는 것이 바로 바비큐 정신인 것이다.

백종원 대표, 유현준 교수, 최강창민으로 구성된 〈양식의 양식〉 멤피스 원정대가 이런 분위기에 적응하는 데에는 채 10분도 걸리지 않았다. 세상 온갖 먹을거리와 문화에 통달한 백 대표는 어떤 부스에서는 훈수까지 해가며 분위기를 즐겼고, 유 교수와 최강창민은 한 부스에서 넋을 잃고 주는 대로 다 받아먹다가 제작진의 눈총을 받기도 했다.

물론 분위기에 푹 빠져 즐기는 것도 좋았지만, 월드 챔피언십 대회를 보러 여기에 온 이상 진정한 최고의 바비큐를 맛보는 것만큼 중요한 것은 없었다. 그래서 멤피스 월드 챔피언십의 2018년 우승팀 부스를 찾았다. 팀의 이름은 더 셰드The Shed. 인근 미시시피주 오션 스프링스라는 도시에 'The Shed Barbeque&Blues Joint'라는 바비큐 전문 레스토랑을 운영하고 있는 팀이다. 레스토랑의 명예를 걸고 멤피스 월드 챔피언십에서 우승하기 위해 트럭에 돼지와 장비를 싣고 600킬로미터를 달려 온 것이다.

이들이 준비한 작품은 '통돼지 포르체타porcetta'. 포르체타란 돼지를 초벌구이 한 뒤 배를 갈라 내장과 뼈를 모두 들어내고, 그 자리에 다른 고기를 채운 다음, 육즙이 새지 않도록 고기를 꽁꽁 묶어 다시 굽는 조리법을 말한다. 더 셰드 팀은 칠면조 고기와 콘 비프, 베이컨 그리고 약간 매콤한 부댕 소시지boudin(선지가 들어간 프랑스식 소시지)를 넣어 짙은 풍미를 보탰다. 고기 안에 다른 고기를 같이 넣고 굽는 것은 일반적인 양념과는 또 다른 느낌을 준다. 돼지 바비큐의 핵심은 낮은 온도에서 오래오래 구워 기름기를 빼는 것이지만, 아무리 기름기를 뺀다 해도 특유의 지방 때문에 먹다가 질리기 쉽다. 하지만 이렇게 다양한 고기, 특히 양념이 강한 소시지 등을 섞어 구우면 자연스럽게 다양한 맛을 동시에 즐길 수 있고, 계속 먹어도 질리지 않는 초강력 바비큐로 탈바꿈한다.

지금은 이렇게 차분하게 이야기할 수 있지만 24시간 만에 새끼 돼지

▲ 통돼지 포르체타를 만들고 있는 모습

▲ 24시간 동안 구워져 완성된 통돼지 포르체타

(몸길이가 1미터 정도인 것으로 보아 어린 돼지다)가 바비큐 틀에서 모습을 드러냈을 때의 감동은 말로 표현하기 어렵다. 화덕 뚜껑이 열리자 구경하던 주위 사람들은 모두 환성을 올렸다. 제작진을 대표해 백종원 대표가 셰드 측 주방장과 기념 촬영을 했고, 처음 떼어낸 돼지 껍질을 맛보는

영예를 누렸다. 줄을 서서 맛본, 24시간 내내 구워진 돼지 껍질은 바삭함을 넘어 딱딱하고 짭짤한 과자 맛이었다. 이어 돼지가 해체됐다. 77킬로그램짜리 새끼 돼지 한 마리 덕분에 화덕을 둘러싼 100여 명의 손님들이 모두 황홀한 미소를 짓게 되었다.

사실 이렇게 오랜 시간이 걸려야 맛볼 수 있는 것이 바비큐지만 영광의 시간은 그리 길지 않다. 단단하고 기름진 돼지고기는 바비큐 통 속에서 가열되면 점점 부드러워지는데, 너무 긴 시간 가열하면 고기가 녹아내려 죽처럼 되어버린다. 게다가 굽는 동안 지속적으로 수분을 보충해주지 않으면 퍽퍽하게 말라버리기도 한다(참가 팀들은 쉴 새 없이 중간에 고기를 화덕에서 꺼내 양념 분말을 발라주고, 분무기로 양념액을 뿌려준다. 물론 이 양념과 양념액의 성분은 영업 비밀. 절대 외부인에게 가르쳐주지 않는다). 그래서 심사위원들은 '고기가 뼈에서 자연스럽게 분리되지만 녹아내리지는 않는' 상태를 요구한다. 이 타이밍을 정확하게 지켜야 최고의 맛을 느낄 수 있기 때문이다. 통 밖으로 나온 고기가 차게 식으면 영광의 시간은 끝나버린다.

그 타이밍을 놓칠세라 사람들은 쉬지 않고 먹었다. 셰프들도 식기 전에 먹으라는 듯 손님들을 독려했다. 삼겹살(뱃살), 어깻살, 등심의 구분 없이 모두 돼지 맛에 푹 빠졌다. 최강창민이 "너무 맛있어서 어지럽다"고 한 것도, 유현준 교수가 "이 프로그램에 출연하며 겪었던 순간들 중

베스트"라고 말한 소감도 절대 과장이 아니었다. 다들 넋을 잃고 한참 동안 바비큐의 세계에 빠져들었다.

인생에 다시는 없을 돼지고기를 먹었다는 기분으로 멤피스를 떠났지만 사실 그 뒤에는 강적 스페인이 기다리고 있었다. 요즘은 웬만한 한국인에게도 익숙한 이름, 바로 '이베리코 하몽'이라는 녀석이다.

스페인에서 만난 하몽 중의 하몽, '이베리코 데 베요타'

애당초 스페인으로 향한 가장 큰 이유는 하몽jamon 때문이었다. 한국 사람들이 선호하는 돼지고기 부위라면 삼겹살이 압도적이다. 다리를 좋아한다고 말하는 사람은 쉽게 볼 수 없다. 물론 족발이라는 음식이 있긴 하지만 가격만 봐도 삼겹살에 비하면 매우 저렴하고, 족발 외에 다른 음식의 재료로는 크게 환영받지 못한다. 하지만 스페인 농부들은 뒷다리를 가지고 세계인이 선호하는 식품, 하몽을 만들어냈다.

사실 스페인어의 하몽이라는 말은 본래 영어의 '햄ham'과 동의어지만, 오늘날에 와서는 돼지 뒷다리를 소금에 절여 숙성시켜 만든(즉, 가열하지 않은) 스페인 특유의 햄을 가리킨다. 굳이 말하자면 이탈리아의 '프로슈토Prosciutto'와 거의 비슷

▲ 스페인의 국민 음식이자
세계인을 매혹시키는 하몽

양식의 양식

하다. 그런데 자료 조사를 하면 할수록 하몽, 즉 이베리코 하몽 안에서도 수많은 종류가 있다는 것을 알게 되었다. 많은 사람들이 흔히 "이베리코라고 불리는 돼지고기는 스페인에서 도토리를 먹고 자란 고급 돼지를 말한다"고 알고 있는데, 사실과 조금 다르다.

스페인에서 생산되는 하몽 중에서도 최상급의 하몽만이 '하몽 이베리코 데 베요타Jamón ibérico de bellota'라고 불릴 수 있다. 이 영예의 호칭을 얻으려면 몇 가지 조건을 충족해야 한다. 첫째, 스페인 고유의 이베리코 돼지, 흔히 '검은 발pata negra'이라 불리는 흑돼지 품종이어야 하고 둘째, 스페인 서부 초원지대에서 방목 상태로 사육되어야 하며 셋째, 나무에서 떨어진 도토리만을 먹이로 삼은 것이어야 한다. 즉 스페인에서 길러진 돼지라 해도 재래종이 아니면 안 되고, 농장에서 가둬 길러지거나 곡물 등 다른 먹이를 먹은 돼지로는 '하몽 중의 하몽'으로 불리는 이베리코 데 베요타를 만들 수 없다.

여러 등급 가운데서도 상당히 보급형이라고 할 수 있는 하몽은 '하몽 이베리코 데 세보Jamón ibérico de cebo'라고 표기하게 되어 있다. 스페인산인 것은 분명하지만 농장에서 곡물을 먹여 사육한 돼지로 만든 하몽이다. 그리고 이 두 가지 하몽의 맛을 비교한다는 것 자체가, 스페인 사람들에겐 끔찍한 범죄로 치부된다고 한다.

이렇듯 스페인 사람들은 돼지에 대한 자부심이 어마어마하다. 스페인

▲ 살라망카의 하몽 공장 건조실. 왜 '하몽의 대성당'이라 불리는지 알 수 있다.

에서도 하몽의 중심지로 꼽히는 도시 살라망카의 하몽 공장을 찾았을 때, 책임자들은 전 스태프에게 방역복 착용을 요구했다. 열을 가하지 않은 생육生肉 상태의 돼지 다리를 염장 숙성시키는 시설이니 그럴 만했다.

그러고는 도축된 돼지를 절반으로 자른 상태에서 체내의 지방이 녹아 내리는(손을 대자 바로 액체 상태가 되는) 모습을 자랑스럽게 공개했다. 이

장면의 인상이 워낙 강한 탓인지 그렇게 해서 맛본 하몽의 맛은 정말 놀라웠다. 지금까지 먹어본 하몽은 하몽이 아니라는 생각이 들 정도였다. 백종원 대표도 감탄을 금치 못했다. 이윽고 이들은 "하몽만 드실 게 아니라, 이 하몽을 만든 돼지고기 스테이크의 맛을 같이 보시라"는 제안을 해왔다.

이 제안에 대한 감사의 표시로 제작진이 "한국에도 이베리코 데 베요타의 명성이 잘 알려져 있고, 수입도 되고 있다"라며 인사를 건넸다. 그런데 이때, 공장 측에서 통역에게 "한국에서도 이 고기를 먹을 수 있다고요?"라고 재차 확인을 요청했다. 별 뜻 아닌 말에 심각한 표정으로 서로 이야기를 나누던 이들은 잠시 후 단호한 표정으로 말했다.

"지금부터 드실 고기는 한국에서는 맛볼 수 없는 고기입니다."

▲ 하몽은 습자지처럼 얇게 써는 게 핵심이다. 써는 솜씨에 따라 식감이 완전히 달라진다.

▲ 출연진이 하몽을 맛보는 모습

"왜죠?"

"한국은 물론, 어디에도 수출되지 않는 고기이니까요."

애기인즉, 하몽 이베리코 데 베요타를 만드는 돼지의 고기는 비계로 분류되는 부위 외에는 스페인 밖으로 나가지 않는다는 것이었다. 이유는 간단했다. "우리 먹을 것도 없는데 수출할 물량이 있겠습니까?" 사실 확인이 불가능한 주장이라 다 믿을 필요는 없겠지만, 그만큼 자신들이 만들어내는 고기에 대한 자신감은 대단했다. 그들이 내온 돼지 등심과 삼겹살 스테이크도 그런 자부심을 가져도 좋다는 생각이 들 만큼 훌륭했다.

다만 백종원 대표는 선을 그었다. "국내산 돼지도 맛으로는 이것 못지

양식의 양식

않아요. 이걸 갖고 국내산 돼지보다 스페인 돼지가 맛있네 아니네 판단하기엔 이를 거예요. 우리가 여기까지 와서 지금 같은 분위기에서 먹으면 뭐가 맛이 없겠어요. 그렇지만 브랜드를 만드는 노력만큼은 정말 대단하네요."

멤피스에서 먹은 바비큐는 맛은 최고였지만 어떤 사연을 가진 돼지인지는 아무도 관심이 없었다. 반면 스페인산 돼지고기의 앞에 붙은 '이베리코'라는 이름은 그 이름이 벌써 어떤 맛일지 기대를 자아내는 브랜드였다. 과연 한국산 돼지고기도 이런 브랜드가 되어야 할까?

개인적으로는 그럴 필요가 없어 보였다. 이런 생각은 세고비아에서 '코치니요 아사도cochinillo asado(새끼 돼지 통구이)'를 맛보면서 더욱 분명해졌다.

세고비야의 새끼 돼지 통구이,
'코치니요 아사도'

　스페인의 수도 마드리드에서 북쪽으로 한 시간 정도 달리면 오랜 역사의 도시 세고비아가 나온다. 한국에서는 한때 클래식 기타의 상표로 유명했던 도시지만 지난 2,000년 동안 세고비아의 명성을 지탱해 온 것은 도시 중심을 관통하는 로마 시대의 수도교 유적이다. 강을 끼고 있지 않은 도시에 물을 공급하기 위해 로마인들은 일찍이 거대한 수도교를 건설해 먼 수원지에서 도시까지 물을 공급했다. 현재 세고비아에는 약 30미터 높이로 700미터가량에 걸친 구간이 남아 있는데, 수십 킬로미터 밖에서 약 0.2도의 경사를 두어 자연스럽게 물이 흘러 들어오게 설계돼 있다. 2,000년 전에 시멘트도 콘크리트도 쓰지 않고 이런 공사가 가능했다는 것이 놀라울 뿐이다. 그리고 그 수도교 바로 옆에 130년 전통의 코치니요 아사도 맛집 '메종 드 캉디도Mesón De Cándido'가 있다. 'Cándido'는 '진실한, 솔직한' 또는 '하얀'이라는 뜻이라고 하니 우리말로 하자면 '진실의 집' 혹은 '하얀 집' 정도의 상호다.

▲ 메종 드 캉디도 건물의 외관

▲ 고풍스러운 내부 분위기

코치니요 아사도는 글자 그대로 '새끼 돼지 구이'라는 뜻이다. 생후 2개월 정도의 어린 돼지를 사용한다. 새끼 돼지라는 이유로 한국의 애저哀猪 요리와 비교되곤 하는데, 엄밀히 말하면 애저는 돼지의 태아를 가리키는 것이기 때문에 이 둘은 분명히 다르다(물론 요즘은 태아를 구하기 쉽지 않기 때문에 생후 1주일 이내의 새끼 돼지를 쓰는 경우도 많다고 한다). 굳이 비교하자면 중국 광둥 지방의 유명한 음식인 '카오루주考乳猪'와 비슷하다 하겠다. 역시 새끼 돼지 통구이 요리인데, 바삭바삭한 껍질이 특징인 코치니요 아사도와는 달리 껍질도 부드럽게 요리하는 점에서 차이가 난다.

메종 드 캉디도의 주방에서는 새끼 돼지에 굵은소금과 마늘, 와인 등 갖은 양념을 발라 잘 스며들게 문지른 뒤 화덕에 넣어 100~200도 사이의 온도로 두 시간 정도 굽는다. 앞서 미국 남부 바비큐에서도 보았듯 로 앤 슬로Low and Slow의 원칙은 여기서도 적용된다. 그래야 껍질은 바삭하고 속살은 부드럽게 구워지기 때문이다.

구워진 돼지는 나이프가 아닌 접시로도 고기를 썰 수 있을 정도로 연해진다. 사실 코치니요 아사도의 맛에서는 스토리텔링이 큰 몫을 한다. 일설로는 스페인 사람들이 치열한 전쟁 끝에 이슬람 세력을 이베리아반도에서 몰아낸 뒤, 기독교도 행세를 하는 무어인이나 유대인을 솎아내기 위해 돼지 통구이를 이용했다는 이야기도 전해진다. 돼지고기를 금기로 여기는 이슬람교나 유대교의 전통 때문에 이들은 눈앞에 돼지고기를 들이댔을 때 혐오감 섞인 표정을 감출 수 없었고, 그 혐오감을 극대화하는 것이 새끼 돼지였다는 주장이다.

물론 코치니요 아사도를 봤을 때 느껴지는 것은 돼지의 모든 것을 한

▲ 완성된 코치니요 아사도.

번에 맛볼 수 있다는 소유욕의 충족이었다. 세고비아 사람들이 새끼 돼지에 대한 동정심이 없기 때문이 아니라, 머리끝부터 발끝까지 돼지의 모든 것을 내 몸속에 받아들이고 싶다는 욕망의 표현이 아닐까 싶다.

코치니요 아사도는 다양한 차원에서 브랜드를 구축했다. 윤리적인 면에서 찬반 양론을 일으킬 수 있는 '새끼 돼지'라는 소재, 130년 역사라는 전통과 역사를 품에 안은 스토리, 정성을 다하는 요리법에서 오는 맛에 대한 기대 등 인기 브랜드가 될 수 있는 다양한 요소들을 두루 갖춘 음식이다. 다만 이 과정에서 재료의 품종에 대한 내용은 빠져 있다. 어떤 품종의 새끼 돼지를 쓰느냐까지 관심을 기울이는 사람은 없기 때문이다.

스페인을 대표하는 돼지고기의 브랜드로 '이베리코', 전 세계로부터 관광객을 끌어모으는 일품요리로서 세고비아의 '코치니요 아사도'가 있다면 보다 대중적인 조리법의 차원에서는 '치차론Chicharrón'이 있다. 마드리드의 거리 어디서나 먹을 수 있는 치차론은 양념한 삼겹살 토막을 튀긴 것으로, 스페인 사람들이 삼겹살을 먹는 가장 보편적인 방법이다. 뿐만 아니라 라틴 아메리카 전역에서 인기 있는 음식이고, 라틴계 이주민을 통해 미국에서도 바삭한 식감과 풍성한 고기 맛을 앞세운 패스트푸드로 높은 인기를 누리고 있다. 바싹 구운 삼겹살을 좋아하는 한국인이라면 좋아하지 않을 수 없는 맛이다.

돼지고기 강국 스페인을 중심으로 이렇게 재료, 일품요리, 그리고 조리법 이 세 가지 차원에서 각각 세계에 내놓을 수 있는 돼지고기의 브랜드가 형성되어 있다는 것을 보고 나니 문득 궁금해졌다. 한국의 삼겹살 혹은 삼겹살 구이도 이런 식의 브랜드 형성이 가능할까?

답은 이미 나와 있다. 유튜브에서 'Samgyeopsal'이나 'Korean Pork Belly'로 검색하면 한국식으로 삼겹살을 구워 먹는 방법에 대한 수백 가지 동영상을 볼 수 있다. 한국인이 만든 것에서부터 주한 외국인, 심지어 한국과 멀리 떨어진 해외에서 만든 영상까지 종류도 다양하다. 대개는 불판에 삼겹살을 구워 상추, 깻잎, 김치, 쌈장, 마늘 등과 함께 먹는 방식을 정확하게 설명하고 있고, 다양한 국적의 댓글들이 영상 제작자에게 감사를 표하고 있다. 너무나 자연스럽게 한국식 삼겹살 구이는 이미 세계적인 조리법이 되어 가고 있다. 먹는 돼지의 품종이나 국적은 중요하

지 않다. 이미 삼겹살 구이는 많은 해외 사람들에게 '대한민국'의 이미
지를 구성하는 요소 중 하나로 자리하고 있다. 조리법의 차원에서 세계
화는 이미 진행 중인 셈이다.

삼겹살은 과연 21세기에도
정상을 지킬 것인가

한국에 삼겹살을 수출하는 나라는 무려 17개국에 달한다. 대부분의 나라가 구워 먹는 용도로는 목살이나 등심을 더 선호하는데 굳이 한국인들만 이렇게 삼겹살을 사랑하는 이유는 뭘까? 많은 사람들이 '기름맛'을 첫손에 꼽는다. 잘 알려진 대로 목살이나 등심은 전문가의 손길로 굽지 않으면 단단하고 퍽퍽해질 수 있다. 지방의 분포가 적은 순 살코기이기 때문에, 적당한 두께의 고기를 선택해 속살이 적절하게 수분을 함유한 상태로 구워야 질기지 않게 먹을 수 있다. 하지만 삼겹살은 적절한 지방층이 있기 때문에 아무나 대강 구워도 기름이 녹으며 연한 상태가 유지된다. 심지어 아예 바싹 구워져 과자 같은 상태가 된 삼겹살이 더 맛있다고 주장하는 사람들도 있 다. 이 입맛은 과연 절대적인 것일까? 물론 그렇지는 않다.

돼지고기 소비가 획기적으로 늘게 되었던 계기 가운데 2003년의 광우병 파동이 있었다. 예기치 않은 광우병에 대한 공포가 전국을 휩쓰는

양식의 양식

가운데 조류독감까지 발생하며 소고기와 닭고기의 소비가 급감했고, 돼지고기로 온 관심이 집중됐다. 대한민국 역사상 유일하게 돼지고기 소매가격이 소고기를 앞지른 적이 있었다는 전설의 시기. 이때부터 돼지고기 수입이 급증했는데 역시 주축은 삼겹살이었다. 돼지고기 소비 가운데 삼겹살이 차지하는 비중이 너무 커지자 정부 당국은 돼지고기를 먹되 '삼겹살 외의 다른 부위를 많이 먹자'는 방향의 캠페인을 실시하고 있다.

이 캠페인은 효과를 볼 수 있을까? 물론 인위적으로 입맛을 바꾸는 데에는 상당히 긴 시간이 필요하다. 한국인이 이렇게 삼겹살을 좋아하게 된 이유도 사실은 1950~1960년대부터 정부 당국이 '소고기만 편애하는' 한국인들의 입맛을 바꾸기 위해 부단히 돼지고기의 질을 향상시키고 각종 요리법 개발을 장려한 결과인데, 이런 성과가 나타나기까지는 대략 30년이 걸렸다. 또한 앞서 설명했듯 삼겹살은 '금속 불판'과 '부루스타'라는 날개를 달고 한국인의 입맛을 장악했다. 다시 말해, 돼지의 다른 부위들도 적절한 조리법과 도구가 갖춰지면 삼겹살을 제치고 넘버원 돼지고기의 자리에 오를 수 있다.

마지막 촬영장에서는 삼겹살에 대한 이런저런 이야기가 오가는 가운데, '구운 삼겹살은 어디에 싸 먹는 것이 가장 맛있나'가 주제로 등장했다. 상추, 씻은 배추, 쌈무, 김치, 깻잎, 깻잎김치, 깻잎조림, 파김치, 명이

나물, 대파, 콩잎, 다시마 등 다양한 쌈의 도구가 제시됐다(두 가지가 확인됐다. 첫째, 한국인은 쌈을 좋아한다. 둘째, 삼겹살은 무엇에 싸 먹어도 맛있다). 그런데 이 대목에서 채사장은 '소금을 뿌리지 않은 구운 김'을 거론해 논란을 빚었다. 모든 사람이 "세상에 삼겹살을 김에 싸 먹는 사람이 어디 있느냐"며 채사장을 비난하고 나선 것이다(그런데 제작진이 다음 날 검색해본 결과, 김에 삼겹살을 싸 먹는 식당도 있었다. 심지어 맛집으로 성업 중인 곳이었다).

요즘은 많은 사람들이 "한국인이 삼겹살을 편애하는 것이 문제"라고 주장하고 있지만 이야기를 해보면 해볼수록 과연 그걸 문제라고 해야 할까 하는 의문이 생겼다. 농업 당국이야 양돈 농가의 안정과 균형 잡힌 농정을 위해, 보건 당국이야 지나친 동물성 지방의 섭취가 건강에 좋지 않다는 이유로 한국인의 삼겹살 사랑을 우려 섞인 눈으로 볼 수 있겠으나, 그나마 마음 놓고 먹을 수 있는 가격대의 '국민 외식'인 삼겹살이라도 너무 비싸지 않은 가격으로 계속 먹을 수 있게 해주는 것이야말로 국민을 위해 국가가 할 수 있는 가장 좋은 복지가 아닐까 생각된다.

다만 개인적으로, 한국인들이 즐기는 맛의 세계가 좀 더 넓어졌으면 하는 바람이 있다. 외국인들이 한국식 삼겹살 구이를 즐기게 되고, 그중 일부는 'pork belly'라는 영문 표기 대신 아예 'samgyeopsal'이라는 어려운 표기를 쓰기 시작할 정도로 한국식 조리법이 독자적인 음식으로 인정받고 있는 지금, 우리도 좀 더 넓은 세계의 돼지고기 요리들을 적극적으로 맛볼 필요가 있다고 생각한다.

좀 더 다양한 부위를 다양한 조리법으로 즐길 때 보다 넓은 음식문화를 향유할 수 있게 되지 않을까? 우리가 수천 년 동안 고집해온 소고기 집착에서 벗어나 삼겹살을 즐겨 먹게 된 것도 고작 50년에 걸쳐 일어난 변화라면, 한 50년 뒤에는 양고기나 토끼고기가 한국인이 가장 좋아하는 고기가 되지 말라는 법도 없다. 하물며 지금도 즐겨 먹는 돼지고기에서 가장 좋아하는 부위가 삼겹살에서 뒷다리살로 바뀐다고 해서 그게 무슨 놀라운 일일까. 물론 맛이 없어도 억지로 먹을 사람은 아무도 없을 테니 이 대목에서 한국 셰프들과 요식업계의 분발을 촉구한다.

2장

차가운 면을 차가운 국물에 말아 벌컥벌컥 들이켜는 한국인의 모습은 외국인들에겐 공포의 대상에 가깝다. 다른 문화권에서는 찾아보기 힘든 기이한 음식이기 때문이다. 그래서인지 냉면은 외국인들에게 '가장 이해하기 힘든 한국 음식' 상위권에 꼽힌다. 왜 우리나라 사람들만이 유독 차가운 국물에 국수를 말아 먹는 것일까? 매력적인 중독, 냉면의 세계를 탐식해보자.

매력적이고 광활한
중독의 세계

냉면

시인 백석을 통해 알아보는 냉면의 모든 것

　역대 한국 문인들 가운데 냉면을 좋아하기로는 시인 백석을 따라갈 사람이 없을 것이다. 평안북도 정주 출신인 백석의 시 세계를 꿰뚫는 키워드 중 하나가 바로 냉면이다. '이 히수무레하고 부드럽고 슴슴한 것은 무엇인가'라는 구절이 나오는 시 〈국수〉는 이미 너무나 유명하다. 냉면 마니아들 사이에선 마치 복음처럼 들리는 시다.

> 겨울밤 쩡하니 닉은 동티미국을 좋아하고, 얼얼한 댕추가루를 좋
> 아하고 싱싱한 산꿩의 고기를 좋아하고
> 그리고 담배 내음새 탄수 내음새 또 수육을 삶은 육수국 내음새 자
> 욱한 더북한 삿방 쩔쩔 끓는 아르굳을 좋아하는 이것은 무엇인가

　'동티미국'은 굳이 설명하지 않아도 동치미 국물을, '댕추가루'도 느낌 그대로 고춧가루를 말한다. '탄수 내음새'의 '탄수炭水'는 곧 숯과 물,

즉 부엌 아궁이에서 장작이 타 숯이 되어가는 냄새가 물 끓는 냄새와 함께 어우러진 냄새를 말한다. '아르굴'은 '쩔쩔 끓는'이라는 표현에서도 알 수 있듯 '아랫목'의 평안도 사투리다. 사실 이 시가 가장 유명하지만, 백석이 시로 노래한 냉면 사랑은 이제 단지 시작일 뿐이다.

거리에서는 모밀내가 났다/ 부처를 위한 정갈한 노친네의 내음새 같은 모밀내가 났다 (중략) 국숫집에서는 농짝 같은 도야지를 잡어 걸고 국수에 치는 도야지고기는 돗바늘 같은 털이 드문드문 벅였다/ 나는 이 털도 안 뽑은 도야지고기를 물끄러미 바라보며/ 또 털도 안 뽑는 고기를 시끼면 맨모밀국수에 얹어서 한입에 꿀꺽 삼키는 사람들을 바라보며

〈북신, 서행시초 2〉

나의 정다운 것들 가지 명태 노루 뫼추리 질동이 노랑나뷔 바구지 꽃 모밀국수 남치마 자개짚세기 그리고 천희라는 이름이 한없이 그리워지는 밤이로구나

〈야우소회〉

낮배 어니메 치코에 꿩이라고 걸려서 산너머 국숫집에 국수를 받

으러 가는 사람이 있어도 개는 짖는다/ 김치가재미선 동치미가 유별히 맛나게 익는 밤/ 아배가 밤참 국수를 받으려 가면 나는 큰마니의 돋보기를 쓰고 앉어 개 짖는 소리를 들은 것이다

〈개〉

여인숙이라도 국숫집이다/ 모밀가루포대가 그득하니 쌓인 웃간은 들믄들믄 더웁기도 하다/ 나는 낡은 국수분틀과 그즈런히 나가 누워서

〈산중음, 산숙〉

토방에 승냥이 같은 강아지가 앉은 집/ 부엌으론 무럭무럭 하이얀 김이 난다/ 자정도 훨씬 지났는데/ 닭을 잡고 모밀국수를 누른다고 한다

〈산중음, 야반〉

그야말로 '냉면의 모든 것'이 백석의 작품 속에 녹아들어 있다. 여기서 말하는 모밀은 당연히 '메밀'을 가리킨다. 평안도의 늦가을이 지나 메밀이 여물면 농민들은 낱알을 거둬 빻아 가루를 낸다. 메밀가루 포대가 여인숙 토방이며 여염집 뒷방에 천장까지 쌓인 평안도의 겨울 풍경. 가루

만 있으면 반죽은 아무 데서나 되지만 그 반죽을 눌러 국수를 뽑는 것은 국수틀을 갖춘 전문 국숫집에서나 할 수 있는 일이다. 국수틀을 누르려면 장정 두어 사람은 필요하다.

그렇게 뽑은 메밀국수로 냉면을 말자면 고기국물이 좀 있어야 제격. 치코(새 잡는 덫)에 꿩이 걸리거나, 닭을 잡거나, 돼지를 잡아 껍질에 털도 아직 숭숭 박힌 돼지고기가 있거나 하면, 부엌에서는 아낙들이 큰 솥에 고기를 삶아 국물을 내고, 아버지는 동네 국숫집으로 국수를 사러 간다. 시간은 자정이 넘어도 좋다. 냉면은 원래 긴긴 겨울밤 먹는 밤참이니까.

그 자리에서 눌러 뽑은 국수를 받아 아버지가 돌아오면 고기 삶은 육수 솥은 이미 눈밭에 나와 모락모락 김을 뿜으며 식기를 기다리고 있다. 어머니는 김치가재미(김장독이 얼지 않게 지어 놓은 움막을 가리키는 평안도 사투리)에서 바가지로 살얼음을 깬 뒤 잘 익은 동치미를 떠오고, 할머니는 동치미와 차가운 고기국물을 섞어 간을 맞춘다. 금세 삶아진 국수는 찬물에 씻긴 뒤 탱탱하게 타래가 감기고, 국수사발이 잇달아 방으로 들어온다.

이제 먹는 시간. 애, 어른 할 것 없이 사발에 코를 박고 후루룩후루룩. 어느새 대화가 사라진다. 어른들은 고춧가루를 뿌려 먹기도 하고, 익은 김장김치를 씻어 얹어 먹기도 하고, 아예 김치국물을 부은 벌건 육수를 벌컥벌컥 들이켠다. 국수가 부족하면 찬밥을 말아도 제격이다.

얼음 같은 국수 한 사발을 게눈 감추듯 해치우면 갑자기 밀려오는 한기. 다들 쩔쩔 끓는 아랫목에서 이불을 뒤집어쓰고 옹기종기 모여 두런두런 이야기를 나누다 어느새 잠이 든다. 식구들 배를 다 채운 어머니들은 그제야 국수 상 앞에 앉아 수다로 꽃을 피우고, 이

▲ 백석의 시를 읽으면 상상되는 냉면 먹는 풍경

렇게 북쪽 마을의 눈 내리는 밤이 깊어간다.

　백석의 시를 통해 20세기 초 어느 겨울 평안도 한 마을의 냉면 먹는 풍경을 그리다 보면 문득 궁금증이 떠오른다. 반도 북서쪽 서도西道의 겨울 음식, 그것도 실은 주식이라기보다는 별식이나 간식이던 냉면이 어쩌다 한국인의 정체성을 대표하는 음식이 되었을까. 백석 자신도 아마 그렇게 좋아하던 냉면이 저 먼 남쪽 동포들에게도 널리 사랑받는 음식이 될 줄은 짐작하지 못했을 것이다.

다른 나라 사람들은
정말 냉면을 안 먹을까?

음식에 관한 한국인의 욕망 구조에서 냉면은 빠질 수 없는 위치를 차지하고 있다. 여름에 분식집에 가면 덥고 입맛 없어서 얼음이 둥둥 뜬 냉면으로 한 끼를 때우고 싶어지고, 불판에 고기를 지글지글 고기를 구워 포식을 한 뒤에도 입가심으로 냉면이 당긴다. '냉면'을 전문적으로 취급하는 식당의 수는 그리 많지 않지만, 반대로 '한식집'을 표방하면서 냉면이 메뉴에 빠져 있는 집은 거의 없다.

이렇게 '어디서나 먹을 수 있는 냉면'을 대중형 냉면이라고 한다면 반대편에는 한국형 미식의 세계로 들어가는 입구에 평양냉면이라는 관문이 있다. 요즘 같은 분위기에선 이 관문을 통과하지 못하면 한국 음식의 맛을 말할 자격이 주어지지 않는다. 투명하고 슴슴한 국물, 그 육수 맛을 아는 사람이라야 다음부터 무슨 맛이건 얘기해도 좋다는 허락이 떨어진다.

통칭해서 '냉면을 먹는 것은 한국인뿐'이라고 했지만 사실 평양냉면이라고 해도 좋고, 막국수라고 해도 좋고, 물국수나 열무냉면이라는 하

양식의 양식

▶ 오늘날 한국의 물냉면(좌)과 비빔냉면(우)

부 종목까지 모두 묶어도 좋다. 단언컨대 한국인 외에는 어느 누구도, 차가운 국물에 차가운 국수를 말아서 그릇 바닥이 보이도록 후루룩 벌컥 벌컥 들이켜는 음식을 즐겨 먹지 않는다. 아니, 다른 문화권에 그런 음식이 존재하는지조차 의문이다. 국수를 먹어온 지 1,000년이 넘는 이탈리아 사람들도, 중국 사람들도 차가운 국물에 국수를 말아 먹는다는 말에는 고개를 흔든다. '량몐凉麵'이나 '렁반몐冷拌麵'이라는 중국 음식들이 있는데, 이름만 들으면 뭔가 차가운 국수가 나올 것 같지만 막상 그릇을 대하면 미지근한 비빔국수일 뿐이다. 이탈리아 음식에도 차가운 파스타는 샐러드 위에 뿌려진 것밖에 없다.

물론 형태상 가장 가까운 음식이라면 일본의 '부카케 우동(간장 국물에 찍어 먹는 우동. 미지근한 것이 보통이지만 취향에 따라 간장 국물을 차게 식혀 먹기도 한다)'이나 '소바' 정도가 있긴 하나, 이 경우에도 국물은 국수를 찍어 먹는 소스의 역할을 할 뿐, 한국의 냉면 육수처럼 맛의 핵심적인

▲ 중국식 차가운 비빔면 요리 랑몐

▲ 메밀국수를 국물에 찍어 먹는 일본의 면 요리 소바

▲ 일본식 중화냉면 히야시추카

양식의 양식

요소로 대접받지는 않는다. 흔히 '냉라면'이라고 번역되는 중화면 계열의 '히야시추카冷やし中華(찢은 닭고기와 국수, 각종 채소를 겨자 푼 국물에 담가 먹는 음식)' 역시 국물에는 아무 가치가 주어지지 않는다. 국수를 맛있게 먹기 위한 양념일 뿐이기 때문이다. 샐러드를 먹고 나서 드레싱을 마시는 사람이 없듯, 히야시추카를 먹고 나서 그 국물을 마시는 사람도 없다.

3대에 걸친
서울식 평양냉면의 역사

누구나 알고 있는 것처럼 냉면은 본래 북한 음식이고, 그중에서도 냉면의 메카는 평양이다. 함흥에도 냉면이 있고 해주에도 냉면이 있지만, 냉면에 대한 전반적인 이야기를 할 때는 아무래도 평양냉면을 중심으로 시작하는 것이 자연스럽다.

심지어 〈양식의 양식〉 냉면 편에 출연한 탈북자 출신의 학자 김영희 박사는 "함흥에선 냉면이란 말을 안 씁니다. 나이 드신 분들은 대개 '농마국수'라고 했죠" 하고는 아예 '함흥냉면'이라는 말 자체를 "남한에서 생긴 말"이라고 규정하기도 했다. 사실 이런 이야기는 오래전부터 들어왔지만 함경도민의 생각은 다르다. 함흥 반룡중학교를 졸업하고 서울에선 사흘이 멀다 하고 오장동 흥남집을 가셔야 하는 필자의 아버지께 질문한 적이 있다. "함흥에선 냉면이란 말을 안 썼다는 사람들이 많은데 정말 그렇습니까?" 아버지는 단호하게 대답하셨다. "이상한 놈들 아니냐. 냉면이 국수고, 국수가 냉면이지!"

물론 인정할 건 인정해야 한다. 냉면이란 말을 썼건 안 썼건, 대한민국 최고의 냉면 도시는 평양이고, 냉면을 가장 사랑하는 사람은 평안도민들이다. 백석도 백석이지만, 역시 냉면 마니아로 알려진 소설가 김훈은 수필 〈냉면을 먹으며〉에서 1930년대 카프KAPF파의 일원이었던 작가 김남천을 소환한다. 평안남도 성천에서 태어나 평양에서 성장한 김남천은 수필 〈냉면〉을 통해 이런 말을 남겼다.

> 모든 자유를 잃고, 그러므로 음식물의 선택의 자유까지를 잃었을
> 경우에 항상 애끓는 향수같이 엄습하여 마음을 괴롭히는 식욕의
> 대상은 우선 냉면이다.

이쯤 되면 약간 무서워질 지경인데, 솔직히 함경도 출신의 어떤 문인도 함흥냉면이나 농마국수에 대한 사랑을 이들처럼 적극적으로 표현했다는 이야기를 아직 들어보지 못했다.

이렇듯 냉면의 계보에서 '평양'이라는 도시가 차지하는 비중이 크다 보니 서울 냉면계에서도 평양 출신, 넓게 잡아 평안남북도 출신의 주인이나 주방장들이 성골이나 진골의 위치를 차지하고 있다. 의정부 평양냉면과 장충동 평양면옥이라는 두 기둥으로부터 갈라져 나온 여러 노포들을 비롯해 강서면옥, 을밀대, 우래옥, 남포면옥, 평래옥 등이 20세기까

▲ 메밀국수에 찬 장국을 부어 만든 평양냉면

지 '순수하고 고귀한 평양냉면'의 담론을 독점하고 있었던 것도 이런 이유에서다.

1945년 이후 서울에 진출한 노포들은 '냉면의 원산지'인 평양에서 현재 만들고 있는 냉면들과 견주어 손색이 없다는 자부심을 갖고 있다. 강서면옥 선우성 사장은 "옥류관이 1961년에 생겼다는데 강서면옥은 평양에서 장사하던 시절을 빼고 서울로 내려와서도 1948년에 개업했다"라며 "어느 쪽이 진짜 전통 있는 노포인지 생각해보자" 하고 말했다. 이것이 서울식 평양냉면의 자신감이다.

그러던 것이 21세기 들어 봉피양의 개업과 함께 냉면계에 새로운 바람이 불기 시작했다. 평양냉면은 '분식집 냉면'이나 '고깃집 냉면'과 엄

양식의 양식

연히 다른 음식이라고 확실히 선을 긋는 분위기가 형성되기 시작한 것도 이 무렵이다. 그전까지 '진짜 냉면'의 맛이 실향민이나 그 자손들끼리 공유하는 일종의 비전秘傳 같은 것이었다면, 이 시기부터 냉면은 서서히 '맛을 아는 사람이라면 당연히 그 맛을 알아야 하는 음식'으로 저변을 넓혀 나갔다.

위의 노포들을 1세대, 봉피양 이후 능라도 같은 집들을 2세대라고 한다면 2017년 문재인 대통령 당선 이후 남북 화해 분위기를 타고 우후죽순처럼 냉면 시장에 신규 진입하고 있는 서관면옥 등의 냉면 전문점들은 평양냉면 '3세대'라고 부를 수 있다. 이 새로운 강자들은 '노포'의 그늘을 벗어나 독자적인 구도의 길을 걷고 있다. 물론 그들 중에도 종래의 노포에서 냉면 기술을 수련하다 독립한 경우도 많지만, 아예 한식을 공부하다가 스스로 최적의 국수와 육수 맛을 추구하며 새로운 명가로 부각되는 경우들이 적지 않다.

육수 하나만 보더라도 순수하게 소고기로만 낸 육수, 소-돼지-닭(혹은 꿩)을 섞어낸 육수, 뼈를 사용한 육수, 심지어 조개젓국을 이용한 육수도 있는 반면 버섯으로만 낸 육수도 있다. 경우에 따라서는 간장으로 맛을 내기도 하고, 투명한 육수를 위해 소금만을 고집하는 경우도 있다.

평양냉면이
주류로 떠오르는 이유

그렇다면 냉면은 어떻게 전국구 음식이 되었을까. 평양냉면은 이미 17~19세기에 지금과 크게 다르지 않은 냉면의 원형을 완성했고, 음식 맛을 좀 안다는 사람들은 한 번쯤 먹어보고 싶어 하는 음식이 되었다. 그리고 서서히 전국으로 퍼지기 시작했다.

19세기 서울에서도 냉면은 이미 일상적인 음식이었다. 이미 냉면의 원산지가 어디라고 따질 것도 없이 아무데서나 먹을 수 있는 음식이었다. 조선 고종 때의 문신 이유원이 쓴《임하필기》(1871)에는 순조가 즉위 초 어느 날 밤, 궁성을 수비하는 병사들에게 "너희와 함께 냉면을 먹고 싶다欲與爾輩同喫冷麵"라며 궁 밖에서 국수를 사오게 했다는 이야기가 나온다. 순조의 즉위 연도가 1800년이니 이미 19세기 초에 한양 도성 내에 국수를 뽑아 파는 가게가 있었고, 국수를 사다가 집에서 냉면을 말아 먹는 문화가 있었음을 알 수 있다.

94

19세기의 시장 물가와 일상을 볼 수 있는 귀중한 자료인 하재 지규식의 《하재일기》에는 '사 먹는 냉면'이 여러 차례 등장한다. 지규식은 궁궐과 양반가에 그릇을 납품하던 공인이었지만 한문으로 일기를 쓸 정도로 교양인이기도 했는데, 1891년부터 1911년까지의 일기 가운데 가장 먼저 냉면에 대한 기록이 나오는 날은 1891년 5월 18일이다.

> 종로에 내려와서 민상순(閔尙淳)에게서 돈 5냥을 가지고 와 2냥을
>
> 주고 천유와 함께 냉면을 사 먹었다. (下來鍾樓 閔尙淳處文五兩持
>
> 來 與天裕冷麵二兩貿喫)

냉면 2인분의 가격이 2냥이면 대체 어느 정도일까? 같은 날 기록에 '항라亢羅(명주, 모시, 무명실 따위로 짠 피류) 3필을 90냥에 샀다'는 내용이 있다. 항라 1필을 팔아 냉면 30그릇을 먹을 수 있었다면 그리 싼 가격은 아니다. 그 전달인 4월에는 막일꾼 6명에게 술을 사주고 1냥 4전을 썼다는 기록도 있으니, 이때까지 냉면은 그리 싼 음식은 아니었다.

그러고 나서 20세기, 1912년 12월 18일 자 매일신보에 실린 '상점평판기-조선요리점의 시조 명월관'이라는 기사는 명월관 개업 이전의 서울 외식업계를 다음과 같이 소개하고 있다.

근 십년 전 조선 내에서 요리라 하는 명(名)을 부지(不知)할 시, 소
위 별별 약주가 외에 전골집, 냉면집, 장국밥집, 설넝탕집, 비빔밥
집, 강덩집, 숙슈집 등속만 있어…

이미 1912년 이전에 서울 시내에서는 냉면집들이 성업하고 있었다는
증거다. 그리고 1920년대 말 서울 청계천 북쪽에는 낙원동 부벽루, 광교
백양루, 돈의동 동양루 등 40여 곳의 냉면 전문점들이 성업 중이었다.
부벽루라는 이름이 끼어 있는 것만 봐도 알 수 있듯, 이들 냉면 전문점들
의 고향은 평양이었다. 매일신보 1936년 7월 23일 자에 실린 '서울냉
면'이라는 칼럼에는 다음과 같은 내용이 실려 있다.

평양냉면, 해주냉면 다음으로 서울냉면을 손꼽을 만큼 이제는 서
울냉면이 냉면 축에서 버젓하게 한몫을 보게 되었습니다. 그러나
경성냉면은 말하자면 평양냉면의 연장에 지나지 않습니다. 입 까
다로운 서울 사람들의 미각을 정복해보려고 평양냉면 장사들이 일
류 기술자를 데리고 경성으로 진출하기 시작하여 이제는 움직일
수 없는 굳은 지반을 쌓아놓았습니다.

그런데 본래의 냉면은 외식 사업의 메뉴가 되기에는 치명적인 약점이

있었다. 바로 계절 음식이라는 점이다. 현대의 시각으로 '냉면이 계절 음식'이라고 하면 여름에 잘 팔리는 음식이라는 뜻이겠으나, 19세기의 시각으로 본다면 반대로 해석해야 한다. 냉면은 본래 겨울 음식이었고, 겨울에 먹던 음식이었기 때문에 차갑게 먹는 방법이 발달했다.

1929년 12월. 잡지 〈별건곤〉의 여기자 '김소저(필명으로 추정)'가 '살얼음이 뜬 진장김치국에다 한 젓가락 두 젓가락 풀어먹고 우르르 떨려서 온돌방 아랫목으로 가는 맛!'이라고 썼듯 이렇게 냉·온을 함께 즐기는 것이 바로 겨울냉면의 묘미였던 것이다. 그러니 조선 시대까지는 누구도 여름에는 이 맛을 즐기기 쉽지 않았다. 동빙고, 서빙고의 얼음이 있다 한들 한정된 배급에 의지해야 했으므로 특권층이 아니고서는 여름냉면이란 상상할 수 없는 것이었다.

겨울철 꽁꽁 언 강에서 얼음을 떼어다 어둑한 창고에 보관하는 기술은 아주 오래전부터 개발되어 있었지만 양이 한정된 만큼, 조선 시대까지만 해도 여름철 얼음은 대단한 호사였고 특혜였다. 성종 같은 성군 때는 감옥의 죄수들에게도 얼음 배급이 있었다는 기록이 나오지만 늘 그랬을 리는 만무하고(성종의 아들 연산군은 궁중 연회에 쓸 얼음이 부족하다며 바로 이 얼음 배급을 중단시켰다), 대개는 부와 권력이 있어야 접할 수 있었다. 그러던 20세기 초, 개화기를 맞으며 상황은 변했다. 전기를 이용한 제빙 회사들이 설립되자 일반 대중도 얼음을 쉽게 접할 수 있게 되었다. 그

덕분에 누구나 좋아하는 겨울 음식이던 냉면이 여름철 더위를 쫓는 음식으로 활용 가능하게 된 것이다. 방신영의 《조선요리제법》에는 냉면을 '여름냉면'과 '겨울냉면'으로 구분하고 있는데, 여름냉면의 핵심은 '고깃국이나 닭국을 식힌 뒤 금방 내린 국수를 말고 한가운데 얼음 한 덩이를 넣는다'는 점이다. 이미 이 시절부터 얼음을 이용한 냉면이 여름 더위를 쫓는 음식으로 애용되었음을 알 수 있다.

냉면 대중화에 빼놓을 수 없는 또 하나의 중요한 요인은 아지노모토味の素의 도입이다. 1908년 도쿄 제국대학 화학과 교수인 이케다 기쿠나에池田菊苗가 합성한 글루탐산나트륨의 상품명인 아지노모토는 발매 즉시 선풍적인 인기를 모았다.

이케다는 다시마에서 천연 성분인 글루탐산을 추출하고 그 맛에 '우

▲ 1915년 당시의 아지노모토(좌)와 신문에 실린 광고(우)

양식의 양식

마미'라는 이름을 붙였다. 단맛, 짠맛, 쓴맛, 신맛에 이은 '다섯 번째 미각 (매운맛은 실제로는 맛이 아니라 통각으로 분류된다)'으로 불리는 우마미는 그 자체로 무슨 맛이라고 설명하기 쉽지 않지만, 다른 맛을 더 풍성하게 하는 효과를 톡톡히 냈기 때문이다. 일본에서 '세계적 조미료'라는 광고로 인기를 모은 아지노모토는 1915년 무렵 한국에도 상륙했다. 1915년 10월 7일 자 매일신보에 실린 광고를 보면 "소맥과 대두로 정제한 순백의 분말이오니 각종의 음식에 소량을 가하면 곧 천래의 미미美味를 생生합니다"라고 선전하고 있다.[8] 아지노모토는 거의 모든 한국 음식에 사용되며 호평을 받았지만 가장 큰 영향을 미친 것은 역시 냉면이었다. 그 이유는 평양냉면의 육수 맛을 내는 데 탁월한 효과를 냈기 때문이다.

음식평론가 이용재는 저서 《냉면의 품격》에서 평양냉면의 육수를 일종의 '모순'이라고 표현한 적이 있다. '고기국물이지만 차갑게 먹어야 하므로 뜨거운 국물의 감칠맛이나 만족감에 결정적인 지방이나 젤라틴을 근본적으로 배제해야 한다. 그래도 화학조미료의 감칠맛, 더 나아가 포도당 등의 감미료가 내는 단맛에 일정 수준 의지할 수밖에 없다'는 것이다.[9] 고기국물의 풍미는 일정 온도 이상일 때 피어오르는 법인데, 국물을 차갑게 유지하면서도 풍미를 내야 한다는 것이 일종의 모순이라는 지적이다. 이런 상황에서 육수 맛을 증폭시키는 화학조미료의 등장은 신의 한수로 여겨질 법했다. 물론 이 '화학조미료'라는 말은 아지노모토가 화학 합성물이라는 뜻은 아니다. 글루타민산나트륨, 즉 MSG는 앞서도 설명했듯 실험실에서 만들어진 인공 화합물이 아니라 이미 천연 식품에 함유되어 있는 성분이며, 그 생산과정 역시 콩이나 보리, 뒷날에는 사탕수수 등에서 대량으로 추출해 압축하는 방식이기 때문이다.

잘 익은 동치미국물의 맛과 고기국물의 맛이 어우러진 감칠맛이 냉면 맛의 핵심이었다면 MSG는 사용한 재료의 맛을 몇 배 업그레이드해주는 신비로운 힘을 과시했다. 물론 당시의 간장이나 소금에 비할 수 없는 비싼 값이었지만 충분히 그 효용을 냈다. 이렇게 해서 '겨울의 평안도'라는 시공간에 묶여 있던 음식인 냉면은 사람과 물자의 교류가 활발해진 개화기 이후, 얼음과 아지노모토라는 현대 문명의 이기로부터 도움을 받아 20세기 전반 이미 서울과 중부지방으로 확산되었다. 특히 경성과 같은 고도로 집적된 공간에서 외식 문화의 한 축으로 자리 잡았다는 점은 매우 큰 의미를 갖는다.

당시의 냉면 문화를 볼 수 있는 일화 하나. 1932년 2월 잡지 〈별건곤〉에는 냉면 배달부로 가장한 기자가 음식 배달을 빌미로 경성(서울)의 이 집 저집을 탐방한 '비밀 가정 탐방기'가 실렸다. 주요 메뉴는 냉면을 비롯해 설렁탕, 만둣국 등 다양했고, 기자는 밤 11시가 넘은 시간부터 새벽 2시까지 관철동, 재동, 청진동 등 서울 사대문 안 한복판 동네들을 돌아다니며 음식을 배달했다.

이 기사에 따르면 1932년의 서울 시내는 새벽 2시에도 카페마다 사람이 꽉꽉 차 있는 불야성을 이뤘고, 냉면은 그 시간에도 배달시켜 먹을 수 있는 대중의 음식으로 자리하고 있었다. 많은 사람들이 이 시기에 '냉면을 배달시켜 먹었다'는 사실에 놀라곤 하는데, 서울에서는 1980년대 초반까지도 냉면과 설렁탕은 매우 친숙한 배달 음식이었다. 많은 가정에서 짜장면을 시키듯 냉면을 시켜 먹었다.

이렇게 냉면에 대한 열정이 서울을 장악한 이상, 사실상 게임은 끝난 것이나 다름없었다. 전국을 장악하기까지 필요한 것은 충분한 시간과 냉장고의 도입뿐이었다.

평냉 마니아들의 워너비, '옥류관 냉면'

〈양식의 양식〉 냉면 편의 하이라이트가 무엇이냐고 묻는다면, 주저 없이 'VIP용 옥류관 냉면의 재현'을 꼽을 것이다. 북한 출신 셰프들에 의한 냉면집 개업은 사실 그리 새로운 일이 아니다. 1990년대에도 북한을 탈출한 방송인 김용 씨가 '모란각'이라는 프랜차이즈 냉면집을 개업해 한때 여기저기서 눈길을 끈 적이 있었고, 꼭 냉면이 아니더라도 북한 음식 전문점들은 '현재의 북한 음식을 먹어 보고 싶다'는 호사가들의 궁금증 때문에 늘 관심의 대상이 된다. 물론 이때마다 그 식당의 음식이 정말 북한 출신의 조리사가 만든 음식이냐는 논란이 있어 아쉬움을 남겼다. 누구누구는 북한에서는 설거지만 해본 사람이라는 둥, 아무개는 설거지는 커녕 주방 출입도 못 해본 사람이라는 둥, 진짜 북한 음식을 재현할 자격에 대한 이야기가 항상 따라다녔던 것이다.

그런데 2019년 현재, 새터민 출신 요식업계 종사자들과 이야기를 나누다 보면, "현재 남한에 있는 북한 출신의 요리인 가운데 누가 최고냐?"

하는 질문에 공통된 답이 나오는 경우를 여러 번 접했다. 많은 사람들이 이 질문에 "안영자씨와 내가 최고"라고 답했던 것이다. 다소 과격한 분들은 이 대답 뒤에 "안영자 씨와 나만 진짜고, 나머지는 다 가짜"라고 주장하기도 했다. 어쨌든 비슷한 이야기를 몇 번씩 듣다 보니 믿음이 생겼다. 그렇다면 '안영자 씨'라는 분이야말로 진짜 실력자 아닌가.

안영자 선생은 옥류관 출신은 아니지만 북한에서도 몇 안 되는 초대소 조리사 출신이라는 이력을 갖고 있다. 북한 요소에 설치된 초대소는 김씨 일가와 극소수 당 간부의 휴가 및 연회 그리고 해외 귀빈들의 체류를 위한 공간이다. 당연히 음식도 최고 수준을 유지해야 한다. 특히 북한을 대표하는 음식 중 하나인 옥류관 냉면은 자주 상에 올려야 하는 메뉴이므로, 초대소 조리장들은 정기적으로 옥류관에 파견되어 냉면 조리법 교육을 마스터해야 한다고 전해진다.

그래서 안영자 선생을 만났다. 그는 2018년 방송된 JTBC 다큐멘터리 〈두 도시 이야기〉의 냉면 관련 내용과 그해 9월 문재인 대통령 방북 환영 만찬에 나온 냉면의 영상을 보더니 단박에 "두 냉면이 다르다"고 지적했다. "북한에서 냉면을 만들어본 사람은 다 안다. 국수가 일단 다르고, 꾸미도 차이가 난다"는 것이다. 그래서 '옥류관 냉면' 가운데서도 특별한 사람들만 먹을 수 있다는 '귀빈용 옥류관 냉면'을 재현해보기로 했다. 이미 〈양식의 양식〉 냉면 편에서 만드는 과정이 상세히 소개됐듯, 이

▲ 안영자 선생이 재현한 평양 옥류관 냉면

양식의 양식

냉면은 재료부터 육수까지 상당한 공력을 필요로 했다. 이 냉면 맛을 이야기하기 위해 북한 출신의 학자 김영희 박사, 북한 전문기자인 권영철 기자, 그리고 연예계의 냉면 마니아로 익히 알려진 배우 김의성과 다이나믹 듀오 멤버 최자가 등장했다.

과연 맛에 대한 그들의 평가는? 조용히 그릇을 비운 네 사람은 모두 이구동성으로 "좀 부족한데 한 그릇 더 먹을 수 있을까요?"라고 말했다. 맛에 대한 어떤 칭찬보다 솔직한 소감이다. 도저히 참을 수가 없어서 필자도 촬영장 구석에서 냉면 맛을 봤다. 지금까지 수많은 냉면들을 먹어봤지만(참고로 필자는 얼추 3,000끼 이상을 냉면으로 때웠을 만큼 냉면 좀 먹어봤다고 자부하는 사람이다), 이만큼의 강렬한 인상을 준 냉면은 없었다. 당시 안영자 선생은 옥류관에서는 냉면에 '신맛, 매운맛, 쓴맛, 단맛, 짠맛'이 다 들어가 있어야 한다고 가르친다고 했다. 이날 이 냉면을 먹으면서 빈말이 아님을 실감했다. 부드러운 메밀국수에 은근한 쓴맛이 있다고 한다면, 이렇게 아주 달지도, 아주 시지도, 아주 짜지도, 아주 차갑지도 않은데 그 맛들이 온전히 다 살아 있는 냉면은 처음이라고나 할까. 육수에 들어간 동치미 육수와 씻어 넣은 익은 배추김치의 맛이 하나하나 다 느껴지되 고기국물의 풍미를 해치지 않는 절묘한 맛이었다. 그날 두 그릇을 단숨에 비웠다. 배 속에 여유가 있었다면 세 그릇이라도 먹었을 것이다.

냉면 전쟁의 또 다른 이름,
육수 전쟁

  그렇다면 냉면 맛은 왜 다를까? 면발 차이를 이야기하는 사람도 많지만 아무래도 냉면의 가장 큰 맛 차이는 그 집의 육수에서 온다고 하는 것이 온당하다.

  냉면 편 첫 촬영이 이뤄진 남포면옥은 시내 한복판 무교동에서 해방 직후부터 서울 도심의 변천사를 지켜본 노포다. 특히 이 집은 동치미를 육수에 반드시 섞는 것으로 유명하다. 일반인들도 냉면 육수 하면 동치미 국물과 고기국물의 혼합을 상식으로 알고 있지만, 실제로는 노포들 가운데에도 동치미를 아예 섞지 않는 집들이 많다. 위생상의 이유를 들기도 하지만 가장 큰 이유는 역시 맛이 일정하지 않기 때문이다. 같은 사람이 같은 재료로 담가도 김치 맛이 조금씩 달라지듯, 동치미 역시 정확한 레시피대로 담가도 매번 똑같은 맛이 나지 않는다. 그런 면에서 많은 냉면 전문점들은 일정한 맛을 유지하는 데 변수를 최소화한다는 이유로 동치미를 아예 배제하고 있다. 예를 들어 우래옥의 육향 짙은 육수에는 동치미가 들어가지 않는데, 앞서 언급한《조선요리제법》에서도 '여름냉면'에는 동치미를 넣지 않는다고 소개되어 있다. 결국 중요한 건 맛의 문제인데, 어느 쪽의 맛이 더 우월하냐고 묻는다면 답은 정해져 있다. '선택은 소비자의 몫'이다.

촬영에 앞서 다섯 출연진의 냉면에 대한 자세를 살펴봤다. 모든 종류의 음식에 대해 무불통지인 백종원 대표는 구태여 말할 필요가 없고, 최강창민은 본편에서 드러났다시피 기본적으로 평냉 마니아였다. 정재찬 교수는 우래옥 40년 단골을 자부하는 관록이 있었고, 유현준 교수는 '마니아까지는 아니지만 냉면 맛은 안다'는 쪽. 어떤 음식이나 마찬가지로 '솔직히 아무 관심이 없다'는 채사장도 있지만 냉면은 그나마 다른 음식에 비하면 기본 지식 보유고가 높은 편이었다. 냉면에 대해서는 심도 있는 이야기가 오갈 것을 기대하면서 느즈막한 오후 남포면옥의 문을 두드렸다. 평일 오후 시간인데도 식당 안에는 적지 않은 손님들이 있었다. 다양한 이야기들이 오갔지만 이날의 주제 중 하나는 '냉면은 고급 음식인가?'라는 질문이었다. 많은 연구자들은 기록된 냉면의 가격과 기방에서 술 깨기 위해 먹는 음식이었다는 속성, 고급 고기를 써야 하는 점 등을 들어 냉면이 고급 음식이라고 보기도 하는데 정재찬 교수는 노래 한 곡으로 거기에 반론을 제기했다.

한 촌사람 하루는 성내(城內)와서 구경을 하는데

이 골목 저 골목 다니다가 별별것 보았네

맛좋은 냉면이 여기 있소 값싸고 달콤한 냉면이요

냉면국물 더 주시오 아이구나 맛 좋네

오래전에는 꽤 흔하게 들을 수 있었던 노래로, 19세기 영국의 유행가인 '비브 라 콤파니Vive La Companie'에 1930년경 작곡가 박태준이 가사를 붙인 번안곡이다. 여기서 파악할 수 있는 냉면의 정경은 두 가지다. 하나는 촌사람이 '성내'를 와야 볼 수 있는 음식이었다는 것. 그도 그럴 것이 앞서 설명한 얼음과 아지노모토 이야기를 생각해보면 당시의 냉면은 도심을 벗어나 존재하기는 어려운 음식이었을 것으로 추정된다. 주목해야 할 또 다른 한 가지는 '값싸고 달콤한'이라는 가사다. 촌사람들도 서울 구경을 오면 한 그릇씩 먹을 수 있었던 음식인 만큼, 이미 이 시절에는 대중의 음식으로 자리했음을 위 노래를 통해 짐작할 수 있다.

지금 서울의 냉면 맛은 '동치미의 함량을 어느 정도로 맞춰야 할까', '육수를 끓이는 고기는 어떤 고기를 써야 할까', '소고기만 100퍼센트를 써야 할까, 아니면 혹시 뼈를 써야 할까', '돼지나 닭을 넣고 끓이면 어떨까' 하는 질문들에 대답하기 위한 치열한 노력의 결과들이다. 그렇지만 서울과 평양, 이 직선로를 벗어나면서 냉면은 더욱더 다양하게 변

하기 시작했다. 각 지역으로 퍼지면서 변종들을 낳은 것이다. 〈양식의
양식〉 제작진은 지난 100년간 냉면이 전국으로 확산되면서 일어났던
그 다양한 변화의 몇 가지 극단적인 사례들을 추적했다.

변종1 **부산의 밀면**

　고향을 떠난 냉면 중 가장 극적으로 변신한 것은 부산의 '밀면'이다.
부산 밀면은 이미 하나의 독자적인 음식 세력을 구축할 정도로 다양하
게 발전하고 있지만, 그 뿌리가 실향민들의 음식에 있다는 것은 누구도
부정하지 않는 사실이다.

　냉면 마니아들 사이에는 '냉면 남방한계선'이라는 농담이 있다. 서울
을 벗어나 남쪽으로 향할수록 오래된 냉면집의 수는 급격히 줄어든다.
일단 대전에는 사리원면옥을 비롯해 여러 노포들이 있고, 대구에도 몇
몇 냉면집들이 명맥을 유지하고 있다. 이채로운 것이 경북 풍기의 서부
냉면이다. 마니아들은 이 집을 방문하는 것을 가리켜 '깃발을 꽂고 온
다'고 한다. 영주·풍기 지역에 많이 정착한 북한 피란민들을 상대로 개
업한 집으로, 흔히 '최남단의 정통 평양냉면집'이라 불리기 때문이다.
반면 고개를 돌려 호남권을 바라보면, 냉면의 노포라고 할 만한 집이 거
의 없다.

이러한 사실은 냉면집의 분포가 6·25 당시 피란민의 경로와 어느 정도 일치한다는 것을 보여준다. 피란민들은 대개 경부선 철길을 따라 이동했고, 그 중간 정차역이면서 큰 도시인 대전과 대구에 일부 흔적을 남겼다. 그러다가 풍기에서는 그 기운이 다한 느낌을 준다. 냉면의 주요 고객들인 이북 피란민들이 없으니 냉면집이 생긴다 해도 오래 버틸 재간이 없었다. 대구에 정착한 피란민들 중에는 "냉면을 말아 먹었더니 대구 토박이들이 '이런 음식이 있느냐'고 신기해하더라"는 경험담을 말하는 사람들도 있었다.

부산은 좀 다르다. 육로로 내려온 피란민들은 대전, 대구 등지에서 눌러앉았지만 1950년 12월, 흥남부두에서 군대와 함께 철수한 10만의 피란민이 부산으로 직송됐다. 그중 적지 않은 수가 부산항 뒤편의 산동네인 우암동 지역에 정착했다. '우암牛巖'이라는 이름에 걸맞게 소 키우는 축사가 많았던 동네라 많은 피란민들이 축사를 개조한 '하꼬방'에 자리를 잡았다. 부산에 정착한 실향민들 가운데 밀가루로 냉면을 만들어 먹으려고 시도한 사람은 한둘이 아니었을 테지만, 오늘날 누구나 '밀면의 원조'로 인정하는 집이 바로 우암동의 내호냉면이다.

함흥 출신의 피란민들이 연 내호냉면에는 지금도 'Since 1919'라는 문구가 자랑스럽게 쓰여 있다. 1·4후퇴로 피란 오기 전부터 이미 국숫집을 하고 있었다는 이야기다. 밀로 냉면을 만들어 고향의 분위기를 이

▲ 부산 우암동의 내호냉면

어가는 데 성공한 피란민들을 로마 건축과 비교한 유현준 교수의 코멘트는 냉면 편에서 가장 멋진 비유였다고 생각한다. 로마는 고대 그리스의 건축 양식을 계승하고 싶었지만 그리스인들이 즐겨 사용한 흰 대리석을 쓸 수 있는 곳은 매우 한정되어 있었다. 그래서 로마인들은 벽돌을 적극적으로 사용했고, 그 결과 전체적으로 볼 때는 그리스 양식처럼 보이지만 안쪽은 벽돌로 탄탄하게 지어진 로마 양식을 만들어냈다. 마찬가지로 북한에서 넘어온 피란민들은 익숙한 재료인 메밀을 남쪽에서 쉽게 구할 수 없다 보니 미군 군수물자로 널리 풀린 밀가루를 이용해 냉면과 비슷한 차가운 국수를 만들어 먹게 된 점이 비슷하다는 얘기였다. 그렇게 해서 만들어진 국수는 초기에 '밀냉면'이라고 불렸지만 이후 부산 사람들에 의해 줄여서 '밀면'이라는 이름으로 바뀌었다.

옌볜냉면

한반도 밖에서 토착 음식으로 자리 잡은 냉면의 변종들을 꼽자면 일본의 모리오카 냉면과 중국의 옌볜 냉면을 들 수 있다. 잘 모르는 사람들은 이 두 음식을 '한국인 말고도 냉면을 먹는 사람들이 있는 증거'로 생각하기도 하나, 이 두 음식은 모두 현지에 정착한 한국인들이 만든 음식이다. 이북 지역 출신의 한국인들이 현지에 정착하면서 향수를 달래기 위해 만들어 먹은 음식이고, 본래의 냉면이 갖고 있던 요소와 현지에서 쉽게 구할 수 있는 재료가 결합된 음식이라는 점에서 밀면과 상당히 유사하다.

옌볜냉면을 취재하기 위해 중국 동북 3성을 가지 않은 것은, 이미 대림동 등 서울 곳곳의 차이나타운을 통해 옌볜식 냉면이 서울에 다수 진출해 있기 때문이었다. 물론 옌볜에서 먹는 옌볜냉면도 궁금했지만, 서울에서는 또 다른 모습을 보여줄 수 있었다. 옌볜냉면이 만주로 이주한 한국인들이 고향을 그리며 먹던 음식이라면, 서울의 옌볜냉면은 그 지역에서 서울로 들어온 조선족 동포들의 향수를 달래는 음식이 되어 있었다. 19세기~20세기 초의 간도. 수많은 조선인들이 현재 중국 지린성 엔

▲ 옌볜냉면이 만들어지는 과정. 육수에 각종 채소와 한약재를 넣는다.

▲ 옌볜냉면

볜 조선족자치구라 불리는 지역으로 이주했다. 서쪽은 평안도 출신, 동쪽은 함경도 출신의 이주민들이 다수였고 이들은 서로 섞여 살게 되었다. 그 과정에서 자연스럽게 함경도식 냉면과 평안도식 냉면이 혼합된 형태의 옌볜냉면이 만들어진 것이다.

대림동 〈연변냉면〉은 소고기와 돼지고기를 같이 끓인 육수에 중국식 한약재가 들어간 육수를 사용한다. 여기에 닭고기 완자와 수박, 목이버섯이 필수적으로 추가된다. 〈연변냉면〉 대표 김성학 씨는 그 냉면 안에 "평안도와 함경도, 중국 문화가 다 섞여 있다"고 말했다. 특히 모든 꾸미를 짝수로 배치하는데 이것은 중국 문화의 영향이라고 밝혔다. 당연히 서울식 입맛엔 낯선데, 김 씨는 오히려 "옌볜에서 오신 분들은 서울식 냉면을 못 먹는다"라고 했다. 먹던 맛이 아니라 힘들어한다는 것이다. "주말만 되면 전국에서 다 모입니다. 전에는 부산에서 왔다는 한 임신부가 한 그릇은 먹고 한 그릇은 내려가는 기차에서 먹게 싸 달라더군요. 그날 돈은 안 받았습니다." 냉면 맛은 사뭇 다르지만, 그럼에도 불구하고 냉면을 통해 향수를 해결하는 건 마찬가지였다. 그런 의미에서 옌볜냉면은 민족 동질성 회복의 음식이 아닐 수 없다. 서울 사람들에게는 낯선 맛이지만 조선족 동포들에게는 '부산에서 KTX를 타고 올라와서라도 먹어야 하는 맛'이 되었다는 점. 어쨌든 이 냉면도 '향수'라는 단어와 떼어놓고 생각할 수 없다는 사실이 선명하게 다가왔다.

백령도 냉면

　냉면의 머나먼 유랑길을 찾아가는 길목에는 백령도라는 섬이 있었다. 인천에서 배로 운 좋으면 네 시간, 〈양식의 양식〉 전편을 통틀어 국내 촬영 중 가장 험난했던 촬영길이었다. 백령도 냉면은 넓게는 해주냉면, 즉 황해도식 냉면의 범주에 속한다. 백령도는 당연히 해산물이 풍부하지만, 사실은 경작지가 넓어 곡물 생산과 목축도 발달한 섬이다. 최전선이라는 이유도 있어 주민 중에도 수산업보다는 농업이 더 중요한 산업이고, 오래전부터 돼지를 키우고 메밀 농사를 많이 지었다. 그러다 보니 자연스럽게 돼지 뼈를 우린 국물을 식혀 메밀국수를 말아 먹게 된 것이다.

　백령도에서 냉면이 성행하게 된 것은 6·25 이후 황해도 지역에서 피란민이 많아지게 된 뒤의 일이라고 알려져 있지만 사곶냉면 김옥순 사

▲ 백령도 냉면. 뒷줄은 비빔냉면에 육수를 부은 반냉면이다.

장님은 "우리 할아버지 때부터 냉면을 많이 해먹었다"라고 말했다. 황해도식 냉면이 백령도로 흘러들어 온 게 그보다 훨씬 전의 일이라는 것이다. 하지만 이 냉면은 백령도에서 까나리액젓이라는 새로운 친구를 만나게 된다.

백령도 냉면집 중 가장 유명하다는 사곶냉면의 육수는 서울 남대문시장의 노포 부원면옥과 비슷하다. 돼지 육수 특유의 단맛이 비장의 까나리액젓과 만나면 더욱 강화된다. 설탕 같은 감미료의 단맛과는 다른 달큰한 맛이다. 전형적인 평양냉면 노포들보다는 훨씬 대중적인 맛인데, 여기에 신세대 장병들의 요청으로 반냉면(비빔냉면에 육수를 부은 형태의 냉면)이라는 메뉴까지 등장했다. 백령도에서 해병대 생활을 했던 젊은이들에겐 이 또한 추억의 일부가 되어 있을 게 분명했다.

냉면은 어디로 가나

　방송에서 채사장이 말했듯, 냉면은 이제 두 갈래로 나뉜 길을 가야 한다. 한쪽에는 미식가들의 찬사를 받는, 완성도 있는 맛을 추구하는 냉면의 세계가 있고 다른 한쪽에는 그야말로 대중의 음식인, 싼 맛에 먹는 냉면이 있다. 등심이나 삼겹살, 돼지갈비를 먹고 나서 입가심으로 먹는 냉면이나 김밥, 유부초밥, 떡볶이와 함께 분식점에서 팔리는 냉면이 후자의 영역에 속한다. 마트에서 살 수 있는 새콤달콤한 1,000원짜리 육수 한 포와 공장에서 뽑은 냉면용 갈색 면만 있으면 누구나 만들 수 있는 냉면이다. 이 두 가지 냉면을 '냉면'이라는 같은 이름 때문에 한데 묶는 것은 누가 봐도 부당한 일이다.

　물론 그렇다고 '냉면의 고급화'가 냉면에 대한 신비주의로 이어지는 것 역시 경계할 일이다. 1만 원이 넘는 가격도 마다하지 않는 정통 평양냉면 마니아들은 시중에서 파는 5,000원짜리 열무냉면을 무시하기 십상이지만, 30여 년 전부터 냉면의 성지 중 하나인 의정부 평양면옥에서

▲ 현대식 북한 냉면을 맛보는 출연진

는 냉면을 내면서 열무김치를 반찬으로 같이 내줬다. "넣어 드시면 시원해요"라는 설명과 함께. 맛의 세계는 항상 더 나은 쪽으로 진화할 뿐, 거기에 절대 바꿔선 안 될 정통 같은 것을 고집하는 건 매우 어리석은 일이다. 경계는 어디에도 없다. 이제 3세대를 맞는 서울의 냉면옥들은 '신비의 북한 냉면'에 대한 열등감도 없다. 냉면은 냉면일 뿐, 새로운 것은 무엇이라도 시도할 수 있다. 이미 한국인은 해외에서 들어온 국수 요리까지도 냉우동, 냉짬뽕, 냉모밀(자루소바가 아닌, 냉면 사발에 국물과 같이 국수를 만 형태를 가리키는 이름), 냉라멘, 냉파스타로 변형시켜 먹고 있다.

한국의 웬만큼 오래된 중화요리집에 가면 '중국 냉면'이라는 메뉴가 있다. 처음부터 얘기했지만 중국에는 냉면이 없다. 기본적으로는 차가

양식의 양식

운 닭 육수에 만 냉면이다. 꾸미로는 오향장육, 가죽나물, 오이채, 채 썬 삶은 오징어, 찐 새우 등이 올라가고 국물에 땅콩버터와 노란 겨자가 들어가는 것이 묘미다. 평양냉면과 마찬가지로 오래되고 전통 있는 집일수록 육수에 식초를 덜 탄다. 과연 이 음식의 정체는 무엇인가. 땅콩버터가 들어간다는 면에서 단단멘担担麵의 영향도 느껴지지만, 전체적으로 일본에서 먹는 히야시추카의 느낌도 있다. 그야말로 한·중·일의 합작인 이 중국 냉면 역시 전 세계에서 한국인만 먹는 음식이며, 한국인의 냉면 DNA가 만들어낸 변종이다. 어쨌든 맛있기 때문에 여전히 살아남아 있다. 그렇게 내일은 또 어떤 냉면을 먹게 될 것인가. 다만 궁금할 뿐이다.

3장

닭을 영어로 옮기면 수탉, 암탉, 병아리를 각각 'cock', 'hen', 'chicken'으로 옮긴다. 'Fried chicken'을 그대로 한국어로 옮기면 '닭튀김' 혹은 '튀긴 닭'이다. 하지만 한글로 '치킨'이라고 썼을 때, 그 말이 무슨 의미인지 혼동하는 사람은 아무도 없다. 누가 봐도 전통적인 한국 음식은 아닌 치킨, 하지만 어떤 음식보다 우리에게 친숙한 음식이 된 치킨. 과연 이제는 그 '치킨'을 한국 음식이라고 부르면 안 되는 걸까?

베어 물면 쏟아지는
바삭한 이야기

치
킨

우리는 닭을 얼마나, 어떻게 먹어왔나

'한식의 현주소'를 가장 잘 보여줄 수 있는 여덟 개의 아이템으로 과연 무엇을 넣고 무엇을 뺄 것인가. 고민 끝에 '치킨'을 넣기로 했을 때는 상당한 반발이나 논란이 있을지도 모른다는 생각이 들었다. 그런데 몇 차례 이야기를 나눠 보니 의외로 거부반응은 거의 없었다. 꽤 많은 사람들에게 물어봤지만, 대부분 잠깐의 고민 뒤에 "생각해보니 그거 한식 맞네!"라는 반응이 돌아왔다. 안 넣었으면 오히려 이상할 뻔했다(효율적인 표기를 위해, 지금부터 이 글에서는 '치킨'이라고만 써도 '프라이드치킨'을 가리킨다는 점을 미리 밝혀둔다. 그렇지만 미국식 조리법을 따르는 정통 프라이드 치킨은 그 의미를 분명히 하기 위해 따로 '프라이드치킨'이라고 쓰려고 한다).

닭고기는 인류가 소비하는 온갖 육류 가운데 가장 수용 범위가 넓은 음식이다. 힌두교는 소고기를, 이슬람교나 유대교는 돼지고기를 금기로 여기지만 아예 육식을 금기로 여기는 불교 지역이나 채식주의자 집단이 아니라면, 닭고기를 거부하는 문화는 지구상에 없는 것으로 알려져 있다.

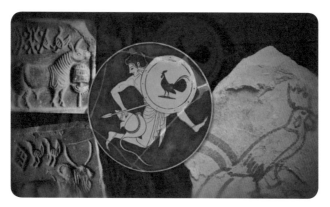
▲ 아주 오래전부터 인류와 함께한 닭

　현재 전 세계에 살고 있는 닭의 수는 약 200억 마리(물론 거의 대부분
이 인간이 사육하는 닭이다)로 지구상에 거주하고 있는 인구의 3배 가까운
숫자다. 매일 수억 마리의 닭이 도살되지만, 동시에 수억 마리의 병아리
가 부화되어 그 수를 채운다. 수탉을 국가의 상징으로 여기는 프랑스인
에게도 닭을 먹으면 곤란하다는 금기는 없다. 오히려 세계적으로 맛 좋
기로 유명한 명품 닭이 있다.

　닭을 숭상했던 문명은 한국에도 있었다. 신라의 첫 임금 박혁거세의
아내 알영은 닭 부리가 달린 채 태어났지만 목욕을 시키자 부리가 떨어
지고 입술이 나왔다고 전해진다. 왕족 성씨 중 김씨의 시조 김알지를 상
징하는 동물 역시 닭이다. 당시 서라벌에는 '시림始林'이라 불렸던 숲이

있었는데 닭이 우는 곳을 찾아가 보니 신령한 아기가 있었고, 그 아기가 바로 김알지다. 이런 이유로 한때 신라는 나라 이름을 '계림鷄林'이라 칭하기도 했다.

닭을 숭배했다고 해서 신라인들이 닭을 식용으로 삼지 않은 것은 아니다. 다만 신라 시대까지는 닭보다 꿩이 더 보편적인 식재료였을 것으로 추정된다. 실제로《삼국사기》에는 태종 무열왕의 어마어마한 식사량에 대한 기록이 있는데, 태종은 하루에 쌀 서 말과 꿩 아홉 마리를 섭취할 정도로 대식가였다고 전해진다. 백제 병합 이후에는 점심을 종종 거르기도 했는데, 그럼에도 불구하고 아침저녁으로 먹은 양이 무려 쌀 여섯 말, 술 여섯 말, 꿩 열 마리에 달했다고 한다.

세월이 흘러 조선 시대에 이르면, 닭을 먹는 것은 보편적인 단백질 섭취 수단이 된다. 가정집에서는 흔히 사위가 오면 통통하게 살이 오른 씨암탉을 잡았고, 가끔은 남의 닭을 잡아먹고 오리발을 내미는 사람들도 생겨나기 시작했다.

전문적인 양계산업이 자리 잡기 전까지 시골집에서는 닭을 마당에 풀어놓고 기르는 경우가 많았다. 그러다 보니 튼튼한 닭들은 주인이 자기를 잡아 보신을 하려는 눈치가 보이면 푸드득 날아올라 '저게 닭이냐 독수리냐'는 말을 듣기도 했다. 이처럼 전래 토종닭은 근육이 발달한 경우가 많아 오래 삶아 먹어야 제맛이라는 이야기가 있었다. 1809년《규합총서》에 나오는 '승기악탕勝妓樂湯(술, 참기름, 표고버섯, 돼지비계 등을 같이 넣고 끓인 탕인데 정말 맛이 있어 '기생보다 낫고 음악보다도 낫다'는 이름이 붙여졌다)'이나 '칠향계七香鷄(도라지, 생강, 파, 간장 등을 넣고 삶은 닭 요리)'를 봐도 국물이 많게 삶은 닭이 기본이다.

이보다 훨씬 앞선 17세기, 정부인 안동 장씨 장계향이 쓴 최초의 한글 요리책 《음식디미방》에는 '총계蔥鷄(파와 간장을 넣고 졸인 닭)', '팽계烹鷄(삶은 닭, 백숙)', '적계炙鷄(숯불에 구운 닭)', '초계炒鷄(기름에 볶은 닭)'의 기본 조리법이 소개되어 있다. 이중에 혹시 기름을 사용한 초계가 치킨과 비슷한 음식이 아니었을까?

초계의 조리법을 보면 기름 두른 번철에 볶아낸 뒤 간장을 기본으로 한 양념장과 물을 붓고 끓이는 방식이다. 치킨보다는 오늘날의 닭볶음탕이나 안동찜닭에 더 가까운 음식이라고 볼 수 있다(덧붙이면 요즘 여름철 별미로 차게 먹는 초계醋鷄는 발음만 같을 뿐, 식초醋가 들어간 닭鷄이라는 뜻이다).

한국 전통 음식 가운데 프라이드치킨과 가장 비슷한 것으로는 이규경의 《오주연문장전산고》에 나오는 '유전계油煎鷄'를 들 수 있다. 저자 이규경은 「행주음선변증설行廚飲膳辨證說」이라는 글에서 '추두부탕鰍豆腐湯(미꾸라지를 물에 넣고 끓이다가 차가운 두부를 넣어 두부 속으로 미꾸라지가 파고 들어가게 해 만든 탕)', '새치적賽雉炙(진흙 속에 수꿩을 담갔다 꺼내 씻어 양념해 굽는 요리)' 등과 함께, 별미 요리의 하나로 유전계를 소개하고 있다. 여기 실린 조리법은 간략하지만 분명하다. 살찐 닭을 잡아 내장을 제거한 뒤 소금으로만 문질러 깔끔하게 씻어낸다. 그런 다음에는 '참기름에 담가 지지고 볶되 타지 않게 한다沈於香油中 煎熬 勿焦'고 기록되어 있다. 어떤 연구자들은 이 유전계가 곧 닭튀김이라고 보기도 하지만, '전오煎熬(지지고 볶다)'를 튀긴다고 해석하는 것은 좀 무리가 아닌가 싶다. 어쨌거나 '익으면 건져내어 기름기를 빼고 먹는데, 그 연하고 바삭함이 대단하고, 그 맛은 진정 아름답다'고 묘사했으니, 통닭처럼 튀기지는 않았다 해도 기름에 지진 닭고기 맛은 훌륭했던 것 같다.

통닭, 고기에 대한 로망
그리고 튀김이라는 새로운 맛

한국 치킨의 역사는 1960년대 후반, 미국으로부터 콩大료이 대량으로 유입되면서 시작됐다. 일단 콩은 그 자체로 닭을 사육할 수 있는 사료로 쓰일 수 있고, 한 번 가공하면 식용유의 원료가 되기 때문이다. 풍부해진 닭과 식용유, 여기서 갈 길은 이미 정해졌다고 봐도 좋다. 한국인이 치킨을 튀겨 먹게 된 유래에 대한 가설에는 미군부대에서 프라이드치킨을 맛본 사람들이 나와서 모방한 것이라는 '모방설'과 시장에서 풍부해진 식용유의 활용을 연구하다가 튀겨 먹는 방식이 보편적인 것이 되었다는 '자생설'이 있다. 둘 다 일리가 있지만 냉정하게 생각하면 전자에 무게가 실린다. 아무래도 모방할 전범reference을 보고 나서 창작에 나서는 편이 더 일반적일 테니 말이다.

1980~1990년대까지도 시장 안에는 항상 닭집이 있었다. 어물전 근처에 가면 비린내가 났고, 옷가게 앞을 지나면 좀약 냄새가 났듯이, 어디선가 풍겨오는 닭똥 냄새를 따라가면 흔히 '닭전'이라고 불리던 가게가

양식의 양식

▲ 닭전에서 기름에 바싹 튀긴 통닭

나왔다. 손님은 닭장의 닭들 가운데 한 마리를 지목하고, 흥정이 끝나면 그 자리에서 주인은 닭목을 친 뒤 '털 뽑는 기계'에 닭을 던졌다. 몇 분 만에 알몸이 된 닭이 나오면 주인은 "생닭으로 드릴까, 토막을 쳐 드릴까"를 물었다. '통닭'을 원하는 사람이 있으면 그 자리에서 내장과 발목을 제거한 닭이 기름 솥으로 들어갔다. 갓 튀겨진 통닭에서 나는 고소한 냄새는 닭똥 냄새를 충분히 지우고도 남았다.

이것이 지금의 50~60대가 기억하는 '통닭'의 추억이다. 그냥 '통닭'이라고 하면 털과 내장은 제거했으되 토막은 내지 않은, 살아 있는 닭의 몸통 모양을 그대로 간직한 닭의 형태를 말한다. 그러므로 굳이 어법을 따져 의미를 완성시키자면 이 역시 '튀긴 통닭'이나 '통닭 튀김'이어야

▲ 광주 양동시장의 양동통닭집

하겠지만 어느 순간부터 '튀김'은 아예 생략되고 말았다.

백종원 대표, 정재찬 교수, 채사장과 함께 찾아간 광주광역시 양동시장의 양동통닭집은 향수를 자극하는 모습 그대로였다. 차이가 있다면 산 닭을 잡아 파는 집과는 오래전 분리되었다는 것, 그리고 이제는 튀긴 뒤 일반적인 치킨집처럼 토막을 쳐서 손님상에 낸다는 정도였다. 닭발과 모래집(사실은 '똥집'이라고 불러야 제맛이다)을 같이 튀겨 준다는 점은 서울에 있는 여느 치킨집들과 확실히 다른 차이점이다. 그리고 큰 닭을 튀기기 때문에 닭 한 마리를 시켜도 서울의 치킨 한 마리와는 비교가 안 되는 양이 나온다. 1.5배는 족히 되는 것 같다.

한국인에게 기름에 튀긴 닭의 역사를 말하자면 1960년 명동에서 개

▲ 1960년대 당시의 명동 영양센터

업한 영양센터를 빼놓을 수 없다. 요즘도 건재한 영양센터는 최초의 전기구이 통닭집으로, 메뉴는 통닭과 삼계탕이 전부다. 사실 삼계탕도 할 이야기가 적지 않은 소재지만, 여기서는 통닭 이야기를 해야 하니 패스. 영양센터는 소위 '전기구이 통닭' 집의 원조 격으로, 유리창 너머로 빙글빙글 돌아가면서 익어가는 통닭들을 직접 볼 수 있어 엄청난 반향을 일으켰다. 당시에는 유명인사와 부유층들만 찾을 수 있는 핫플레이스였다는 전설도 전해진다. 물론 이 전기구이 통닭은 '전기구이'이기 때문에 치킨과는 다르다고 보는 이들도 있으나, 당시의 통닭은 전기구이로 닭을 굽더라도 손님 앞에 나가기 전에는 반드시 기름에 튀기는 과정을 거쳐야 했다고 전해진다. 닭껍질이 바삭바삭해지는 식감을 고객들이 선호했기 때문이다.

우리의 궁금증은 여기서 끝나지 않았다. 전 세계에 닭을 키우지 않는 나라는 없고, 1950년대 이후 닭 사육 역시 세계적으로 산업화의 길을 걸었다. 한 번에 수만 마리의 닭을 키우는 기업형 양계장이 곳곳에 생겨났다. 식용유의 대량 생산 역시 거의 모든 나라에서 벌어진 일이다. 그런데 왜, 유독 한국에서 치킨이 이토록 큰 사랑을 받게 되었을까? 프랜차이즈 수가 200개가 넘고, 매달 새로운 제품이 출시되고, 치킨의 본고장인 미국에까지 역수출하는 놀라운 발전의 원동력은 어디서 비롯된 것일까? 그 답을 알기 위해서는 먼저 치킨이란 음식이 처음 어떻게 만들어졌는지를 알아야 할 것 같았다.

양동시장 통닭 접시가 다 비워져 갈 무렵, 출연진과 제작진은 〈양식의 양식〉 치킨 편이 가야 할 방향을 확실히 정했다. 그리고 만장일치로 결정했다. 치킨의 고향, 미국 남부로 떠나기로.

미국 노예들은 왜
닭을 튀기게 되었을까?

영화 〈그린 북〉에는 프라이드치킨과 관련된 장면이 두 번 나온다. 인종차별이 극심한 남부 지역으로 연주 여행을 떠난 흑인 피아니스트 돈 설리는 백인 건달 토니 립을 매니저로 고용해 운전을 맡긴다. 두 사람이 남부 한 마을을 지날 때 립은 "여기선 이걸 안 먹을 수 없다"며 프라이드치킨을 큰 통으로 하나 가득 안고 우적우적 먹으며 운전을 한다. 한참을 먹던 립은 혼자 먹기 민망했는지 설리에게 권하고, 설리가 거절하자 "당신네 사람들(흑인이라는 뜻)은 원래 이거 좋아하지 않아요?"라며 놀란다.

두 번째 장면. 설리는 남부의 한 고장에서 동네 갑부의 초청을 받아 저택에서 연주회를 하게 되었다. 농장주는 설리에게 자랑스럽게 "선생을 초대한 기념으로 특별한 음식을 준비했다"며 프라이드치킨이 가득 담긴 그릇 뚜껑을 연다. 간신히 분노를 억누르는 설리가 "화장실을 좀 쓸 수 있겠느냐"고 묻자 농장주는 당연하다는 듯, 마당의 다 쓰러져가는 하인용 화장실을 가리킨다.

미국 문화에 어느 정도 관심이 있다면 '프라이드치킨과 수박은 흔히 흑인들이 좋아하는 음식으로 꼽힌다'는 이야기는 상식으로 알고 있을 것이다. 하지만 그렇게 된 원인이 미국의 노예제도에 있다는 사실까지 제대로 알지 못하면, 영화 〈그린 북〉에서 립의 당혹감이나 설리의 분노를 정확하게 이해했다고 하기 어렵다.

프라이드치킨이 흑인 노예들의 손에서 탄생하게 된 데에는 여러 가지 배경이 있다. 우선 흑인들에게 사육이 허락된 동물은 닭뿐이었고, 일하는 흑인들에게는 닭 날개, 목, 껍질 등 백인들이 먹지 않는 부위들이 식사용으로 주어졌다. 조리해서 준 것은 아니고, 알아서 조리해 먹으라는 식이었다. 대다수 흑인 노예들의 고향인 서부 아프리카에서는 일찍이 닭을 뜨겁게 녹인 돼지비계와 같은 동물성 지방에 튀겨 먹는 문화가 있

▲ 노예제 농장의 흑인 공동체에게 치킨은 중요한 음식이 되었다.

었다. 이 습관에 따라 미국 각지의 노예들은 주어진 닭을 튀겨 먹기 시작했다. 미국 남부의 더운 날씨에는 잘 상하지 않는 음식이 필요했고, 동물성 지방에 튀겨 거죽이 단단해진 닭고기는 다른 음식에 비해 오래 보존할 수 있다는 장점도 있었다.

과학 전문기자인 앤드루 롤러가 쓴 책 《치킨로드》에 따르면, 이런 흑인들의 조리법은 19세기 초 유명한 여자 농장주였던 메리 랜돌프에 의해 후세에 전해지게 되었다.[10] 랜돌프는 버지니아주 리치먼드에서 하숙집을 차리고, 1824년 최초의 미국 남부 요리책이라고 불리는 《버지니아 주부The Virginia Housewife》를 출간했다.

이 책에 소개된 프라이드치킨의 조리법은 '조각낸 닭에 밀가루를 묻히고, 소금을 뿌린 뒤 기름에 집어넣고 옅은 갈색이 될 때까지 튀기라'는 것으로 오늘날의 방식과 크게 다르지 않다. 이렇게 각 지방에서 흑인 노예들 사이에 구전으로 전해지던 조리법은 메리 랜돌프에 의해 집대성되었고, 약 100년 뒤에는 프라이드치킨에 압력솥을 사용하는 기술을 도입한 할랜드 샌더스라는 인물에 의해 '켄터키 프라이드치킨', 즉 KFC가 탄생했다. 샌더스는 오늘날 전 세계의 KFC 매장 앞에 서 있는 바로 그 할아버지다.

이런 과거사로 인해 흑인들에게 "치킨 좋아하지?"라고 묻는 것은 "너는 네가 노예 출신이라는 것을 아직 잊지 않고 있지?"라는 말이나 마찬가지로 들린다는 것이다. 그렇기 때문에, 지금은 흑인과 프라이드치킨을 연결시켜 이야기하기만 해도 심한 인종차별로 비난 받는 분위기다.

미국 남부라고 해도 이름난 도시는 한둘이 아니지만 제작진이 최종적으로 선택한 도시는 테네시주 멤피스였다. '로큰롤의 제왕'으로 불렸던 엘비스 프레슬리의 고향이자 컨트리 웨스턴의 고향 내슈빌과 함께 미국 흑인 음악의 성지로 꼽히는 도시다. 일찍부터 루이 암스트롱, 로버트 존슨, BB 킹, 빌리 할리데이 등 수많은 흑인 뮤지션들이 탁월한 소울과 블루스로 멤피스를 빛냈고, 엘비스 프레슬리나 자니 캐시와 같이 발 빠른 백인 뮤지션들은 흑인 특유의 리듬 앤 블루스를 흉내 내다가 마침내 '백인의 음악'인 로큰롤을 완성시켰다. 지금도 엘비스 프레슬리가 살던 집 그레이스랜드Graceland는 엘비스 기념박물관이 되어 연간 60만 명이 넘는 관광객을 맞고 있고, 멤피스 중심부의 유흥가 빌 스트리트Beale Street에 가 보면 '블루스의 고향Home of the Blues'라는 자부심 넘치는 문구가 방문자들을 반긴다.

멤피스가 워낙 음악의 도시로 유명하기 때문에 음악 이야기가 먼저 나왔지만, 멤피스는 음악뿐만 아니라 전반적인 미국 남부의 흑인 문화가 과거 노예 시대부터 면면히 이어져 내려오는 곳이다. 미시시피 강 중류 지역에서 가장 큰 도시인 멤피스는 1960년대 흑인 민권운동에서도 핵심적인 역할을 했다. 1969년 마틴 루터 킹이 암살당한 곳도 바로 멤피스였다. 그러니 전통적인 미국식 원조 프라이드치킨을 맛보는 데 멤피스보다 좋은 곳은 없으리라 싶었다.

첫날 밤은 팀워크를 다지기 위해 촬영팀 모두 빌 스트리트로 향했다. 짧은 스케치 촬영을 마친 뒤 백종원 대표가 잭 다니엘과 데킬라 칵테일을 돌렸다. 시차 적응을 위해서라도 늦게 자야 하는 날. 다음 날부터는 무시무시한 강행군이 예상됐지만, 빌 스트리트는 관광객용 스팟으로는 매우 훌륭했다. 1킬로미터 남짓한 거리 양쪽으로 온갖 종류의 라이브 바와 술집, 그리고 여러 가지 종류의 바비큐와 검보, 옥수수 빵 등 미국 남부풍 음식들을 파는 식당들이 넘쳐났다.

거리에서 잭 다니엘 위스키 냄새가 난다고나 할까. 여유가 있다면 정

▲ 미국 멤피스 빌 스트리트의 밤거리

통 블루스를 연주하는 라이브 바를 들러 보고 싶었지만, 대부분은 세계 각국에서 온 관광객들을 유치하기 위해 좀 더 대중적인 곡들, 예를 들어 빌리 조엘의 '피아노 맨' 같은 곡들을 연주하고 있었다. 그래도 라이브 바에서 연주자와 손님들이 다 함께 'Sing us a song, you're the piano man'을 합창하는 모습은 자못 감동적이었다.

다음 날 아침, 치킨을 먹기 위해 방문한 레스토랑 알세니아스Alcenia's의 주인 겸 셰프 B.J. 체스터 타마요는 '시스터' 특유의 활발한 친화력으로 취재진을 반겼다. 방송을 보신 분들은 잘 아시겠지만 직접 주문을 받으러 와서 백종원 대표를 아기처럼 폭 껴안았던 바로 그분이다. 미국 남부 흑인풍의 오렌지색과 녹색, 노란색이 넘쳐나는 활기찬 업소 공간이 인상적인 장소.

간판 메뉴인 프라이드치킨과 메기 튀김이 맛있었고 '아마 한국인 입맛에 잘 맞을 것'이라며 내준 프라이드 캐비지Fried Cabbage는 신기하게도 우거지 맛이 났다. 우거지처럼 말린 것은 아니었겠지만 양배추를 오래도록 기름에 지진 것이라 살짝 볶은 우거지와 맛이 흡사했다.

알세니아스의 프라이드치킨은 일단 한 토막이 접시에 가득 담길 정도로 컸고, 여러 가지 재료가 배합된 듯한 튀김옷은 한국 치킨에 비해 훨씬 부드러웠다. 한국 치킨처럼 닭 조각을 잘게 토막 내지 않았고(닭 한 마리를 4등분한 정도의 크기였다), 닭껍질을 씹었을 때 아삭아삭 소리가 날 정

▲ 멤피스의 소울 푸드 레스토랑, 알세니아스의 내부

▲ 알세니아스 식당에서 메뉴를 고르고 있는 출연진

▲ 멤피스에서 만난 정통 프라이드치킨

도로 바짝 튀기지도 않았다. 이런 맛은 '미국식 정통 프라이드치킨'의 특징이다. 그리고 튀김 원료가 되는 닭이 워낙 커서, 4등분한 한 토막이면 충분히 한 끼 식사의 양이었다. 다만 미국인들은 프라이드치킨과 크레이프(크레페)를 흔히 같이 먹는데, 그리 궁합이 좋게 느껴지지는 않았다. 아무래도 한국인의 입맛에 프라이드치킨의 사이드 메뉴로는 기름기를 씻어 줄 만한 깔끔한 맛이 더 어울렸다.

오전 촬영 때 한산했던 알세니아스는 점심식사 시간이 되면서 손님들이 줄을 서서 기다리는 상황을 맞았다. 백인도, 흑인도, 동양인도 웃는 표정으로 타마요의 치킨과 그린 빈, 그리고 프라이드 캐비지를 먹고 있었다. 프라이드 캐비지 역시 동양인만 좋아하는 음식은 아니었다. 프라이드치킨 하나로 온갖 인종이 행복하게 식사를 하고 있었다.

꼭 프라이드여야 할까?
프랑스 닭 요리 vs 한국 닭 요리

닭고기라는 재료를 가지고 만들 수 있는 최고의 음식이 반드시 프라이드치킨인 것은 아니다. 프라이드치킨이 아닌 닭 요리 중에서도 세계인의 미각을 놀라게 할 만한 음식이 있지 않을까? 이 질문에 대한 답을 찾기 위해 파리의 레스토랑 르 코크 리코Le Coq Rico와 전남 화순의 OK목장 가든을 찾아갔다.

르 코크 리코는 관광객들이 흔히 가는 몽마르트르의 뒤쪽, 그러니까 사크레쾨르Sacre-Coeur 성당이 있고 초상화가들이 진을 치고 있는 곳에서 골목을 따라 언덕을 넘어 한 10분 정도 걸으면 나타나는 한적한 주택가에 위치해 있다. 르 코크 리코 바로 앞에는 갈레트 방앗간Le Moulin de la Galette 이라는 명소가 있다. 본래는 풍차가 있는 방앗간과 정원일 뿐이었지만, 프랑스 화가 오귀스트 르누아르가 이 방앗간을 그려 유명해졌으며 지금은 고급 레스토랑이 운영되고 있다. '르누아르' 라는 이름 하나로 오래된 풍차 하나가 명소로 탈바꿈하다니, 역시 파리라는 대단한 브랜드의

힘이다.

르 코크 리코는 파리에서도 가금류 요리, 특히 프랑스가 자랑하는 브레스 닭Poulet du Bresse 요리로 잘 알려진 곳이다. 도대체 프랑스는 왜 이렇게 닭을 숭상하는 나라가 된 것일까? 닭을 사랑하기 때문에 수탉이 국가의 상징이 된 것일까, 아니면 국가의 상징이 닭이기 때문에 닭고기를 좋아하는 것일까? 지금에 와서 알 방법은 없다. 사실 라틴어로 닭이라는 말과 '프랑스인'을 가리키는 말이 똑같은 '갈루스Gallus'라는 사실은 굉장히 의미심장해 보이지만, 이건 완전한 우연의 일치라고 한다. 만화 〈아스테릭스 시리즈〉를 보면 프랑스는 원래 골Gaul 족의 땅이었기 때문에 '갈리아Gallia'라고 불렸다. 케사르가 쓴 《갈리아 전기Commentarii de Bello Gallico》의 무

▲ 닭을 사랑하는 나라답게 곳곳에서 닭 모양의 장식을 볼 수 있다.

양식의 양식

대가 된 지역이 바로 갈리아, 오늘날의 프랑스다.

드넓고 비옥한 국토 덕분에 유럽의 식량 창고 역할을 톡톡히 했던 프랑스에서도 브레스 닭에 대한 애정은 대단하다. 본래 '라벨 루즈Label Rouge'라는 농산물 관리 시스템을 통해 농산물의 등급과 품질을 세심하게 (또는 까다롭게) 관리해온 프랑스지만 브레스 닭은 그중에서도 귀둥이 대접을 받는다. 태어날 때부터 개체 단위로 식별 번호를 매길 정도라니 말다 한 셈이다. 그런 귀하신 몸인 만큼 가격도 일반 닭들과 차원이 다르다. 2019년 기준으로 르 코크 리코에서 '로티세리Rotisserie(꼬챙이에 고기를 끼워 돌려 굽는 기구)'로 조리한 브레스 닭 한 마리는 115유로, 한국 돈으로 약 15만 원이다. 사이드 메뉴와 와인을 곁들이면, 닭 요리라고 우

▲ 로티세리에서 조리되는 브레스 닭

습게 볼 수 있는 수준이 결코 아니다. 게다가 브레스 닭 중에서도 최고급 종계種鷄는 살아 있는 상태에서 무려 300달러(약 36만 원)에 팔린다.

아무리 프랑스의 국기를 연상시키는 국조國鳥라 해도(물론 세심하게 조리된 요리이고, 닭 자체도 기름진 풍미가 남다르긴 하지만), 한국에서 로스트 치킨 한 마리에 이런 가격을 매겨 놓으면 과연 누가 지갑을 열까. 결국 '브레스 닭'이라는 브랜드를 관리하기 위한 세월과 노력이 이런 가격을 받을 수 있는 명품 닭을 만들어낸다는 결론에 이를 수밖에 없었다. 방송 중에 백종원 대표가 "통닭을 이런 우아한 레스토랑에서 우아하게 먹을 수 있다는 게 정말 인상적"이라고 했는데, 르 코크 리코를 가본다면 그 말에 공감하지 않을 수 없을 것이다.

그런데 놀랍게도 프랑스 파리의 '브레스 닭'에 결코 뒤지지 않는 닭요리가 한국에도 있다. 바로 전남 화순에 위치한 OK목장가든의 닭구이다. OK목장가든의 본래 이름은 'OK사슴목장가든'이었다. 여기에는 사연이 있다. 본래 사슴을 키우던 사장님이 우연히 토종닭 구이를 메뉴로 개발했는데 그쪽이 더 대박이 나서 아예 닭구이가 주 메뉴가 되어버린 것이다.

촬영 당시 OK목장가든 사장님 가족이 "가끔 손님들 중에 닭을 찍어 먹을 소스가 없느냐고 찾는 분들이 있는데, 어떻게 하는 게 좋을까요? 닭갈비에 바르는 매운 불닭 소스 같은 걸 개발하면 될까요?" 하는 고민을 털어놓자 백종원 대표는 "일단 먹어보고 얘기하자"고 답을 미뤘다.

시식 시작. 애피타이저로 닭가슴살 육회가 나왔다. 사실 닭고기를 육회로 먹어본 사람은 그리 많지 않을 것이다. 담양, 광주, 화순 등 전남 일부 지역의 특화된 관습인데, 갓 잡은 닭 가슴살을 새우깡 크기 정도로 썰어 마늘과 참기름 등 양념에 버무려 먹는다. 일단 신선한 생닭이 아니면 시도할 수 없어 취급하는 식당을 찾기가 쉽지 않다.

전국 각지를 돌며 별미를 맛봤다던 정재찬 교수도 닭 육회는 처음이라

▶ 애피타이저로 나온 닭가슴살 육회

▶ 맛이 일품이었던 토종 닭 구이

고 했다. 하지만 일단 입에 넣고 나니 시식 전의 긴장된 표정은 어디론가 사라져버렸다. 닭가슴살 육회를 맛보면 왜 영미권에서 참치를 '바다의 닭고기sea chicken'라고 부르는지 단번에 실감이 날 것이다. 물론 뱃살(오도로)의 맛은 아니고, 지방이 적은 등살(주도로)과 가까운 맛이 난다. 그만큼 담백하면서도 고소하다.

이어서 닭 숯불구이는 쫄깃한 토종닭을 토막 내 석쇠에서 바로 익혀 먹는데, 어느 한 부위도 버릴 곳이 없는 맛이었다. 백종원 대표는 식사 후 "소스 같은 거 생각하지 마세요. 이건 그냥 이걸로 됐어요"라며 사장님 가족의 고민에 명쾌하게 답했다. 모두가 이 말에 완벽히 동의할 수밖에 없었다. 그만큼 풍부한 맛이었기 때문이다. 개인적으로는 브레스 닭보다 화순의 토종닭 구이가 훨씬 더 맛있었다. 이 닭의 가격은 6만 원 선. 그러니까 그 가격의 차이는 역시 브랜딩과 우아한 분위기가 아닐까, 하얀 식탁보에 사람들이 지불한 가격이었던 것이다.

'치밥'이라는
인도네시아의 새로운 양식

인도네시아는 인구 2억 6,000만 명이 넘는 대국이지만 2차 대전 이후에 생긴 새로운 나라다. 19세기부터 '네덜란드령 동인도'라는 이름으로 묶여 있던 1만 7,000여 개의 섬이 하나의 국가로 독립한 것이다. 재레드 다이아몬드의 근작 《대변동 위기, 선택, 변화》에서는 2차 대전 이후에 탄생한 신생 국가 인도네시아가 토착어 중 최대 다수 인구가 사용하는 자바어를 제쳐 두고 말레이어를 표준어로 선정한 것을 매우 훌륭한 결정으로 평가하고 있다.[1] 각 소수 부족들이 주도권 경쟁을 펼치는 과정에서 그중 누군가의 제1언어를 선택하기보다는 그들 중 대다수가 공평하게 알고 있는 제2언어를 표준어로 골라 갈등을 방지했다는 것이다.

이 표준어로 프라이드치킨은 '아얌 고렝'이라고 한다. 세계적으로 가장 잘 알려진 인도네시아 음식은 '미 고렝'과 '나시 고렝'이다. 미 고렝은 볶음밥, 나시 고렝은 볶음 국수를 말한다. 이걸 생각하면 누구라도 알 수 있다. '아얌'은 닭이고 '고렝'은 볶거나 튀긴 것, 즉 기름을 이용한 조

◀ 반죽한 닭고기를 기름에 튀기는
　모습

◀ 인도네시아식 닭껍질 튀김과 밥

리법을 가리킨다.

　일단 기름솥에 닭 한 마리를 넣어 통째로 튀겨내는 것은 한국식 통닭과 별로 다를 게 없지만 조리법은 좀 다르다. 한국처럼 튀김옷을 입힌 생닭을 기름에 넣는 것이 아니라, 일단 삶아서 익힌 닭을 기름에 튀기고, 닭을 먼저 기름솥에 넣은 다음 튀김옷이 될 만한 반죽을 기름에 집어넣는다는 점이다. 그러면 신기하게도 튀김옷이 기름솥 안에서 저절로 닭고기에 붙어 아얌 고렝이 완성된다.

양식의 양식

물론 인도네시아는 다양한 지역 문화를 갖고 있기 때문에 함부로 '인도네시아는 이렇다'고 말하기는 어렵다. 예를 들어 이슬람 국가이지만 인기 있는 휴양지인 발리 일대는 힌두교가 보편적인 종교인 점이 그렇다. 그런데 닭의 경우에는 어떤 특정 종교에서도 기피하지 않는 식재료이기 때문에 자연스럽게 다인종-다종교 국가인 인도네시아에서도 벽을 허무는 음식이 될 수 있었다.

여기에 인도네시아는 세계에서도 손꼽는 팜유, 즉 야자 기름 생산국이다. 코코넛 열매를 따서 속을 으깬 뒤 열을 가하면서 저으면 코코넛 열매 10개당 1리터 정도의 야자유를 얻을 수 있다. 이렇게 풍성한 식물성 기름이 있다면 당연히 다양한 종류의 튀김이 발달할 수밖에 없다.

다만 인도네시아에서는 상당히 흔한 현상이면서 한국과 두드러진 차이를 꼽자면, 아얌 고렝이 흔히 밥반찬 역할을 한다는 점이었다. 심지어 세계적인 프라이드치킨 브랜드인 KFC에서도 인도네시아 지역 지점에서는 치킨과 밥을 함께 먹는 '치밥' 형태의 메뉴가 존재한다. 글로벌 푸드라고 할 수 있는 프라이드치킨이 지역 색채를 띤 음식과 결합해 그 지역의 소비자들에게 어울리는 형태로 변신한 좋은 모델이기도 하다.

문득 한국에 처음 진출했을 당시, KFC가 유난히 고전했던 기억이 떠올랐다.

해외 프랜차이즈와의 대결,
한국은 어떻게 치킨 강국이 되었나

앞서 말한 대로 어찌어찌하다 '기름에 튀긴 닭'의 맛을 본 한국인들은 이를 어떻게 개량해볼까 다양하게 고민하다가 외국산 아닌 토종 프라이드치킨 브랜드를 만들어내기에 이른다. 그것이 바로 오늘날까지도 남아 있는 '림스치킨'이었다.

촬영을 위해 게스트 유현준 교수와 최강창민이 찾아간 목동의 림스치킨 1호점. 여기에는 '1977년 설립된 한국 최초의 프라이드치킨 브랜드'라는 설명이 마치 자랑스럽게 붙어 있다. 덕분에 이 1호점은 서울 문화유산에도 선정되었다. 이때부터 한국은 '통닭' 시대를 벗어나 '치킨' 시대로 접어든다.

일단 포장과 배달이 달랐다. 기존의 통닭집들이 생맥주와 결합해 '비어홀' 문화의 주축이 되었던 반면 새로 등장한 '치킨'은 캐릭터들이 예쁘게 인쇄된 종이상자 안에 알루미늄 포일을 깐 상태로, 역시 브랜드 로고가 박힌 비닐봉지에 담겨 어디든지 배달될 수 있는 모양새를 갖추었다. 물론 새로운 모습이라고 해도 배달 봉지 안에는 작은 소금 봉지와 함께 한국식 통닭의 영원한 파트너가 되어버린 '치킨 무'가 빠질 수 없다. 즉, 처음부터 치킨은 '집으로 가져가 먹는 음식' 혹은 '집에서 배달시켜 먹는 음식'임을 분명히 했던 것이다.

이 대목에서 '전공'을 만난 유현준 교수의 설명이 폭발했다. 1970년대 후반은 한국에서 아파트 건설 붐이 일기 시작한 시기와 일치한다. 아파트가 주거 문화의 핵심이 되어가면서, 단지를 중심으로 식음료 상권이 생기기 시작했고, 배달 문화가 진일보했다. 알록달록한 브랜드 로고가 인쇄된 비닐봉지 안에 담긴 예쁜 종이상자가 그전까지 '철가방' 중심으로 이뤄졌던 한국의 유서 깊은 배달 음식 문화를 일시에 바꿔버린 것이다.

이렇게 승승장구하던 한국의 치킨 문화는 새로운 강적을 만나게 된다. 웬디스와 버거킹 등 미국산 '정통' 패스트푸드 프랜차이즈가 속속 상륙하던 무렵, 치킨계의 강자인 '켄터키 프라이드치킨'이 마침내 1984년 한국에 상륙한 것이다(이때까지 KFC라는 이름은 사용되지 않았다. 1980년대 후반 미국 사회에서 건강식 붐이 일자 '기름에 튀긴 음식=건강하지 않은 음식'이라는 이미지를 피하기 위해 1991년부터 KFC라는 약자를 공식 브랜드로 사용하게 된다).

켄터키 프라이드치킨이 한국에 상륙한다는 소문은 일파만파로 퍼져나갔다. 과연 '미국의 정통 프라이드치킨'은 어떤 맛일지, 많은 사람들이 궁금해했다. 하지만 1984년 서울에 첫 매장이 생기고 뚜껑이 열리자 대다수의 반응은 "이게 뭐냐"였다. 맛이 너무 짰기 때문이었다. 한국인의 입맛을 고려하지 않고 미국 본토 그대로의 레시피를 이용한 치킨 맛은 한국인을 사로잡기에는 부족했다. '오리지널 미국제 치킨'에 대한 기대로 큰 입을 깨물었던 필자도 그날의 실망을 잊지 못한다. 당시 관계자에게 후일담을 들은 적이 있다.

"처음 시제품이 나왔을 때부터 내부에서도 '너무 짠 것 아니냐'는 이야기가 나왔지만 계약서에 미국 본사의 표준 레시피를 따른다는 내용이 있었기에 함부로 바꿀 수 없었다. 개점 이후 항의가 잇따르고 매출이 목표에 한참 미치지 못하자 미국 측으로부터 원인 분석에 대한 요청이 들어왔다. 당연히 '한국인의 입맛과 맞지 않는다'는 평가를 했지만 미국 본사로부터 돌아온 답은 '그럴 리가 없다'였다. 전 세계인이 좋아하는 맛인데 한국에서만 통하지 않을 리 없다는 것이었다."

그렇게 해서 토종 치킨 업체들의 시장은 고스란히 살아남았다. 켄터키프라이드치킨이 실수를 깨닫기까지는 몇 해가 걸렸다. 이들은 기본 염도를 낮추고, 매운맛과 바삭한 맛을 살린 핫크리스피 치킨이라는 새로운 메뉴를 추가하는 등 뒤늦게 한국 시장에 적응하기 위해 다양한 노력을 기울였다. KFC가 이렇게 시행착오를 겪는 사이, 국내 프랜차이즈들은 이 틈을 놓치지 않고 다양한 시도로 '치킨'이라는 새로운 문화를 한

▲ 오늘날의 다양한 치킨 메뉴

국인의 식생활 깊숙이 침투시켰다. 양념통닭과 간장치킨이라는 큰 흐름을 비롯해 자고 일어나면 새로운 제품들이 쏟아져 나왔다. 그러던 1998년, IMF가 터졌다.

IMF로 인한 갑작스러운 실업의 증가는 소규모 창업에 대한 사회적 요구를 엄청나게 늘렸고, 이는 곧 치킨 프랜차이즈의 증가로 이어졌다. 각 프랜차이즈들은 지점의 확대를 위해 치열한 마케팅과 신제품 개발로 사세 확대에 열을 올렸고, 세계에서 가장 경쟁이 뜨거운 치킨 시장이 형성됐다.

그와 함께 2002년 월드컵의 개최를 전후해 '치맥 문화'가 자리를 잡았다는 주장도 있다. 통닭 시절부터 튀긴 닭은 맥주 안주로 각광을 받았지만 배달 치킨이 활성화되면서 치킨과 맥주가 스포츠 관람의 파트너 같

▲ 한국의 독특한 야구장 치맥 문화

은 역할로 도시 문화의 한 축을 형성했다. 특히 대형 아파트 단지를 중심으로 치킨집들이 커다란 생맥주 통까지 같이 배달하는 문화가 각광을 받았다. 이렇게 형성된 거대한 치킨 시장을 놓고 무려 400여 개의 치킨 프랜차이즈가 등장해 치열한 경쟁을 벌였고, 이 경쟁에서 살아남기 위해 발달한 맛과 노하우는 결국 한국 치킨의 해외 진출로 이어진 것이다.

이 한국식 치킨의 생존력은 어느 정도일까. '브레스 닭' 촬영을 위해 방문했던 프랑스 파리에서 발견한 한국식 치킨집 'Hero'는 참 많은 생각을 하게 했다. 한국식 치킨집이라고는 하지만 주인도, 주방장도 한국 사람이 아니다. 이 식당에서 일하는 한국 사람이라고는 서빙하는 아르바이트생 하나뿐이었지만 고추장 양념치킨을 팔고, 한국식 치킨 무는 물론 파김치를 치킨과 함께 먹게 한다. 이 식당의 셰프는 말한다. "파리에서도 이런 닭 요리는 다른 식당에 없다. 그래서 이 식당에서 계속 일하고 있다."

한국 사람이 한국식 치킨을 가져가서 퍼뜨린 것도 아니고, 단지 주인이 아시아 여행을 떠났다가 우연히 먹어본 한국식 치킨 맛에 반해서 차린 식당이 파리에서 성업 중이라니. 물론 입장을 바꿔놓고 생각해볼 때 한국인이 유럽 여행을 하다가 파리에서 먹어본 바게트 맛에 반해 서울에 차린 빵집이 대박이 났다… 이렇게 생각하면 충분히 있을 수도 있는 일이다. 게다가 한국인이 먹어도 손색없는 '한국식 치킨'의 맛을 제대로 구현하고 있다면 말이다.

문득 상상해본다. 이 '한국식 치킨'의 인기가 파리에서 출발해 프랑스

▲ 파김치와 한국식 치킨 무가 같이 나오는 파리 치킨집 Hero

를 휩쓸고, 그러다 보니 프랑스의 젊은 셰프 가운데에도 본격적으로 한국으로 유학을 떠나 제대로 한국 치킨집 주방에서 수련을 쌓고 프랑스로 돌아가 치킨집을 개업하는 사람이 생기고, 그렇게 해서 '토종 한국식 치킨' 레스토랑과 '한국 유학파 치킨' 레스토랑이 정통성을 이슈로 삼고 치열한 논쟁을 벌이게 된다면. 그런 와중에 어떤 레스토랑은 아예 한국에서 치킨 전문가를 수입해 글자 그대로 '본고장에서 바로 날아온 원조 한국식 치킨'을 선보인다며 주도권 경쟁에 나선다면. 글쎄, 언젠가는 이런 일도 충분히 가능하지 않을까?

결국 치킨은 한식이다, 무조건!

그렇다면 이 대목에서 솟아나는 궁금증. 어떻게 한국 치킨은 이렇게 단기간에 놀랍도록 발전한 것일까? 전 세계적인 비교는 몰라도 인접 국가인 중국과 일본의 경우를 생각해본다면, 역설적으로 닭을 튀겨 먹는 문화가 상대적으로 늦게 도입된 것이 치킨 문화의 발전을 재촉한 것이 아닐까 하는 가설을 내놓게 된다.

예를 들어 중국과 일본은 최소한 200년 이상 전부터 닭을 기름에 튀겨 먹는 문화를 보유하고 있었다. 그래서 닭튀김은 이들 국가에서는 본래 존재하고 있던 다양한 음식 문화 속으로 흡수되어 전통 음식 문화로 동화되기에 충분한 세월을 거쳤다. 하지만 한국에서의 '치킨'은 처음부터 그 지향점이 명확했다. 그 시기의 시대정신은 '미국을 모방하는 것이 선진국으로 가는 지름길'이었고, 가장 세련되고 맛있게 닭을 먹는 방법은 바로 '프라이드치킨'이었다. 이렇게 해서 치킨은 한국 음식 문화에 연착륙할 수 있었을 것이라는 추론이다.

▲ 한국 치킨의 무한경쟁이 낳은 새로운 '치맥 문화'

그리고 이렇게 다른 음식과 닭튀김을 같이 파는 분위기가 아닌, '전문 치킨(통닭)집'들을 통해 한국인들은 치킨을 접하게 되었고, 이 분위기 속에서 치킨 업체들은 생존을 위해 늘 '새로운 맛'을 위한 무한경쟁에 들어가게 되었다. 이후 IMF로 인한 소규모 창업 붐, 2002년 월드컵을 전후한 치맥 문화의 정착 등이 시장의 규모를 키우면서 더 치열한 경쟁이 펼쳐졌고, 이 경쟁이 한국 치킨의 경쟁력을 낳았다는 흐름은 앞서 설명한 바와 같다.

〈양식의 양식〉 프로그램을 만들면서 한국인이 닭을 소비하는 방식에서 상당히 흥미로운 점을 발견했다. 한국인은 유독 닭을 식용으로 소비하는 데 있어 '한 마리'를 통으로 소비하는 데 큰 의미를 둔다는 것이다.

양식의 양식

통닭은 말할 것도 없고, 치킨도 반드시 '한 마리'가 단위가 된다. 백숙도 마찬가지. 심지어 백숙의 변형으로 '닭 한 마리'라는 이름의 음식까지 있다. 반면 중국의 깐풍기나 라즈지 같은 튀긴 닭을 이용한 음식, 일본의 가라아게는 분량을 닭의 마릿수로 구분하는 법이 없다.

이 차이는 무엇을 말해주는 것일까. 결국 닭을 어떤 방식으로 먹든, 여전히 한국인의 마음속에서 닭은 좋은 날 잡아 다 같이 먹는 음식이라는 점에는 변화가 없다는 것을 보여준다. 이건 오랜만에 친정에 온 딸을 먹이기 위해 사위 핑계를 대며 닭을 잡던 시절이나, 퇴근길에 통닭집에 들러 기름 밴 갈색 종이 봉지에 통닭 한 마리를 싸 오던 아버지의 마음이 여전히 치킨에도 드리워져 있음을 뜻한다. 유현준 교수가 치킨을 가리켜 '4인 가족에 최적화된 사이즈의 육류'라고 지칭한 것은 바로 이런 의미에서 매우 적절했다. 그렇게 치킨은 현대 한국인에게 있어 행복과 사랑의 상징이 된 지 오래. 이제 맨 처음의 질문으로 돌아간다. 이런 치킨을 한식이라고 부르면 안 될 이유가 있을까?

4장

●

백반白飯. '흰쌀밥'이라는 본래의 의미를 넘어 '밥과 국에 반찬을 곁들여 파는 한 상 차림'이라는 제2의 의미로 통하게 된 명사. 한식의 기본이자 모든 음식의 베이스인 백반, 그 속에 한국인이 살아온 기록과 문화가 가득하다. 정부 정책에 따라 밥그릇이 바뀌고 계급에 따라 반찬 수가 달라지고, 경제사정에 따라 국이 바뀌었다. 6,000원짜리 백반 한 상에 담겨진 우리의 모습은? 밥·국·반찬에 숨겨진 문화사를 추적하고, 백반 속에 담긴 소중한 가치를 찾아가 보자.

삶의 바로미터,
백반을 보면 시대가 보인다

백
반

그들은 알고 우리는 모르는
백반의 비밀

　한국에도 팬이 많은 일본 드라마 〈고독한 미식가〉 시즌 7에는 주인공 이노가시라 고로가 한국을 찾아와 촬영한 에피소드가 두 가지 있다. 한 번은 전주를 내려가 백반을 시켰고, 또 한 번은 서울에서 돼지갈비집에 간다. 전주 백반에는 당연히 메인 반찬인 청국장과 제육볶음 외에도 나물과 김치류, 달걀프라이 등의 반찬이 곁들여진다. 두 번째 돼지갈비집에서도 김치 외에 콩나물, 부추절임, 파김치, 잡채, 감자 사라다(샐러드가 아니다. '사라다'라고 해야 하는 음식이다) 등의 반찬이 나왔다.

　이 상차림을 본 이노가시라는 놀라 감동한다. "나는 돼지갈비 1인분 시켰는데, 시키지도 않은 음식들은 대체 다 뭐란 말인가!" 이 장면을 보면 백반이란 대체 무엇인가를 단박에 이해할 수 있다. 정작 한국인들은 너무 당연해서 늘 그냥 지나치던 장면을 이방인의 눈으로 잡아낸 대목이기 때문이다. 물론 이노가시라는 일본 사람이기 때문에, '이런 집에 혼자 와서 식사 1인분을 시켰을 때 뭔가 미안해지는' 한국적인 정서에 대해서는 전혀 모른다.

백반 편 촬영을 위해 〈양식의 양식〉 제작진은 여러 군데의 백반집을 갔다. 공교롭게도 다섯 명의 출연진 가운데 최강창민이 유독 많이 갔다. 전원이 다 함께 간 서울 삼각지 골목식당, 유현준 교수와 함께 간 서울 청계천 생선구이백반, 그리고 정재찬 교수와 함께 간 순천 대원식당까지. 그런데 가는 곳마다 최강창민이 공통적으로 한 말이 있다. "혼자는 못 오죠, 혼자 오면 미안하잖아요, 이런 데." 왜 이런 말이 나올까.

삼각지 골목식당은 매일 주 메뉴가 바뀌는 '백반'이 가장 인기 있는 식당이다. 가격은 모두 6,000원. 〈양식의 양식〉팀이 간 날의 백반은 고등어조림이 메인 반찬으로 상에 나오고 김치, 도라지무침, 멸치볶음, 김, 양념순두부, 참나물이 기본 밑반찬으로 제공됐다. 물론 머릿수대로 밥과 기본 된장찌개가 나온다.

백종원 대표는 말했다. "식당 주인 입장에서 제일 좋은 건 다섯 사람이 같은 메뉴로 통일해서 주문하는 거죠. 제일 최악은 뭔지 알아요? 다섯 사람이 각각 한 명씩 와서 상 다섯 개 차지하고 각각 다른 메뉴 시키는 거." 상을 다섯 번 봐야 하고, 반찬 다섯 벌이 나간다. 모든 손님이 이런 식으로 주문을 한다면 백반집이라는 형태의 식당은 생존이 사실상 불가능할 것이다.

이런 구조를 이해하면 '혼자 오면 미안하다'는 생각이 드는 게 당연하

▲ 서울 삼각지 골목식당의 백반 차림

게 느껴진다. 백반집에 혼자 가거나 두 사람이 가거나, 밥과 국을 제외하면 나머지 상차림은 거의 똑같기 때문이다. '두 사람에게 내놓아도 될 양의 반찬을 나 혼자 독차지하는 것은 식당 주인에게 부당한 손해를 끼치는 것이 아닌가'를 생각하기 때문에 미안하고 염치없다는 생각이 드는 것이다.

합리성을 중시하는 서구적 사고방식에 따라 판단해보면 반찬을 제공하든 제공하지 않든, 그로 인한 손익은 식당을 경영하는 업주의 선택일 뿐이다. 수익성을 무시하고 혼자 온 손님에게 두 사람이 먹어도 될 양의 반찬을 제공하는 쪽을 선택한다면 그로 인해 업주가 피해를 본다 해도 그건 업주가 감수해야 할 부분일 뿐이다(물론 한국에도 이렇게 생각하는 사람들이 없는 것은 아니다).

▲ 싸게 많이 팔아야 이윤이 남는 백반집에 대해 이야기하는 출연진

 하지만 한국 식당 주인에게 식당 주인의 도리가 있다면 손님에게는 손님의 도리가 있다. 백반을 파는 식당 주인에게는 1인 손님보다는 2인, 3인, 4인으로 갈수록 반찬의 제공과 관련된 이익이 증가하겠지만, 그렇다고 해서 혼자 오는 손님에게 반찬의 수를 줄이거나 할 수는 없다. 그런 것은 식당의 '평판'을 떨어뜨려 장기적으로 그 식당의 이익을 해칠 수 있는 위험한 행동이다. 차라리 '1인 주문 불가'라고 써 붙이는 편이 마음 편하다. 그런데 정작 '가정식 백반'을 모토로 하는 집 중에는 '1인 주문 불가'를 주장하는 집이 그리 많지 않다.

 이것이 바로 최강창민이 말한 '미안함'의 정체인 것이며, '백반'을 대하는 한국인과 이방인의 가장 큰 차이가 여기에 있다. 사실은 이 정서 때문에 〈양식의 양식〉 백반 편은 단지 음식과 맛 이야기만으로 내용을 채울 수는 없었다.

흰쌀밥에 대한 동경

백반. 사전적 정의는 두 가지로 나뉜다. 첫 번째 정의는 '흰쌀로 지은 밥'이라는 본연의 의미다. 수천 년 동안 쌀농사를 지어 먹고 살아온 농경민족의 후예답게, 허기가 지면 김이 모락모락 나는 쌀밥 한 그릇이 너무나 자연스럽게 떠오른다. "안녕하십니까?" 다음으로 널리 쓰이는 한국인의 인사는 "식사 하셨습니까?"다. 여기서 이 '식사'의 전제는 바로 '밥'이다.

사실 흰밥에 대한 동경은 우리만의 일은 아니다. 어찌 보면 쌀 문화권에 있는 아시아 국가들에겐 공통의 동경일 수도 있다. 일찍이 중국의 시성 두보는 〈입주행, 증서산 검찰사두시어入奏行, 贈西山檢察使竇侍御〉라는 긴 제목의 시 마지막 연에 이런 구절을 남겼다.

爲君酤酒滿眼酤 與奴白飯馬靑芻
그대를 위해서는 술통에 술을 가득 채우고,

종에게는 흰밥을, 말을 위해선 푸른 풀을 준비하리다.

'노복에게 흰쌀밥=말에게 먹이는 풀'이다. 다시 말해 말이든 사람이든 제대로 부려먹으려면 배불리 먹여야 하는데, 이 시절의 중국에서도 상식적으로 '잘 먹인다=흰쌀밥'이었다는 사실을 엿볼 수 있다.

물론 흰쌀밥이 동경의 대상이었다는 것은 늘 배불리 먹을 수 있는 것은 아니었다는 이야기도 된다. 서유구의 《임원경제지》(1827)에는 "남쪽 사람은 쌀밥을 잘 짓고 북쪽 사람은 조밥을 잘 짓는다"는 말이 나온다. 여기서 말하는 남쪽과 북쪽은 대략 임진강, 그러니까 경기도 이남과 이북을 뜻하는데, 북쪽 사람이라고 해서 쌀이 넉넉한데 굳이 조밥을 먹지는 않았을 것이다.

남쪽의 곡창지대라고 해도 추수한 뒤 겨울까지는 쌀밥을 먹지만 이후에는 '춘궁기'라는 시기를 필수적으로 거쳐야 했다. 농작물이 나지 않는 겨울을 지나 봄철에 보리를 수확할 때까지 중간에 식량 공백기가 만성적으로 존재했던 것이다. 이 시기를 넘기기 위해 역대 왕조는 진대법이며 의창이며 환곡과 같이 관에서 식량을 공급하고 추수 뒤에 돌려받는 복지정책을 실시해야 했다. 이런 상황이다 보니, 한번 쌀밥을 보면 사람들의 눈빛이 달라지는 상황이 빚어지곤 했다.

19세기 말~20세기 초 한국을 찾은 프랑스 선교사들은 지금 봐선 매

양식의 양식

우 낯선, 흥미로운 기록을 많이 남겼다. 그중 여러 번 반복되는 것이 한국인의 대식 습관에 대한 이야기다. 마리 니콜라 앙투안 다블뤼Marie Nicolas Antoine Daveluy, 安敦伊 신부는 1818년 프랑스에서 태어나 1845년 조선에 입국, 1866년 병인박해 때 순교하기까지 21년간 한국에 머물며 비망기備忘記를 통해 한국에 대한 다양한 기록을 남겼다. 그중 인상적인 한 대목이 있다.

> 노동하는 사람들의 일반적인 식사량은 1리터의 쌀밥으로, 이는 아주 큰 사발을 꽉 채운다. 각자가 한 사발씩을 다 먹어 치워도 충분하지 않으며, 계속 먹을 준비가 되어 있다. 많은 사람들이 2~3인분 이상을 쉽게 먹어 치운다. 우리 천주교인들 중의 한 사람은 나이가 30세에서 45세가량 되는데, 그는 어떤 내기에서 7인분까지 먹었다. 이것은 그가 마신 막걸리 사발의 수는 계산하지 않은 것이다. 64세나 65세가 다 된 어떤 사람은 식욕이 없다고 말하면서도 5사발을 비웠다. 10사발을 감당할 때 장사라고 말한다. (후략)

현재 남아 있는 구한말 한국인들의 식사 풍경을 담은 사진을 보면 이 말이 과장이 아님을 알 수 있을 정도로 모두 밥그릇이 크다. 그런데 심지어 그 그릇으로 한 그릇씩만 먹은 게 아니라는 얘기다. 더욱 놀라운 사실은 어른만 그런 것도 아니었다는 점이다.

> 엘리사벳은 프랑스군 야영지 안에 바다 가까이 있는 내 오두막집
> 에서 15일을 지냈다. 기운을 차리고 많이 먹었다. 어느 날 저녁 쌀
> 밥을 한 사발 가득히 먹은 지 한 시간이 지났을 때였다. 방긋하게
> 열린 문으로 들어다 보니까 3리브로(1,500그램)나 되는 빵을 먹으
> 려고 애썼다. 빵이 너무 커서 입이 빵 끝에 닿지 않으니까 무릎을
> 꿇고 두 손을 땅에 대고 그 작고 하얀 이빨로 야금야금 갉아먹기
> 시작했다. 나는 그대로 주고, 조선 사람을 불러 밥 한 사발을 더 주
> 라고 했더니 그 어린것이 다 먹었다.

또 다른 선교사 리델Felix Clair Ridel, 李福明 신부의 기록이다. 사실 리델 신부
는 조선 조정의 계속되는 박해를 피해 중국으로 탈출한 뒤 마카오에 머
물고 있던 세실 로즈 제독을 찾아가 조선에서 수많은 프랑스 신부들이
순교한 사실을 알리고, 무력으로 개입해줄 것을 요청한 인물이다. 이에
프랑스 함대가 강화도 지역으로 진출한 것이 바로 병인양요다.

리델 신부는 키울 식량이 없다며 아버지로부터 버림받은 조선 여자아
이를 데려다 기르기로 하고, 엘리사벳이라는 세례명을 주었다. 위 내용
은 그 어린 엘리사벳(7~8세 정도로 추정)도 끼니때가 되면 밥을 두 사발

씩 먹었다는 이야기다. 다블뤼 신부 역시 "평소 조선 부모들은 아이들에게 배가 꽉 차서 더 이상 밥이 들어가지 않을 때까지 밥을 먹인다"고 기록했다.

왜 이렇게 과식을 했을까? 채사장이 말한 '굶주림에 대한 공포'가 결국 가장 큰 원인이었을 것이다. 뭐든 있을 때 닥치는 대로 먹어두지 않으면 안 된다는 생각이 과식을 하게 만든 것이 아닐까. 특히 한국인이 사랑해온 '흰쌀밥'은 추수 직후의 시기가 아니면 배불리 먹을 기회가 거의 없기 때문에, 어려서부터 기를 쓰며 먹이고, 받아먹었다.

이런 대식 습관은 반찬의 개수와 어느 정도 밀접한 관련이 있다. 아무래도 반찬이 풍족하지 않았으니 밥을 더 탐했을 것이기 때문이다. 하지만 조선 후기까지 '반찬 투정'이란 서민들에게는 남의 얘기였다.

반찬의 수와 한정식

반찬의 가짓수는 한국인이 식사의 수준을 평가하는 데 있어 가장 기본적인 기준이다. 많은 사람들이 "맛의 고향 전주에서는 라면만 시켜도 반찬이 세 가지 이상 나온다"는 전설을 알고 있다. 단돈 6,000원에 반찬이 열 가지나 나오는 회사 앞 백반집에 감탄하거나, 이름난 한정식집에 가서 상에 반찬이 몇 개나 깔리는지 세어보는 경험은 한국인이라면 누구나 해봤을 것이다.

그런데 참 놀랍게도 조선 시대에는 임금님이라 해도 반찬을 무한정 쌓아두고 먹지는 못했던 것 같다. 최소한 조선 중기까지는 그랬다. 《조선시대의 음식문화》에서 저자인 김상보는 정조 때의 《원행을묘정리의궤》를 바탕으로 18세기 조선의 신분에 따른 상차림을 분석했다.[12] 《원행을묘정리의궤》는 을묘년인 1795년, 정조가 어머니 혜경궁 홍씨의 환갑과 자신의 즉위 20년을 기념해 화성(수원)으로 행차해 벌인 잔치의 준비와 내용, 성과를 기록한 일종의 행사 백서다.

이에 따르면 최상층인 왕과 혜경궁 홍씨에게는 매 끼니 7첩 반상이 제공됐다. 여기서 7첩이란 3종의 장을 제외하고 밥, 갱羹(국), 조치(국보다 건더기가 많고 국물이 짙은 찌개류), 찜, 자반, 구이, 침채沈菜(김치)까지 일곱 그릇이 상에 올랐다는 것을 뜻한다. 장을 포함하면 총 10그릇이 올라간 셈이다. 여러 비빈과 왕족들도 첩수로는 같은 7첩이지만 장은 한 가지만 제공되고, 찜 대신에 젓갈이 등장한다. 그래서 그릇 수로는 9개가 된다. 이런 식으로 신분이 낮아질 때마다 반찬 수가 줄어들어 아전이나 서리, 악공이나 장인까지 가면 반찬 없이 밥과 국만으로 식사를 하게 되어 있다. 국이 간이라도 잘 맞았어야 할 텐데.

아무리 임금이라 해도 매 끼니 7첩 이상의 식사를 하지 않았다니, 이 시절까지 조선 왕조는 대단히 검소했다는 생각이 든다. 이 시기보다 약 100년 뒤에 나온 요리책《시의전서》를 보면 왕족도 아닌 부유층 가정의 상차림에 9첩 반상이 등장하기 때문이다. 여기에 정조 때의 7첩은 장 종류만 빼고 나머지를 모두 합해 7종의 음식이 제공된다는 뜻이지만,《시의전서》의 9첩은 장뿐만 아니라 밥, 탕, 조치, 침채를 뺀 순수한 반찬만으로 9가지가 제공된다는 뜻이다. 심지어 기본 제공인 장(간장, 겨자장, 초장)과 조치(양 조치, 생선 조치, 맑은 조치)도 각각 3종씩 나오기 때문에, 상 위에 올라오는 그릇의 수는 모두 18개. 정조가 받았던 밥상에 비해 음식 수가 거의 2배나 된다.

김상보는 이를 근검절약을 몸소 실천해야 한다는 조선왕조의 근본 윤리가 흐트러지면서 일어난 현상으로 본다. 그런데 이 주장에는 예외가 있다. 조선의 엄격한 법도가 후기로 갈수록 무너졌다는 것은 분명한 사실이겠으나, 사실 조선 시대에 가장 좋은 대접을 받은 사람은 국왕이 아니었다. 명나라 사신은 황제의 대리인이었으므로 조선 국왕보다 더 좋은 상차림을 제공받았다. 광해군 원년(1609년)의 기록으로는 조반이 15기, 점심과 저녁이 13기로 차려졌다니 임금님의 7첩에 비교하면 10~12첩의 호화로운 식사를 제공받은 것이다.

게다가 명나라 사신에게는 하루에 7차례의 식사가 제공되었다. 일단 아침부터 조반早飯(새벽밥)과 조반朝飯(아침밥)이 따로 제공됐고, 술과 안주로 차려진 다담茶啖상이 매 끼니 사이에 나왔다. 대략 아침 6시부터 밤 10시까지 쉬지 않고 먹었던 셈인데, 더욱 놀라운 것은 이 '하루 7끼' 식사가 최상류층에는 보편적인 일이었다는 점이다.

앞서 말한 을묘년 원행 때 혜경궁 홍씨도 하루 7끼를 먹었다는 기록이 있다. 순서는 명나라 사신과 거의 같다. 첫 끼니인 죽수라 조반早飯, 마지막 일곱째 상인 야다소반과夜茶小盤果까지 다 먹는 것은 당시로서는 고령인 환갑노인에겐 호사보다 혹사가 아니었을까. 물론 제대로 일곱 끼를 차렸다면, 그걸 다 드셨을 리는 없다는 생각이 든다. 대궁의 전통이 있었던 점을 생각하면, 혜경궁이 드시고 물린 상의 음식들은 나인들이 나눠 먹지 않았을까.

대궁이란 한자로는 '준餕'이라고 표기하는데, 윗사람이 먹고 남긴 밥상을 아랫사람들이 물려받아 먹는 것을 말한다. 궁중에서는 당연히 '윗전'이 남긴 음식을 나인들이 먹었다. 실학자 이덕무는 《사소절》에서, 남의 집에서 식사 대접을 받을 때면 빨리 먹고 상을 물려야 하는 이유로 '그 집의 어린 자들이 그 음식으로 대궁을 받아 끼니를 이을 수도 있기 때문家之卑幼或藉此餕餘爲朝夕'이라고 말하기도 했다.

그런데 조선 중기에서 후기로 가는 과정에서 이미 음식 사치는 사회적인 문제가 되고 있었다는 기록도 있다. 18세기의 대표적 지식인인 성호 이익은 《성호사설》에 실린 산문 〈식소食少〉에서 당시 사람들의 음식에 대한 사치 풍조를 개탄했다.

> 今人 早起白粥謂之早飯 當午頓食謂之點心. 富貴之家 或一日
> 七食 酒肉淋漓 珎異相高其一日之費可食百人. 何曾之驕溢 家
> 家皆然 民生安得 不困甚可歎也
> 지금 사람들은 일찍 일어나서 흰 죽을 먹는 것을 조반이라 하고,
> 한낮을 당하여 든든하게 먹는 것을 점심이라 한다. 부귀한 집에서
> 는 혹 하루에도 일곱 차례를 먹으므로 술과 고기가 흥건하였고, 진
> 귀한 음식과 색다른 찬이 높이 쌓여서 그 하루의 소비로도 1백 사

람을 먹일 수 있다. 하증(何曾)의 교일(驕溢)함이 집집마다 다 그러하니, 민생이 어찌 곤궁하지 않겠는가? 한탄스러운 일이다.

여기에도 '하루 일곱 끼'가 등장한다. 윗글에도 아침과 점심만 쓰고 있고, 〈식소〉의 앞부분에서도 이익은 '입이 있는 자라면 하루에 두 그릇의 밥은 먹어야 한다—日兩杆飯有口皆吃'고 했으니 당시 평민들의 하루 평균 식사 횟수는 두 번을 넘지 않았던 모양이다. 두 끼만 먹는 대신 한 끼에 밥 5~7그릇을 먹는 대식의 풍습이 생겼다고 볼 수도 있지만, 하루 일곱 끼 먹는 사람도 있는데 여유가 있었으면 서민들도 세 끼는 먹지 않았을까. 게다가 반찬이라고 첩 수를 따질 정도로 차려놓고 먹지도 못했을 것이다. 임금도 한 끼에 7첩을 넘지 말자는 근검절약의 정신과, 한 끼 반찬이 몇 첩이냐를 넘어서 하루에 일곱 끼를 먹는 사치는 조선 시대 상차림 문화의 두 얼굴을 보여준다.

이렇듯 조선 시대 밥상에 대한 이야기를 보면 오늘날과 확연히 다른 점을 발견할 수 있다. 한자리에서 같이 끼니를 때워도 왕과 왕족, 고관들의 상은 모두 1인 1상이었다는 사실이다. 옆자리에 있는 사람들끼리도 신분과 하는 일에 따라 밥과 반찬이 달랐다는 것은, 각자 상을 놓고 음식을 먹었다는 이야기다. 그렇다면 반찬을 공유하며 다 같이 먹는 '한 상' 문화는 우리 전래의 것이 아니란 말인가?

양식의 양식

일본의 영향으로 생긴 교자상, 한정식

　고전《춘향전》에는 음식 이야기가 자주 나온다. 그중에서 클라이맥스로 치닫는 신임 사또의 생일잔치 장면. 남원부사 변학도가 관내 수령방백들과 유명인사들을 모아놓고 떡 벌어지게 상을 차렸으니 그 묘사는 이렇다.

> 편과 곁에 △△ 놓고 홍산 백산 편강 사탕 중배끼 생강정과 연근정과 절창봇이 양회간에 염통산적 콩팥구이며 차돌박이 대양푼에 가리찜, 소양푼에 탕평채, 참외, 수박, 농어회… (후략)
>
> 고대본《춘향전》에서

　요란한 상차림은 지금 보아도 손색없는 고급 음식들로 가득하다. 그런데 이 잔치에 걸인 복장을 한 어사또 이 도령이 등장한다. 변학도는 내쫓을까 생각하지만 주위 사람들이 그래도 좋은 잔치인데, 남루하지만 양반의 행색이니 일단 앉혀는 주자고 한다. 말석에 자리를 내주기는 했지만 이 도령을 대접하는 상차림은 엉망이다.

> 어사또 상을 보니 어이 아니 통분하랴. 모 떨어진 개상판에 닥채 저붐(젓가락), 콩나물, 깍두기, 막걸리 한 사발 놓았구나. 상을 발길로 탁 차 던지며 운봉의 갈비를 직신. "갈비 한 대 먹고 지고"
>
> 완판본《열녀춘향수절가》에서

형편없는 상차림에 분개한 이 도령이 자신 앞에 놓인 개다리소반을 발로 차버리고 옆자리에 있는 운봉 현감의 상에서 갈비를 집어 든다. 이 대목에서 요즘과는 다른 상차림을 느끼셨는지? 그렇다. 요즘 한식 잔치상이라고 생각하면 머릿속에 떠오르는 커다란 교자상의 가득 차린 음식은 그 시절엔 없었다. 양반이라면 어지간해서는 겸상을 하지 않았던 것이다. 대부분은 '식안食案'이라고도 불렸던 1인용 소반에 각자의 상차림을 받았다. 잔치 자리에서도 마찬가지로 손님들 앞에는 1인 1상이 놓였고, 그렇기 때문에 손님마다 다른 대접도 가능했다. 이 도령이 옆사람의 상에서 안주를 집어 든 것도 1인 1상이니 가능한 묘사다.

주영하의《한국인은 왜 이렇게 먹을까》에 따르면, 1949년 서울에서 열린 '조선요리 연구발표'에서 발표자 조자호는 "어른에게 올리는 진지

양식의 양식

▲ 조선 시대까지만 해도 1인용 소반에 각자 상차림을 받았다.

상은 모두 외상이었으며, 두 사람 이상이 함께 한 상에서 반찬을 공유하
며 식사하는 겸상 문화는 1894년 갑오개혁 이전에는 한국에 존재하지
않았다"고 주장했다.[13] 하지만 주영하에 따르면 외상이 일반적이었다고
해서 남과 같이 식사하는 일이 없었던 것은 아니다. 이미 해주반, 나주
반, 통영반 등 2인용 이상인 큰 상이 사용되고 있었고, 정조 때 이덕무는
《사소절》에서 다른 사람과 같은 상에서 식사를 할 때 주의할 사항을 밝
혀두기도 했다. 예를 들면 이런 식이다.

> 또한 같은 상에서 함께 식사할 자들로 하여금 먼저 먹지 못하고 기
> 다리게 해서도 안 된다(不可使同食者待而不敢先食)

> 새우젓이나 굴젓, 조기젓이나 전어젓은 모두가 썩혀서 그 냄새로 맛을 이룬 것이다. 그래서 자기는 비록 그것을 즐기지만 남과 같은 상에서 밥을 먹을 때에 남이 만약 그것을 싫어하거든, 물을 만 밥과 함께 마구 먹어서는 안 된다(糠蝦及鱺鯢鰶醢皆以腐臭成味已. 雖嗜与人同食人若郡之不可与水澆飯恣食)

물론 조선 시대에는 이런 겸상이 보편적인 일이 아니었다는 것은 분명한데, 그렇다면 언제부터 큰 상에서 다 같이 반찬을 공유하는 것이 흔한 일이 되었을까? 아무래도 일본 문화로부터 도입된 것이라는 게 연구자들의 정설이다. 20세기 들어 조선 곳곳에서는 일본식 요리점이 들어오기 시작했고, 이 문화에 의해 탁복卓袱, 즉 '싯포쿠'라고 불리던 큰 사각형 테이블이 도입되어 한국식으로 변형된 것이 바로 오늘날의 교자상이다. 흥미로운 사실은, 이 싯포쿠 역시 17세기 중국 문화의 영향으로 일본 나가사키 지역에서 처음 등장했고, 일본 본토로 전파되기까지는 약 100년의 시간이 걸렸다. 그러니 중국에서 일본으로, 일본에서 다시 한국으로 다인용 테이블이 전해지는 데 200년 이상이 소요된 셈이다. 이러한 과정을 다 거친 뒤에야 비로소 큰 상 가득 음식을 펼쳐 놓는 한정식이라는 메뉴가 생겼다.

이 이야기를 하기 위해 〈양식의 양식〉 팀은 정재찬 교수, 최강창민과

▲ 무려 반찬 수가 28가지나 되는 남도 밥상

함께 순천의 대원식당을 찾아갔다. 이 식당의 기본 반찬 수는 28가지다. 여기에 서대회나 홍어애탕 등 별미 단품 요리를 추가로 선택할 수 있다. 이 어마어마한 음식이 깔린 4인용 한 상이 12만 원가량. 싸다면 싸고, 비싸다면 비싼 가격이다. 한 상에 가득 깔린 반찬 접시들을 보자 최강창민의 입에서 "교수님 사치스러운 분이셨군요?"라는 말이 절로 나왔다.

사실 '한정식'은 그리 역사가 오랜 음식이 아니다. 1909년, 조선 왕실 수라간이 해체되면서 수많은 숙수들이 실업자가 되었는데, 그중 대한제국의 궁중잔치 음식을 도맡았던 책임자 안순환이 서울 중심가에 명월관이라는 요릿집을 내면서 궁중요리의 대중화에 첫 삽을 뜬다. 덧붙이자면, 역사적으로 볼 때 어느 나라나 미식의 시작은 전통적인 군주 중심 체제의 붕괴와 함께 찾아온다는 것이 공통된 법칙이다. 프랑스 혁명과 함께 실직한 궁중 요리사들이 여기저기 자신의 이름을 걸고 레스토랑을 차려 독립한 것이 미식의 나라 프랑스의 시작이고, 중국에서도 청조의 멸망 이후 베이징 곳곳에 고급 요리점들이 생겨났다. 이처럼 일부 왕족과 귀족들만이 접할 수 있었던 고급 음식의 레시피가 대중들, 특히 신흥 부르주아들에게 흘러들어가면서 새로운 미식의 유행을 낳았다. 그리고 이런 현상은 상당히 여러 나라에서 유사한 모습으로 나타난다.

그렇게 해서 우리나라에서도 시작된 요릿집의 문화는 19세기 말부터 일본에서 들어온 큰 상(일반적으로 '교자상'이라고 불린다) 중심의 시스템과 함께 '상다리가 부러지게 차려진 음식들'을 강조하는 방향으로 발전해나갔다. 일단 맛도 맛이지만 '대체 한 상에 반찬이 몇 개냐'를 먼저 헤아려 보게 되는 한정식 문화의 뿌리가 여기 있다. 보기도 좋고, 맛도 좋다. 특히 손님 대접을 해야 하는 경우라면 이런 '떡하니 차린 한 상'은 누구라도 좋아하지 않을 수 없다.

시간전개형과 공간전개형, 한식은 어느 쪽?

최강창민과 정재찬 교수가 함께 한정식으로 식사를 하던 과정에서 '시간전개형'과 '공간전개형'이라는 말이 나왔다. 시간전개형이란 식사를 하는 과정에서 정해진 코스에 따라 음식이 계속 바뀌어 나오는 것을 말한다. 샐러드-전채-메인의 순으로 제공되는 서양식 코스 요리가 대표적이다. 이런 방식은 사실 선진 지역이었던 서유럽에서 처음 나온 것이 아니라 19세기까지만 해도 뒤진 지역으로 꼽혔던 러시아에서 개발됐다. 상대적으로 겨울이 길고 추운 러시아에서는 손님에게 계속 따뜻한 음식을 대접하려면 한 음식을 다 먹고 접시를 비운 다음, 음식을 솥에서 떠오는 것이 유리했다. 그 방식이 서유럽으로 전해지면서 세계적인 표준이 된 것이다.

일반적으로 한식은 공간전개형이고, 양식은 시간전개형이다. 하지만 주영하는 《식탁 위의 한국사》에서 이런 식의 일방적인 재단을 비판하고 있다.[14] 거의 모든 사람이 한식은 공간전개형이라는 데 동의하지만 대부분의 한정식 전문 식당은 시간순으로 주요 요리를 내놓고 있다. 마찬가지로, 식당에서 먹는 양식이나 중국식은 전형적인 시간전개형이지만, 과연 이들이 집에서 식사를 할 때도 시간전개형이라고 할 수 있을까? 디저트를 제외하면 서구식 가정 식탁도 음식들을 가득 차려 놓은 상태다. 그러하기에 '어느 나라 음식은 시간전개형(혹은 공간전개형)'이라고 단정하기는, 특히 오늘날에는 더욱 어렵다.

중국식도 그렇다는 것을 보기 위해 백종원 대표와 함께 중국 칭다오의 동네 식당을 찾았다. 대형 아파트 단지를 끼고 있는 식당 마오마오찬팅毛毛餐厅은 그리 큰 규모는 아니었지만 점심시간이 되자 홀 안이 손님으로 가득했다. 백종원 대표가 말했다. "자창차이家常菜를 먹을 수 있는 좋은 식당이에요. 중국 사람들이 흔히 먹는 스타일인데 한국 사람들도 좋아하는 음식들로 주문해볼게요."

자창차이는 글자대로 해석하면 '집에서 늘 먹는 음식'이라는 뜻. 한국의 가정식과 거의 일치한다.

주문에 따라 가늘게 썬 돼지고기를 고추기름에 볶은 '위샹러우쓰魚香肉絲', 콜리플라워 볶음인 '추류화차이醋溜花菜', 대파 기름에 달걀을 볶은 '다충차오지단大蔥炒鷄蛋' 등의 볶음 요리들이 나오고, 매콤하고 새콤한 국물인 '쏸라탕酸辣湯'이 차려졌다. 그러고 나서야 주식인 '미판米飯'과 '만터우饅頭'가 자리를 채웠다.

▲ 중국의 가정식 백반인 자창차이

　미판은 우리와 차이 없는 흰쌀밥. 하지만 만터우는 다르다. 한자로만 보면 만터우는 한국 사람들이 먹는 만두와 똑같은데, 한국의 만두와는 달리 속에 아무것도 들어 있지 않으며 크기는 두 배 정도 큰 하얀 찐빵이다.

　볶음 요리 5개에 국물 요리 1개를 합하면 6~8인분 정도. 이렇게 차려진 요리를 반찬으로 삼아 테이블에 빙 둘러 앉아 대화를 나누며 식사를 하는 것이 중국식 자창차이를 먹는 일반적인 방식이다. 취향에 따라 밥에 얹어 먹기도 하고 만터우를 찢어 반찬을 싸 먹기도 한다. 백 대표가 설명을 이어갔다. "개인 접시에 덜어 먹는 게 정상이겠지만 사실 중국에서도 덜어 먹기보다는 각자 젓가락으로 집어 먹어요. 그리고 맛있는 음식은 자기 젓가락으로 집어서 상대의 밥그릇에 놓아주는 게 중국에서는

▲ 일본식 정식 차림의 한 예

굉장히 친근감을 표현하는 방식이거든요. 많이 먹으라는. 그럴 때 얼굴
을 찌푸리면 안 돼요."

　일본 음식 가운데 백반과 비슷한 음식을 꼽자면 아무래도 한국에서는
흔히 '일식 정식定食'으로 불리는 메뉴를 꼽을 수 있다. 일본 음식 문화에
서 밥과 반찬을 중심으로 한 손님맞이 상의 최고봉으로는 대개 '혼젠本膳
요리'라고 하는 유서 깊은 코스 음식이 있고, 혼젠 요리를 조금 간소화한
'가이세키會席 요리'가 있다. 이 두 가지가 요즘 우리가 먹는 한정식과 비
교할 수 있는 음식이라면, '데이쇼쿠'라고 불리는 정식이 우리의 백반과
비슷한 편이다. 물론 이 정식이라는 말은 일본 음식 문화에서 많은 경우
'세트 메뉴set menu'와 같은 의미로 쓰이기도 한다. 예를 들어 많은 일본 식

양식의 양식

당에서 '가쓰동'을 주문하면 밥 위에 돈가스가 얹혀 있는 덮밥 한 그릇이 나온다. 하지만 '가쓰동 정식'을 주문하면 가쓰동과 함께 수프, 샐러드, 미니우동 등이 한데 묶인 상차림을 받게 된다.

앞에 다른 메인 메뉴의 이름이 붙지 않는 그냥 '정식'이라는 메뉴를 갖춘 식당도 있다. 구체적으로 하자면 '화풍정식和風定食'이라고 불리는 음식이 우리의 백반과 비슷하다. 밥과 국(주로 미소시루)을 중심으로 생선회, 튀김, 구이, 샐러드 등이 한 상에 차려지며, 그 상세한 구성은 먹는 사람이 주문하기보다는 주인의 선택에 맡겨진다는 점에서 유사하다. 물론 결정적인 차이도 있다. 일식 정식은 늘 1인분씩 따로 차려진다는 점이다. 어떤 경우든 한국이나 중국처럼 반찬을 공유하는 구조로 상을 차리는 경우는 없다고 봐도 좋다. 물론 일본에서도 가정에서 상을 차리는 경우에는 음식을 공유하는 문화가 있겠지만, 한국의 백반들이 철저하게 '가정식'을 지향하는 반면 일본의 정식은 확실히 '밖에서 먹는 음식'으로 선을 긋는다는 느낌이 강하다.

백반만이
할 수 있는 이야기

  사실 〈양식의 양식〉의 마지막 편은 '비빔밥'이 될 수도 있었고, '나물' 이 될 수도 있었다. 그런데 한경훈 PD는 군이 '백반'으로 이야기를 풀어 가고 싶다고 했다. 물론 어느 쪽에서 접근하든 다 가능한 이야기였지만 '백반'으로 접근할 때에만 본격적으로 할 수 있는 이야기가 있었기 때문 이다.

  이미 백반이라는 음식에 대해 잔뜩 이야기를 늘어놓았지만, 사실 2020년의 일반적인 도시에 거주하는 한국인이 '백반'이라는 말을 들었 을 때 가장 먼저 떠올리는 것은 '가정식 백반'이다. 군이 '가정식'이 붙 은 이유는 너무나 자명하다. '집에서 어머니가 차려주시는 것처럼 정성 을 들여 차리는 밥과 반찬'이라는 의미가 내포되어 있다. 물론 '메뉴 선 택이 귀찮고 어려우면 그냥 와서 차려주는 대로 먹으면 된다'는 뜻도 당 연히 들어 있다. 선택장애가 유행인 요즘 시대에는 이 이유도 무시할 수 없다.

가정식 백반집을 찾아가 상차림을 보면 정말 저 가격에 운영이 가능할까 싶은 집들을 종종 발견하곤 했다. 가령, 〈양식의 양식〉 백반 편 오프닝에 등장한 서울 삼각지 골목식당이나 을지로 샹젤리제 거리, 그리고 동대문 시장 옆 백반골목은 아직도 6,000~7,000원 정도 가격에 밥과 반찬을 상 가득 풀어놓는 백반을 팔고 있다. 싸고, 푸짐하고, 맛있다. 대체 이 식당들은 어떻게 유지되고 있는 것일까. 임대료와 인건비를 어떻게 감당한단 말인가.

답을 찾는 일은 그리 어렵지 않았다. 을지로 샹젤리제 거리 백반집들만 해도 종업원이 있는 집은 거의 볼 수 없었다. 대부분 업주 부부 혹은 가족들이 주방과 홀 서빙을 모두 겸하고 있다. 한마디로 사람을 쓸 형편이 안 되는 것이다. 서울 시내에서 찾아볼 수 있는 대다수 '가정식 백반'

▲ 주인이 직접 배달에 나서는 것으로 위태롭게 유지되는 가정식 백반

집들은 대부분 업주가 1인 다역을 하면서 존재하고 있었다. 결국 비밀은 '업주의 인건비'에 있었다.

백반집의 경영을 위태롭게 하는 요소는 한둘이 아니다. 모든 반찬이 무한리필이라는 점이 그 첫 번째다. 물론 한 사람이 먹을 수 있는 양은 한정되어 있기 때문에, 무한리필이라고 해봐야 양으로 크게 위협이 되지는 않는다. 하지만 1인 1상이 되면 문제는 심각해질 수도 있다. 앞서 말했던, '혼자 가면 미안하다'는 이야기가 현실이 된다. 처음부터 혼자 다 먹을 수 없는 양의 반찬이 차려져 나오기 때문이다. 필연적으로 잔반이 발생한다. 바로 이런 경제적인 이유 때문에 아직도 잔반을 재활용하는 식당이 완전히 사라졌을 거라고 자신하기는 어렵다. 반대로 먹지도 않고 상을 물리는 상황이 생길 수 있는, 백반이라는 시스템 자체가 문제가 있는 것은 아닐까 하는 생각도 든다.

이런 낭비를 막기 위해 정부가 나선 적도 있다. 1983년 실시됐던 '주문식단제'다. 당시에는 식당에서 밥과 국, 김치를 제외한 다른 반찬을 기본으로 제공해서는 안 되고, 자신이 먹을 반찬만 주문해 값을 치르게 했다. 말하자면 카페테리아식 식당인 셈이다. 1986년 서울 아시안 게임, 1988년 서울 올림픽을 앞에 둔 정권은 '깨끗하고 정돈된 식당 위생관리와 서비스 향상'을 목표로 야심 차게 주문식단제를 밀어붙였다.

누가 봐도 제도 자체는 매우 훌륭하고 깔끔하다. 예를 들어, 앞서 중국 칭다오의 마오마오찬팅에서 먹었던 중국식 한 상 차림을 생각해보자. 당연히 주식 역할을 하는 밥이나 만터우를 알아서 시키고, 여러 명이면 각자 좋아하는 요리를 여러 개 시킨다. 그렇게 해서 상을 가득 채우고 즐겁게 식사를 한다. 이렇게 한다고 해서 잔반이 '0'이 되지는 않겠지만, 상식적으로 봐도 한국식 백반에 비해 훨씬 효율적이다. 각자 좋아하는 음식을 시키니 남길 가능성이 작고, 접시마다 돈을 따로 내니 불필요하게 많이 시킬 이유가 없다. 최소한 한국의 백반 반찬처럼 손도 대지 않은 채 다시 치워지는 반찬은 거의 없다고 봐도 좋다. 주문식단제는 바로 이런 아이디어를 현실로 옮긴 것이다. 그런데 그 강력한 군부 독재 시절에도 이 정책은 성공을 거두지 못했다.

왜 그랬을까? 한국인이라면 누구나 알고 있듯 백반의 요체는 밥과 반찬으로 끝나지 않는다. 거기에 꼭 필요한 요소는 바로 '정情'이다. 가정식 백반의 명소 중 하나인 인천 명월집 녹화 때 정재찬 교수가 읊은 시가 있다. 윤제림 시인의 〈가정식 백반〉이라는 시다. 그 시는 이렇게 끝난다.

아버지 한 사람이
부엌 쪽에 대고 소리친다.
밥 좀 많이 퍼요.

'손님 한 사람'이 아니고 '아버지 한 사람', '공깃밥 추가'가 아니라 '밥 좀 많이 퍼요'. 이것이 백반이다. 집에서 손님을 초청해 음식을 차려도, 행여 음식이 모자라기라도 하면 그건 아예 초대를 하지 않은 것만 못하게 여겨지는 것이 한국인의 정서다. 남는 음식이 없도록 딱 맞춰 준비를 하면 '정 없고 야박한' 마음 씀씀이만 입방아에 오른다. 하다못해 식당에서 특정 반찬을 더 달라고 요구했을 때 "비싼 반찬이니 돈을 내야 더 줄 수 있다"고 대답하는 식당 주인이 있다면? 다음 날로 손님 끊길 각오를 해야 한다.

2020년의 한국에서도 분명 그렇다. 정재찬 교수가 저 시를 떠올린 인천 명월집에서는 아직도 김치찌개가 무한리필이다. "잔반 처리가 힘드니 남기지 말고 드실 만큼만 가져가시라"는 안내가 붙어 있을 뿐이다. 양이 부족하면 공깃밥 대신 누룽지도 무한리필이다. 이것이 한국의 백반 문화인데, 지금부터 40년 전인 1980년대에 과연 주문식단제가 통할 수 있었을까. 실제 당시의 기사들을 보면 기자들도 이 제도의 장점을 찬성하면서도 '한국적 정서'의 대척점에 있는 이 제도가 과연 실현 가능할지에 대해 회의적이었음을 알 수 있다.

물론 주문식단제는 여러모로 긍정적인 요소를 가지고 있었다. 예를 들어 모든 찬은 개인용 찬기에 담아야 하고, 찌개나 전골 등은 나눠 먹을 수 있는 국자와 개인용 그릇을 제공해야 한다는 내용이 포함되어 있다.

▲ 한국의 백반 문화 중 하나인 반찬 무한리필

매우 위생적이고, 오늘날의 식당에서는 당연한 방침이다. 하지만 당시에는 이런 식당 운영도 "정 없이 내 것 네 것 따지냐"는 소리를 들을 만한 행동이었다. 코로나 바이러스의 대유행이 없었더라면 아마 어떤 사람들은 아직도 덜어 먹기를 거부하고 있을지도 모른다.

게다가 "여기 반찬 좀 더 주세요"를 금지시키고, 반찬이 더 먹고 싶으면 돈을 내고 추가 반찬을 주문해야 한다는 것은 오늘날에도 용납되기힘든 정서로 보인다. 정책 입안 단계에는 김치와 깍두기 외의 다른 반찬은 일절 무상으로 제공할 수 없다는 것이 원칙이었지만, 반발이 워낙 거세지자 기본 제공 가능 반찬의 수를 5개까지 늘려 허용하는 보완 조치가나오기도 했다. 그럼에도 불구하고 주문식단제를 향한 원성은 끊이지 않았다. 그 결과, 실시 3년째인 1986년에도 주문식단제를 실천하고 있는 식당은 전체의 35.5퍼센트에 불과했다.

본래의 정책 목표가 연이은 국제 행사를 앞두고 전통 식당의 영업 형태를 개선하자는 것이었으므로 1988년까지는 어떻게 해서든 주문식단제 정착을 위해 다양한 행정적 노력과 처벌이 이뤄졌지만, 1988년 이후 이 정책은 글자 그대로 유명무실해졌다. 어차피 올림픽도 이미 치렀겠다, 더 이상 주문식단제에 매달릴 명분이 없어졌기 때문이다. 이렇게 해서 주문식단제는 5년 만에 사라졌다. 그리고 오늘날까지 식당의 반찬을 둘러싼 '낭비 논란'은 제자리걸음을 하고 있다.

이런 일련의 개혁 실패로 인해 모든 사람이 사랑하는 백반 문화는 현재 위기에 놓여 있다. 그런 서비스를 6,000~7,000원에 제공하는 것은 결국 60대 이상 아버지, 어머니 세대의 노동 봉사를 전제로 했을 때만 가능하기 때문이다. 이들이 자신들의 인건비를 투자한 결과가 '싸고 푸짐한' 백반을 유지하는 데 결정적인 역할을 하고 있다는 사실을 손님들도 인정해야 한다. 삼각지 골목식당에서 백종원 대표가 "이제 이런 업태는 인건비를 감당할 수 없다"고 말한 것이 바로 '주인들의 인건비'를 지적한 것이다. 그렇다면 당연히 그다음 의문이 떠오른다. 이렇게 인건비를 자기 부담으로 하는 세대가 은퇴한 다음에도, 과연 이런 백반 전문 식당이 가능할 것인가?

백반은 과연
살아남을 수 있을까?

최근에는 많은 사람들이 '집밥'의 정의가 바뀌어 간다고 말하곤 한다. 예전 집밥의 정의가 '집에서 먹는 밥'이었다면 머잖아 집밥은 곧 '가정식 백반집에서 먹는 밥'으로 바뀔지도 모른다는 것이다. 이미 수많은 가정이 5~6개씩 되는 다양한 반찬으로 상 차리기를 포기했다. 도시화와 여성의 사회 진출이 늘어갈수록 '가정'에서 '가정식 백반'을 찾아 먹는 일은 점점 더 힘들어질 것으로 보인다. 어쩌면 그렇기 때문에 직장인들은 기를 쓰고 밖에 나와서 한 끼라도 '가정식 백반'을 먹으려 하는지도 모른다.

서울 을지로, 동대문의 가정식 백반 골목에서 만난 식당 주인들의 말은 한결같았다. "돈 벌려면 이거 못하죠." 재료 가격과 인건비는 계속 상승하지만 이를 그대로 반영하면 '싸고 푸근하다'로 요약할 수 있는 백반의 정서는 머물 곳이 없어진다. 사실 같은 백반집이라고 해도 강남 지역에는 1인분에 1만 원대가 넘는 백반집들이 나타나기 시작했다. 그중 한

◀ 위기에 처한 한국의 가정식 백반

곳의 업주는 "어차피 이렇게 받아도 임대료 생각하면 남는 건 없다"는 입장. 그런 식당에서도 어떤 반찬은 젓가락 한 번 대지 않은 채 잔반통으로 쓸려 들어간다.

백종원 대표는 "싼 재료로 저렴하게 만드는 것이 백반집의 밑반찬이지만, 손이 많이 가는 것은 분명하다. 시장에서 그 노동에 대한 가치를 인정해줘야 살아남을 수 있을 것"이라고 전문가다운 의견을 내놨다. 유현준 교수도 거기에 대해서는 긍정적이었다. "한옥이 아파트에 밀려 사라질 것 같다가도 지금은 한옥 한 채에 수십억 원씩 거래되기도 한다. 누군가는 아날로그적인 가치에 눈을 뜨고 그걸 찾는 사람이 생길 것"이라는 입장. 백반의 가격이 실제 가치를 반영하더라도 누군가는 계속 찾을 것이라는 얘기다. 하지만 만약 '아무나 못 먹는 음식'이 되어버린다면,

양식의 양식

그 백반은 지금의 백반과 같을 수 있을까.

채사장은 "젊은 세대 중에는 지금의 백반집 백반도 부담스러워서 못 먹는 사람들이 있다. 그들이 먹는 것은 컵밥이나 편의점 도시락이다. 누구도 가르쳐주지 않았지만 밥에 무언가 얹어서 먹는다는 입맛은 기성세대나 마찬가지"라고 정리했다. 형태는 어떻게 바뀔지 모르지만, 어쨌든 밥과 반찬을 함께 먹는 '백반'의 기본 정신은 계속 유지될 것이라는 예측이다.

서울 통인시장에는 '엽전도시락'이라는 명물이 있다. 5,000원을 내면 회사 구내식당이나 군 식당에서 볼 수 있는 배식기 같은 플라스틱 용기와 엽전 10개를 준다. 이 엽전을 가지고 시장 안을 돌면서 다양한 음식들을 골라 담을 수 있다. 물론 엽전 1개짜리 음식은 별로 없고, 웬만한 음식은 다 엽전 2~3개를 주어야 살 수 있다. 푸짐하게 먹으려면 2인에 엽전 30개는 필요하다. 아무튼 그렇게 배식용기를 채워 식당 안의 도시락 카페에서 식사를 하는 재미가 쏠쏠하다. 외국인들을 겨냥한 관광 상품으로도 유용하다는 후문이다. 어쩌면 이것이 백반의 미래가 될 수도 있지 않을까.

5장

'따끈한 고깃국에 쌀밥 한 그릇' 한 끼 식사면 아쉬울 게 없었던 우리네 삶, 행복의 기준이었던 이 '쌀밥과 고깃국'이 하나로 합쳐진 완전체, 국밥! 우리는 언제부터 국에 밥을 말아 먹었을까? '말아 먹는 문화'는 우리나라에만 있을까? 반가의 보양식에서 현대인의 24시간을 책임지는 소울푸드가 되기까지! 국밥의 본질을 찾아 떠나보는 국밥 유랑기가 시작된다.

길 위에서 만나는
한 그릇의 위로

국
밥

한국 사람은 왜 사시사철 24시간 국밥을 찾을까?

한국 사람들끼리의 얘기지만, 한국인에게 밥이 담긴 밥공기와 국을 담은 사발을 주고 나서 그다음 행동을 관찰하면, 절반 이상의 확률로 '밥그릇에서 밥을 퍼서 국사발에 만다'고 예측할 수 있다. 라면이 담긴 사발을 앞에 둔 사람에게도 공깃밥을 주면 라면 국물에 밥을 만다. 중국집에서 짬뽕을 먹는 사람에게 주어도 같은 결과가 나온다(심지어 그러다 짬뽕밥이라는 메뉴가 만들어졌다). 요즘엔 마라탕에도 밥을 마는 마라국밥이 등장했다.

한국 말고도 아시아의 많은 나라들이 밥과 국물을 같이 먹는데, 과연 이들에게도 밥을 말아 먹는 문화가 있을까? 이를 확인해보기 위해 〈양식의 양식〉 제작진은 태국 방콕을 방문했다. 그렇게 해서 찾아간 곳이 '와타나파닛Wattana Phanich'. 척 봐도 부유층들의 쇼핑 거리 냄새가 풍기는 방콕의 번화가 에카마이 로드 한편에 위치한 식당이다. 입구부터 거의 팥죽색에 가까운 진하디진한 국물이 거대한 솥에서 끓고 있었다. 방콕

▲ 와타나파닛 식당 내부. 유명 맛집답게 늘 손님들로 북적거린다.

시내 섭외를 맡은 KTCC 이유현 대표의 말에 따르면 방콕에서도 맛집으로 유명한 국수 전문점이었다.

우리는 맛있는 국물이 있으면 일차적으로 '밥을 말아 먹어야지'라고 생각하는 반면, 태국 사람들은 '국수를 말아 먹어야지'라고 생각한다고 한다. 그래서 이 집의 모든 메뉴는 국물에 국수를 만 음식들인데, 예외적으로 '까오라오'라는 메뉴가 있다.

까오라오는 한자로 '고루高樓'라고 쓴다. 글자 그대로 높은 건물이라는 뜻이다. 오랜 옛날, 높은 건물로 된 맛집에서 맛있는 국물을 팔았는데, 이 집의 특징은 국수도 밥도 없이 오로지 국물만 판다는 점이었다고 한다. 그러다 보니 단골손님들 사이에 '높은 건물 맛집=맛있는 국물'이라

양식의 양식

는 등식이 생겼고, 세월이 흐른 뒤에는 아예 그 국물 요리의 이름이 '까오라오'가 되어버렸다.

오늘날 태국의 웬만한 국숫집에서 "까오라오로 주세요" 하면, "국수를 빼고 국물만 주세요"라는 뜻으로 알아듣는다. 그리고 다음이 중요한데, 까오라오를 주문하고는 공깃밥을 추가할 수 있다. 태국식으로 국밥을 주문하는 방법은 이렇게 복잡하다(예를 들어 한국의 유명한 칼국수집에 갔다고 치자. 거기서 "저는 국수 필요 없으니 국물만 주세요. 그리고 밥을 한 공기 주세요"라고 주문하는 것과 같다).

국밥 편 촬영을 위해 최강창민은 태국의 유명한 유튜버인 차나깐을 가이드 삼아 와타나파닛을 찾아왔고, 차나깐의 안내대로 두 사람 모두 각각 까오라오와 공깃밥을 주문했다. 그런데 예기치 못한 상황이 발생했다. 밥과 국이 나오자 최강창민이 자연스럽게 밥을 국에 말아버린 것이다. 그러자 차나깐의 얼굴에는 당황한 빛이 역력했고, 최강창민에게 "왜 그렇게 먹느냐?"는 질문을 던졌다.

▶ 와타나파닛에서 주문한 까오라오와 공깃밥

태국 사람들은 까오라오와 밥을 먹더라도 밥 한 술 먹고 국 한 술 먹는 한국의 '양반식 식사'를 하거나, 국물을 떠서 밥에 적셔 먹거나 하는 정도다. 한국의 일반적인 국밥처럼 밥을 국에 말아 밥과 국물, 건더기를 함께 떠먹는 식의 식사법은 없다. 그렇기 때문에 차나깐이 최강창민의 '돌발행동'을 보고 놀란 것이다.

아시아의 다른 나라들도 대부분 그렇다. 일본에서도 식사할 때 미소시루(된장국)가 딸려 나오는 경우가 흔하지만, 미소시루에 밥을 말아 먹는 사람은 없다. 중국에서도 국물에 넣어 말아 먹는 것은 국수지 밥이 아니다. 그나마 비슷한 것이 중국 남부 지역의 음식인 '파오판泡飯'인데, 모양은 국밥과 유사하지만 밥을 넣고 살짝 끓인 음식이라는 점에서 국밥이라기보다는 가볍게 끓인 죽에 더 가깝다고 볼 수 있다. 어느 쪽이든 한국 사람이 국밥을 먹는 것만큼 보편적인 음식은 아니다.

요즘 한국에서도 좋아하는 사람들이 늘고 있는 싱가포르식 돼지갈비탕, 바쿠테('Bah Kut The'라고 읽는데 한자로는 '肉骨茶', 즉 고기뼈로 만든 차라는 뜻이다)도 밥과 함께 먹지만 역시 말아 먹지는 않는다. 태국의 '까오라오'도, 인도네시아의 '소똠'도 밥과 같이 먹는 국물이지 말아 먹는 음식은 아니다. 이렇듯 국에 밥을 말아 먹느냐 마느냐는 한국인의 먹는 습관을 보여주는 특징이다.

이런 차이는 왜 생긴 것일까? 몇 가지 가설이 있는데, 방송 중에서 채사장이 말한 것처럼 한국 사람 특유의 "급할 때 물 말아 먹던 것에서 물 대신 국물에 말아 먹는 것으로 발전한 것 아닐까?"도 상당히 유력한 추정이다. 한국인은 쌀밥을 먹을 때 액체에 말아 먹거나 비벼 먹는 것을 좋아한다. 국이 아니라도 좋다. 물이 있으면 물에 말아 먹고, 심지어 김치 국물이나 동치미 국물에도 말아 먹는다. 찌개나 매운탕이 있으면 거기다 말아 먹는 것도 전혀 이상할 것이 없다. 오이냉국이나 물회에 말아 먹는 사람도 많다. 최근 몇몇 평양냉면 집을 중심으로, 냉면에서 국수를 다 건져 먹은 뒤 거기에 밥을 말아 먹는 문화도 확산되고 있다.

어떤 형태든, 쌀밥을 액체에 말아 먹을 때 생기는 이점은 빠르게 많이 먹을 수 있다는 것이다. 현재까지 전해지는 구한말 시대의 사진들을 보면 요즘 기준으로 밥솥만 한 밥공기를 상 위에 놓고 식사를 하고 있는 사람들을 쉽게 볼 수 있다. 대체 왜 이렇게 많이 먹었던 걸까? 밥을 많이 먹으면 영양소 결핍 없이 살 수 있었기 때문이다.

식품의약품안전처에서 발표한 쌀밥의 성분을 보자. 쌀밥 200그램 한 공기의 열량은 272칼로리. 주 성분은 탄수화물 66.4그램, 단백질 6그램, 지방 0.2그램, 나트륨 6밀리그램 등이다. 성인의 단백질 하루 섭취 권장량이 약 60그램이니 밥 10공기를 먹으면 단백질을 따로 먹지 않아도 된다. 조선 시대 사람들은 이런 식으로 주요 영양소가 골고루 들어 있는 쌀밥을 많이 먹어서 다른 음식의 부족을 메웠다. 밥과는 달리 빵에는 필수

영양소가 골고루 들어 있지 않기 때문에 서양 사람들은 성경 말씀대로 빵만으로 살 수 없었지만, 한국인들은 밥만으로 살 수 있었다. 그래서 밥을 빨리, 많이 먹기 위해 '말아 먹는' 방법을 익힌 것으로 추정된다.

한국인의 말아 먹는 취향은 숟가락의 차이에서도 엿볼 수 있다. 우리 조상들이 써온 숟가락은 그 모양이 중국이나 일본 숟가락과 크게 다르다. 일반적으로 '탕츠湯匙'라고 불리는 중국식 숟가락은 대개 도자기 재질이며 바닥이 타원형이고 깊이가 깊다. 그래서 한 번 떴을 때 국물을 많이 담을 수 있다. 하지만 국물이 많아 뜨거운 국에 만 밥을 떠서 먹기에는 상당히 불편하다. 반면 한국식 숟가락은 대개 금속 재질이고, 손잡이가 가늘고 길며 뜨는 부분도 바닥이 그리 깊지 않다. 따라서 한 번에 뜰

▲ 한국식 숟가락(좌)과 중국식 숟가락(우)

수 있는 국물의 양은 그리 많지 않다. 대신 국에 만 밥과 건더기는 꽤 많은 양을 뜰 수 있되, 국물의 양이 많지 않으므로 후후 불면 금세 식힐 수 있다. 이러한 이유로 한국인만이 많이 쓰는 숟가락의 모양 역시 국밥을 먹는 데 최적화되었다고 해석할 수 있다.

영원한 한식의 미스터리, 곰탕과 설렁탕은 어떻게 다른가?

한국 사람은 국을 기본적인 반찬으로 여긴다. 근래까지도 많은 사람들(특히 중년 이상의 남성층)은 식사를 할 때 국이 없으면 찌개나 전골이라도 있어야 한다고 주장하곤 했다. 국물 없는 밥을 먹는 것은 근대 이전의 사회라면 '천것'들이나 하는 일이기 때문에, 집 안에서든 밖에서든 국물 없이 한 끼의 식사를 제공받는 일은 괄시를 받고 있다는 표상으로 여겨 마땅하다는 것이었다. 그 정도로 국물에 대한 집착이 강한 한국인이고, 국물에 밥을 말아 먹는 것을 즐기는 한국인들이다 보니 무슨 국이든 밥을 말아 놓으면 국밥이라고 인정할 수도 있다.

하지만 〈양식의 양식〉에서는 좀 더 범위를 좁혀, '식당에서 돈을 받고 파는 음식으로서의 국밥'으로 이야기를 한정해보기로 했다. 일단 말아 먹는 것을 전제로 하고 국과 밥이 하나의 '국밥'이라는 메뉴 안에 녹아든 경우를 살펴보기로 한 것이다. 즉, 설렁탕이나 육개장, 전주식 콩나물국밥과 같이 하나의 장르로 자리 잡은 음식들을 통해 그것이 하나의 메뉴로 정착해가는 과정을 다뤄보기로 했다. 이런 이야기를 하려면 장소는 역시 국밥집이 제격. 그렇다면 국밥의 성지인 서울 명동 하동관보다 더 적절한 장소는 없을 것 같았다.

그렇게 해서 다섯 출연진이 개업 80년의 명동 하동관 본점에 모여 앉았다. 워낙 유명한 식당이다 보니 채사장을 빼고는 모두 와본 곳이었다.

곰탕집에 가거나 설렁탕집에 가거나, 빠지지 않는 질문이 하나 있다. 질문은 있지만 어디서도 그 정답을 쉽게 얻을 수 없기 때문에 더욱 궁금해지는 질문, "도대체 설렁탕과 곰탕의 차이는 뭐지?"

설렁탕이나 곰탕이나 일단 둘 다 소고기 국물이고, 주방에서 나올 때에는 고춧가루나 다른 색깔의 양념이 들어가 있지 않다. 고기 국물 맛으

▲ 명동 하동관 곰탕은 대파를 넣어 먹는 것으로 유명하다.

로 승부하는 음식이며, 밥을 말아 뜨겁게 먹는 음식이라는 점도 같다. 그렇지만 엄연히 곰탕은 곰탕이고 설렁탕은 설렁탕인데, 이걸 명확하게 구분할 줄 아는 사람은 많지 않다. 일단 순서대로, 태생부터 확연히 다르다는 점을 먼저 짚고 넘어가자.

누가 뭐래도 곰탕은 설렁탕에 비해 좀 더 수준 높은 음식이다. 일단 '곰탕'이란 말을 들으면 뼈대 있는 가문에서 맏며느리가 펄펄 끓는 가마솥에 정성껏 국물을 우리고, 기품 있는 놋그릇에 다시 정성을 다해 밥을 토렴해 올리는 광경이 연상된다. 정재찬 교수의 설명에 따르면 그 이름도 '기름 고膏', '마실 음飮' 해서 '고음탕膏飮湯', 즉 '기름기를 마시는 국'이라는 운치 있는 작명에서 비롯되었다는 설이 있다. 아니면 글자 그대로 여러 가지 재료를 푹 고았기 때문에 '곰탕' 혹은 '곰국'이라고 부른다는 설명도 가능하다. 어느 쪽이든, 본래는 밖에서 돈을 내고 사먹는 음식이 아니었고 잘사는 집에서 정성 들여 고아내는 가정식이었다.

반면 설렁탕이라는 이름의 유래에 대해서는 훨씬 다양한 설이 있다. 한때는 임금님이 한 해 농사의 성공을 기원하는 선농제先農際를 지내고 나서 제물로 소를 잡은 뒤, 그 뼈와 고기를 큰 솥에 넣고 끓여 다 같이 나눠먹은 데서 비롯된 음식이라는 설이 유행했다. 선농제에서 끓여 먹은 음식이라 하여 '선농탕'이라 불렀는데 그 발음이 변해서 설렁탕이 되었다는 주장이다. 근래에 와서는 몽골어로 고기 국물을 뜻하는 '슐루shulu'

가 변했다는 설, 설렁설렁 끓여서 설렁설렁 먹기 때문에 설렁탕이 되었다는 설, 눈빛처럼 희고 국물이 진해 설농雪濃탕이라는 설 등등이 난립하고 있다. 모두 그럴듯하지만 어느 것이 진짜 유래라고 똑떨어지게 설명할 수 있는 사람은 없다.

20세기 초, 설렁탕은 경성 외식계의 아이돌이었다. 서울 구경을 온 사람은 반드시 설렁탕을 먹어봐야 했고, 배달 음식으로도 각광받았다. 투박하고 못생긴 뚝배기는 보온성도 좋고 잘 깨지지 않아 좋았지만 위생상으론 사실 엉망이었다. 일제 시대 유명했던 잡지 〈별건곤〉 1929년 9월호에 실린 '경성명물집京城名物集'이라는 기사에는 설렁탕이 당시 경성을 대표하는 음식으로 당당하게 소개되어 있다. 그런데 그렇게 호의적인 내용만은 아니다.

설넝湯

시골 사람이 츰으로 서울에 와서 설넝탕집을 지내가다가 털이 그대로 잇는 삶믄 쇠머리가 설넝탕의 광고를 하는 듯이 채반 우에 뇌혀 잇고 시골에서는 아모리 가난뱅이의 집에서라도 잘 바더 먹지도 안는 오지뚝백이의 설넝탕 그릇이 뇌혀 잇는 것을 보며 확 끼치는 누린내를 맛트면 소위 일국의 首都라는 서울에도 저런 드러운 음식이 잇스며 저것을 그래도 누가 먹나 하고 코를 외로 즈을 것이

다. 그러나 시험으로 먹어 본다는 것이 한 그릇 두 그릇 먹기 시작
을 하면 누구나 자미를 드려서 집에 갈 로자 돈이나 자긔 마누라의
치마감 사줄 돈이라도 안이 사먹고는 견듸지 못할 것이다. 갑이 눅
은 것도 눅은 것이어니와 (보통 한 그릇에 15錢. 고기는 청구하는 돈대
로 더 준다) 맛으로던지 영양으로던지 상당한 가치가 잇는 것이다.

1929년 서울 어느 골목의 설렁탕집 정경이 너무나 생생하게 묘사되
어 있다. 설렁탕집이라는 표시를 '털이 그대로 박힌 소머리를 가져다 채
반에 받쳐 놓는 것'으로 했다는 내용은 좀 충격적이다. 뚝배기에 음식을
먹는다는 것 역시 그리 부잣집이 아니더라도 눈살을 찌푸릴 만한 일이
었는 듯하다. 누가 먹던 것인지도 모르는 숟가락을 대충 씻는 둥 마는 둥
쩔러주는 것도 그렇고, 설거지를 할 때에는 더욱 꼴불견이었다. 당시의
뚝배기는 지금처럼 바닥이 매끈하지 않아서, 울퉁불퉁한 뚝배기 바닥에
밥풀이며 음식찌꺼기가 끼는 일이 흔했다. 그런 것을 제대로 씻어 행구
지도 않고 다시 그 위에 밥과 국을 부어 내는 것이 당시 설렁탕의 수준이
었다. 그런데도 다들 맛있다고 줄을 섰고, 인력거꾼 김 첨지의 아내는 설
렁탕 한 술 뜨고 싶다는 마지막 소원을 채우지 못한 채 저세상으로 가 한
이 맺혔다.
　같은 해 〈별건곤〉 12월호에 실린 '괄시 못할 경성 설렁탕'이라는 글은

이렇게 시작한다.

> 멋을 모르는 사람들은 설렁탕을 누린 냄새가 나느니, 쇠똥 냄새가
> 나느니, 집이 더러우니, 그릇이 불결하니 한다. 하지만 그것은 정말
> 로 설렁탕에 맛을 들이지 못한 가련한 친구다. (중략) 설렁탕을 일
> 반 하층계급에서 많이 먹는 것은 사실이다. 그러나 제아무리 점잔
> 을 빼는 친구라도 조선 사람으로서 서울에 사는 이상, 설렁탕의 설
> 렁설렁한 맛을 괄시하지 못한다. 값이 헐하고, 배가 부르고, 보신이
> 되고, 술속이 풀리고, 사먹기가 간단하고, 귀천 누구 할 것 없이 두
> 러 입에 맞고… 이외에 더 엎어먹을 것이 또 어디 있으랴.

이렇듯 귀족적인 배경을 가진 곰탕과 서민적 배경의 설렁탕은 그 성격
이 달랐다. 하지만 무엇보다 가장 본질적인 차이는 재료에 있다.

곰탕은 본래 양지머리와 업진살(우삼겹) 등 본래 국물용인 고급 부위
와 내장을 주재료로 하기 때문에 국물이 맑고 투명하다. 물론 진짜 맹물
처럼 투명하지는 않지만 '고기 국물=뽀얀 국물'이라고 생각하는 사람들
에겐 맹물처럼 보일 수도 있다.

반면 설렁탕은 사골과 잡뼈, 머릿고기, 기타 잡고기를 넣고 끓여 뽀얗
고 불투명한 국물이 우윳빛을 띤다. 물자가 부족하던 시절에는 그 느낌

▲ 곰탕(좌)과 설렁탕(우)의 국물 투명도 차이

을 내기 위해 미군부대에서 흘러나온 분유를 넣고 만들었다는 전설도 있다. 어쨌든 사골을 넣고 푹푹 고지 않으면 설렁탕 특유의 뽀얀 국물 색깔도, 꼬리꼬리한 냄새도 나지 않는다.

그래서 일차적으로 곰탕과 설렁탕을 구별할 수 있는 가장 간단한 기준은 국물이 투명한가, 불투명한가로 요약할 수 있다. 즉, 탕에 밥을 말아 놓았을 때 국물 속의 밥이 보이면 곰탕, 보이지 않으면 설렁탕이라 해도 좋다.

이게 분명한 원칙인데, 이 말을 들으면 더 혼란에 빠질 사람도 있을 것이다. 하동관을 주축으로 한 서울식 곰탕집이나 나주식 곰탕집들은 국물이 맑아서 누가 봐도 곰탕임을 알 수 있다. 손님상에 나오기 전 토렴을

양식의 양식

한다면 조금 뿌옇게 흐려질 수도 있겠으나, 주방에서 나오는 탕은 맑고 투명하다. 하지만 그 밖의 수많은 식당들이 '곰탕'이라는 간판을 내걸고 뿌연 국물을 가득 부은 국그릇을 손님상에 내놓는다. 서울에서는 비교적 구분이 명확하지만 지방으로 가면 누가 봐도 설렁탕인 음식을 곰탕이라는 이름으로 팔고 있는 경우가 많다. 어떻게 된 걸까?

이에 대해 백종원 대표는 "처음에는 분명히 구분이 명확했지만, 시장에 나온 뒤로 서로 영향을 주고받다가 그 경계가 흐려진 부분이 분명히 있다. 무엇보다 살림살이가 나아지면서 서민의 음식이던 설렁탕에 전에는 들어가지 않던 고급 부위들이 들어가게 되었다"고 설명한다. 설렁탕에 내장이 들어가는 일은 드물지만 고급 고기로 치던 양지머리가 수육으로 들어가는 일이 흔해졌고, 곰탕에도 국물에 깊은 맛을 더하기 위해 뼈가 들어가는 것도 자연스러워졌다. 곰탕의 조종祖宗인 하동관에서도 더 깊은 국물 맛을 내기 위해 사골을 일부 사용한다. 물론 국물이 뿌옇게 될 정도는 아니다. 여전히 주재료는 고기와 내장이다.

정리하면 이렇다. 고기를 주재료로 하기 때문에 국물이 맑은 것은 곰탕, 뼈와 잡고기가 주재료라서 뿌얀 국물이 나오는 것은 설렁탕. 이것이 전통적인 원칙이다. 다만 최근에 와서 기준을 흐리는 혼종들이 다수 등장하고 있는 것도 분명하다. 모든 음식들이 다 그렇듯.

설렁탕 이전의 국밥,
해장국의 역사

설렁탕과 곰탕. 이 두 가지 소고기 국밥이 외식 메뉴로 등장한 것은 생각보다 꽤 늦다. 설렁탕은 1920년대가 되어야 나타났고, 가정식 메뉴로 우아함을 자랑하던 곰탕은 이보다 더 늦게 거리로 나왔다. 그럼 이들 전에는 어떤 국밥이 있었단 말인가. 사실 두 가지가 있었다. 하나는 주막이나 장터에서 팔던 장국밥, 또 하나는 술국이라고도 불렸던 해장국이다. 이 두 가지 국밥이야말로 진정한 한국인의 원조 패스트푸드라 할 수 있다. 우거지를 넣고 된장을 풀어 끓인 국물에 밥을 말아 주막집 손님들이 한 그릇씩 뚝딱 먹던 국밥. 그리고 선지를 툭툭 투박하게 끊어 넣고 끓인 국물을 동이에 가득 담아 이고 나선 국장수가 아침 일찍 일을 나가는 가마꾼이며 나무꾼들에게 "해정解酲(술이 깨다)하시오! 해정국이오!" 하고 외쳤다는 해장국. 싸고 푸짐하고 뜨끈하게 속을 풀어주는 국물의 역사는 길고 진하다. 단, 해장국이라고 해서 모두 싸고 푸짐한 것은 아니다. 대표적인 예가 바로 〈양식의 양식〉에 나온 조선 시대의 최고급 해장국,

'효종갱曉鐘羹'이다.

효종갱이라고 하면 왠지 조선 효종 때 먹던 국물인 것 같지만 그건 아니다. '새벽 효曉'에 '쇠북 종鐘'이니 새벽 종, 즉 '파루罷漏'를 말한다. 조선 시대에는 밤 10시경에 종을 28번 쳐서 통행금지를 알렸으니 이를 '인정人定'이라 했고, 새벽 4시쯤에 다시 종을 33번 쳐서 통행금지 해제를 알렸다. 이것이 파루다. 마지막으로 '갱羹'은 국을 높이 이르는 말. 대개 국-탕湯-갱의 순서로 높이는 말이 된다. 예를 들어 할아버지 제사 때 제상에 오르는 국은 흔히 갱이라고 부른다. 그러니 새벽 종 울릴 때 먹는 국이라는 뜻이 된다.

《해동죽지》라는 책에 따르면 효종갱은 경기도 광주 성내 사람들이 잘 끓였다고 기록되어 있다. 광주 성내란 즉 남한산성 안쪽 마을을 말한다. 토장에 배추속대, 콩나물, 표고로 시원한 국물을 내고 송이, 소갈비, 해삼, 전복 같은 고품격 재료로 영양가를 높였다. 척 봐도 만만찮은 가격. 남한산성은 지금 한양 도성에서 반나절은 가야 닿을 수 있는 거리다. 해장을 효종갱으로 해야겠다고 마음을 먹었다면 오늘날처럼 배달 앱으로 주문할 수도, 차를 타고 받아올 수도 없으므로 하루 이틀 전에 미리 주문해야 했다.

주문을 받으면 성내의 국밥집에서는 재료를 모아 푹 삶아 국을 끓였다. 그렇게 해서 배달 전날, 늦은 저녁에 해장국을 담은 동이를 싣고 소

달구지나 지게가 출발했을 것으로 추정된다. 밤을 새워 도성까지 가면 파루가 울려 성문이 열리고, 배달꾼은 도성 안으로 들어가 주문한 댁 대문을 두드렸을 테고, 하품을 하며 문을 연 청지기는 아직도 온기가 가시지 않은 효종갱을 동이째 부엌으로 날랐을 것이다. 부엌에서는 얼른 불을 지피고 큰 솥에 배달 온 효종갱을 부어 다시 한번 끓인 뒤 지난밤 숙취로 잠을 설친 주인어른의 아침상에 올렸을 것으로 짐작된다.

사실 효종갱의 제조 방법에 그리 특별한 비결은 없다. 좋은 재료를 고르되 맛의 균형을 깨지 않는 구성이 가장 중요하다. 아마도 효종갱을 만들어 팔던 집들의 노하우는 이 재료들을 어떻게 구비해놓고, 궁합을 맞췄는가에 있었을 것으로 보인다. 재료만 갖춰지면 오래오래 삶아서 그 재료들로부터 진액을 뽑아내는 건 그리 어려운 일이 아니다.

국밥 편에서 지금은 전해지지 않는 효종갱의 재현을 맡은 신미혜 교수는 "지금 판다면 한 그릇에 얼마쯤 받으면 좋겠느냐?"는 질문에 "그걸 어떻게 정하냐" 하고 웃으며 "한 동이가 4인분 정도 되는데 재료비만 30만 원이 넘는다"고 말했다. 어지간한 식당이면 재료비가 30퍼센트를 넘지 않는다는데, 과연 이 한 그릇에 얼마를 받아야 할까. 잠시 계산이 서지 않았다.

이 국밥을 받은 정재찬 교수, 채사장의 얼굴에 활짝 꽃이 피었다. '입 짧은 남자'였던 유 교수만 "그냥 갈비탕만 주시는 게 더 낫지 않았을까

▲ 당대 최고로 비싼 해장국답게 최상급의 재료들이 들어간다.

▲ 신미혜 교수가 직접 재현한 조선 시대 해장국 효종갱

요?"라며 말끝을 흐렸다. 탕 위에 쌓인 해삼, 전복, 표고 등의 좀 과도해 보이는 꾸미가 영 부담스러웠던 모양이다. 하지만 국물 한 숟가락을 떠먹은 뒤, 유 교수의 반응은 180도 바뀌었다. 그는 "내가 태어나서 먹은 한국식 국물 요리 중 최고"라고 극찬했다. 채사장 또한 "이건 어디서 팔

면 누구라도 사 먹을 것 같다"며 감탄을 아끼지 않았다.

이런 고품격 해장국이 조선 시대부터 있기는 했지만, 효종갱 외에도 수많은 해장국이 전국 방방곡곡에 있었다. 어쩌면 주막집의 국밥보다 더 먼저 상품화된 것이 해장국일지도 모른다. 북어, 선지, 콩나물, 물메기, 복어 등 온갖 국물 재료 가운데 '해장국'이라는 접미어를 붙여 어울리지 않는 것이 없을 정도이니 말이다. 해장국 마니아들 중에는 간혹 '해장국을 더 맛있게 먹기 위해 전날 술을 먹는다'고 주장하는 사람도 있다. 국물 안주로 술을 마시고, 다음 날 또 속을 풀기 위해 국밥을 먹고… 정말 국물의 민족이 아닐 수 없다.

팔도 1,000가지
국밥 속에 담긴 같은 뜻

서울에 설렁탕이 있다면 제주도에는 성게미역국이나 몸국, 부산에는 돼지국밥, 대구엔 대구탕(육개장)이 있다. 어느 지역을 가도 해당 고장의 특색을 담은 국밥이 없는 동네는 없다. 어느 동네 사람들이건 국밥을 먹을 때에는 그 동네의 특산물을 넣고 끓인다.

우선 육개장. 잘 알려진 대로 육개장의 모태가 된 음식은 개장국, 즉 보신탕이다. 개고기를 먹지 못하는 사람이 있기 때문에 개고기 국을 끓이는 양념 그대로 고기만 소고기로 바꿔 끓인 것이 육개장이다. 이런 사연을 모르는 사람들이 '육계장'이라고 쓰는 경우가 있는데, 육개장은 '소고기로 끓인 개장국'이라는 뜻이다. 그리고 바로 이 음식의 발상지가 대구이기 때문에 육개장을 '대구탕'이라고 부르기도 한다. 소갈비로 유명한 서울 을지로의 조선옥에 가면 요즘도 대구탕이라는 음식을 판다. 간혹 이 대구탕을 생선 대구를 넣고 끓인 매운탕인 줄 아는 사람들이 있는데, 대구탕이라는 이름으로 육개장을 판다는 사실을 알고 놀라곤 한다.

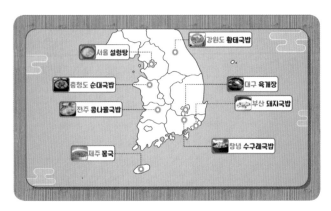

▲ 전국 팔도 각 지역의 대표 국밥들

이 집에서는 대구탕이란 이름의 유래가 지명인 대구가 아니라, '개狗 대신代 소고기를 넣어 끓였기 때문에 대구탕代狗湯'이라고 설명해주는데, 어느 쪽이 정설인지는 알 길이 없다.

지역의 국밥 가운데 일찍부터 명물로 대접을 받은 음식으로 '탁백이국'을 빼놓을 수 없다. 〈별건곤〉 1929년 12월호에는 '다가정인'이라는 필자가 다음과 같이 전주 명물 탁백이국을 소개했다.

탁백이국이란 탁백이, 즉 막걸리를 담는 사발을 가리키는 이름(서울에서도 '탁배기 한잔 걸치고~'라는 식으로 막걸리 혹은 막걸리를 담은 잔을 가리키는 말로 쓰인다)에서 유래한 이름이다. 내용물과는 관계

양식의 양식

없이 담는 그릇의 이름이 음식 이름이 된 셈인데, 사실 내용은 콩나물국밥이다.

이 기사에 소개된 대로라면 이 탁백이국은 '아침 식전에, 그렇지 않으면 자정 후에 일찍 일어나서' 먹는 음식이다. 특히 '더구나 그 전날 밤에 한잔 톡톡히 먹고 속이 몹시 쓰린 판'에는 더할 나위 없이 좋은 음식이다. '산해진미와도 바꿀 수 없는 구수한 맛'에 대한 칭찬이 이어진다.

만드는 법은 매우 간단하다. '콩나물을 솥에 넣고 푹푹 삶은 뒤 마늘 양념이나 조금 넣는 둥 마는 둥, 소금을 쳐서 휘휘 둘러놓은 것'이 전부다. 이렇게 끓인 탁백이국 한 사발, 밥 한 덩이, 탁백이 한 잔(대개는 막걸리지만 요즘 콩나물국밥집에서 파는 모주 같은 술일 수도 있을 법하다)을 합해 5전이면 해장을 할 수 있었으니 가성비가 으뜸이다.

전주는 콩나물국밥의 도시라 불러도 좋을 정도로 명문 콩나물국밥집과 신흥 강자들 사이의 경쟁이 끊일 날이 없다. 〈별건곤〉에 소개되었을 시절만 해도 맹물에 콩나물과 소금만 들어가는 미니멀한 음식이었지만, 그 뒤로 북어 대가리에서 건새우까지 국물에 맛을 더하기 위해 다양한 부재료들이 추가된 것은 까다로운 전주 사람들의 입맛에서 살아남기 위한 업주들의 부단한 노력이 낳은 결과일 것이다.

부산 돼지국밥

　서울에 설렁탕이 있다면 부산에는 돼지국밥이 있다 그만큼 부산 돼지
국밥은 지역민들의 자부심이 걸린 음식이다. 전주에서 콩나물국밥에 5대
문파, 6대 문파가 있다고 할 정도로 다양한 스타일이 존재하듯, 부산에서
도 이름난 노포들은 저마다 특징 있는 국밥 맛으로 승부한다. 그리고 지
금은 부산이 돼지국밥의 성지로 꼽히고 있지만, 울산·밀양 등 경남 일대
에서는 돼지국밥의 전통이 깊음을 자랑하는 식당들이 여러 군데 있다.

　돼지국밥은 흔히 뼈 위주로 육수를 내어 뽀얀 국물을 자랑하는 밀양식
과, 고기에 내장 위주로 끓여 투명한 부산식으로 크게 나뉜다. 여기에 부
산식은 무친 정구지(부추)를 꾸미로 넣어 먹고, 밀양식은 설렁탕처럼 파
만 넣어 먹는다는 차이도 있다. 하지만 이미 수십 년 사이에 풍부한 교류
가 일어나 부산 토박이들 중에도 뽀얀 국물은 원래 부산식이 아니라고
하면 놀라는 사람이 많다.

　부산의 수많은 국밥집 중에서도 〈양식의 양식〉 제작진이 촬영지로 고
른 곳은 '교통부돼지국밥'. 국밥집 이름으로는 꽤 희한한 편인데, 사실
이 이름에 돼지국밥의 역사가 숨어 있다. 이 국밥집의 모태는 '할매국
밥'인데 워낙 사방에 많은 이름이 '할매국밥'이다 보니 2대째로 넘어가
면서 아예 '교통부돼지국밥'으로 상호를 바꿨다. 국밥집 이름에 교통부
라니, 무슨 사연인 걸까?

▶ 교통부돼지국밥 집에서 주문한
　부산 돼지국밥

▶ 야들야들한 수육은 부산 돼지
　국밥집만의 또 다른 별미다.

　돼지국밥은 본래 부산·경남 지역에 있던 음식이기는 하나 본격적으로 붐을 일으키게 된 건 밀면과 마찬가지로 흥남 철수를 계기로 북한 출신 피란민들이 대거 유입된 뒤의 일이다. 이 할매국밥 역시 평양 출신 피란민 가족이 개업했다. 북한에서 많이 먹던 삶은 돼지 수육과 순대를 중심으로 식당들이 생겨났는데, 그때나 지금이나 고달픈 피란민의 삶을 위로하는 데에는 따끈한 국에 밥 한 사발을 넣어 만 국밥이 제격이었다. 처음에는 순대가 주류였지만 전쟁통에 순대 재료를 구하기가 어려워 돼지의 이 부위, 저 부위를 다 넣고 푹 곤 국물이 메인 메뉴가 되었을 거라고 추측하는 사람이 많다.

당시 부산은 임시 수도였으므로 모든 정부 부처가 다 내려와 있었는데, 할매국밥이 자리한 범일동 사거리에는 그중 교통부가 있었다. 제대로 된 간판이나 옥호도 없던 시절이라 사람들은 이 국밥집을 '교통부사거리 국밥' 혹은 '범일동 할매국밥'으로 불렀다. 피란 시절은 이미 오래전에 지나갔지만 국밥집 이름에 남아 그 시절을 기억하게 하는 것이다.

1950년대 이후 본격적으로 팔리기 시작한 돼지국밥은 부산·경남 지역에서는 향토의 맛으로 자리를 굳힌 지 오래다. 2019년 기준으로 부산에만 692군데, 경남 전역에는 923군데의 돼지국밥집이 있다. 신기한 것은 이렇게 인기 높은 지역 음식인 돼지국밥이 다른 지역에서는 큰 성공을 거두지 못하고 있다는 사실이다. 특히 각 지역의 맛집들이 모두 모여드는 서울에서 돼지국밥으로 이름난 식당을 꼽으라면 부산 출신들이 먼저 미간을 찌푸린다. 왜 그럴까? 굳이 설명하자면, 부산을 대표하는 돼지국밥이나 밀면 맛집들이 '굳이' 수도권 진출을 노리지 않고 있다는 점을 들 수 있다. 이는 부산이 서울로부터 꽤 멀리 떨어져 있다는 점, 그리고 우리나라 제2의 대도시로 상당히 큰 상권을 확보하고 있다는 점과 관련이 있다. '굳이' 서울까지 올라와 치열한 경쟁을 펼칠 이유가 없을 정도로, 이미 부산 지역에서도 충분히 안주할 만한 배경이 형성되어 있다는 의미다.

부산 사람에게든 서울 사람에게든, 군이 부산까지 가야 참맛을 느낄 수 있는 별미가 있다는 건 매우 반가운 일이다. KTX 등장 이후 서울과 부산의 거리가 물리적이든 심리적이든 훨씬 더 가까워진 것은 사실이지만, 그래도 낯선 도시에 내려 적당한 시장기를 느낄 때 쿰쿰하면서도 입맛 당기는 국물 한 사발을 앞에 놓고, 적당히 간을 맞춘 뒤 고춧가루에 버무린 정구지를 듬뿍 넣고 크게 한 숟가락을 떠 넣는 순간, '아 부산에 왔구나' 하는 느낌을 갖게 하는 것. 그것이 바로 돼지국밥의 매력 아닐까. 배 속의 이정표처럼.

창녕 수구레국밥

각 지역의 국밥 중 특이한 국밥으로는 아직까지 '장터 국밥'의 향취를 간직하고 있는 창녕 수구레국밥이 있다. 사람들이 모여 사는 곳에 상가가 형성되는 것은 너무나 당연한 일이지만 그중에서도 전통 장터는 손님과 상인들의 직접 접촉이 빈번하게 일어나는 장소. 그래서 심리적으로나 공간적으로나 일차 집단의 느낌을 갖게 하는 곳(유현준 교수가 말한 '공간' 설명이다)이다.

경남 창녕은 아직도 5일장이 서는 지역인데 장이 서면 국밥집이 서는 것은 어느 동네나 마찬가지다. 창녕 시장은 우시장이 함께 서다 보니 소

▲ 경남 창녕 우시장에서 파는 수구레국밥

의 부속 재료들이 풍부했는데 그중에서도 가장 저렴한 부위, '수구레'로 국을 끓이는 문화가 발달했다. 수구레란 지역 방언으로 가죽과 살 사이에 있는 아교질의 성분을 말한다. 고기도 지방도 아닌 꼬들꼬들한 식감이 특징이다. 그리 넉넉하지는 않아 소 한 마리를 잡아도 2킬로그램이나 겨우 나올까 하는 양이다. 하지만 '정말 먹을 게 없으면 먹는' 부위에 속하기 때문에 가격은 매기기 힘들다. 시장 상인들이 버리다시피 하는 수구레를 모아 값싸게 한 끼 때울 수 있는 메뉴로 발전시킨 것이 바로 '수구레국밥'이다.

요즘 세상에는 꼭 수구레국밥이 아니라도 소고기 국밥을 먹는 게 그리 어렵지 않지만, 예전에는 '그렇게 해서라도' 소고기 냄새라도 맡고 싶었

양식의 양식

던 사람들이 먹던 음식이다. 우시장이 바로 옆이니 소고기를 먹을 수 있는 형편이 되는 사람들이면 굳이 수구레를 먹을 이유가 없다. 고기와 가죽은 용처에 따라 분리하고, 남아 버릴 부위인 수구레를 모아다 국을 끓이면 운 좋게 고기 냄새가 나는 국물과 '씹을거리'가 있었던 셈이다. 채 사장의 표현에 따르면 '식재료가 귀할 때일수록 발달하게 되어 있는 음식'인 국밥. 그렇게 허기를 때웠던 사람들의 음식이 지금까지도 살아남아 향토 음식이 되었다는 것도 묘한 재미를 느끼게 한다.

제주 몸국

마지막으로 소개하고 싶은 음식은 제주도의 몸국이다. 사실 몸국은 근현대 이전까지 돈 받고 파는 음식은 아니었다는 점에서 이번 〈양식의 양식〉 국밥 편에서 다룰 주제가 아니긴 했지만, 제주도라는 특이한 지역과 그 문화의 산물이라는 점에서 언급하고자 한다.

몸국은 돼지 뼈와 일부 내장을 푹 고아 만든 국물에 모자반을 넣고 같이 끓인 뒤, 먹기 전에 메밀가루를 풀어 걸쭉하고 향기로운 국물을 만든 것을 말한다. 사실 같은 제주도식 돼지 국물 중에서도 몸국은 그리 고급 음식이 아니다. 돼지갈비를 무와 함께 푹 곤 뒤 역시 메밀가루로 걸쭉하게 한 접짝뼈국이 우아하고 풍성한 고급 음식이라면 몸국은 뭔가 바닷

▲ 걸쭉한 국물이 일품인 제주 몸국. 살짝 배릿하지만 고소한 맛이다.

바람을 이고 살아가는 사람들의 음식이라는 느낌을 준다.

흔히 알려진 대로 제주도는 잔치를 한 번 하면 3일을 벌인다. '손님 좀 불렀다 하면 1,000명', '국 좀 끓였다 하면 가마솥으로 서너 개'를 말하는 규모다. 그래서 돼지도 한 마리로는 어림없고 네댓 마리를 잡아 손님 대접을 시작하면, 처음에는 수육이며 접짝뼈국 같은 고급 음식들이 나가다가 재료가 다 떨어져 가는 마지막 날 끓이는 것이 몸국이라는 설명이다. 이미 좋은 부위는 다 먹어 치웠고, 마지막 남은 재료가 총출동하는데 그 빈자리를 메우는 것이 몸, 바로 '모자반'이다. 물론 지금은 몸이라고 표기하지만 실제 발음은 '멈'도 아니고 '맘'도 아닌 '몸'. 제주도에 남아 있는 이 'ㆍ' 발음을 국문학자 정재찬 교수는 예리하게 짚어냈다.

양식의 양식

음력 1월 15일 하루에만 채취 가능하다는 차귀도 모자반을 듬뿍 넣어 끓인 몸국은 약간 배릿하면서도 고소하다. 정재찬 교수와 유현준 교수를 감동시킨 것은 몸국 하나를 끓이기 위해 하루 종일 부엌에 쭈그리고 앉아야 했던 제주도 어머니들의 정성. 고된 물질로 가족의 생계를 책임지던 해녀에서 부엌에 들어가면 어느새 주부의 역할까지 맡아야 했던 제주 아낙들의 삶에서 정재찬 교수는 '설문대할망' 설화를 떠올렸다.

제주도의 고대 창조신이자 모신母神인 설문대할망에게는 아들이 무려 500명이나 있었는데, 이 많은 장정들을 먹여 살리는 일은 신에게도 쉬운 일이 아니었다. 그래서 늘 아들들의 먹을거리를 대느라 피곤했던 할망은 어느 날 한라산 백록담에 솥을 걸고 국을 끓이다 깜빡 졸아 솥에 빠져 숨을 거뒀다. 하지만 나갔다 들어온 오백 아들들은 그 국에 어머니의 몸이 빠진 것도 모른 채 그 국을 나눠 먹었고, 국솥이 비어갈 때에서야 자신들이 어머니의 살을 먹었다는 사실을 알게 되었다. 슬피 울던 아들들은 모두 한라산 중턱에 바위가 되어 박혔다. 이것이 지금 남아 있는 '오백나한바위의 전설'이다. 이 이야기에 나오는 어머니의 몸과 방금 먹은 몸국의 '몸'을 연결하는 것은 어려운 일이 아니어서 식탁에 둘러앉은 사람들 모두 숙연한 분위기가 되었다. 한 솥 가득 국을 끓이는 사람의 정성과, 그 국을 나눠 먹는 사람들 사이의 교감을 깨닫게 한 것이 바로 몸국이었다.

빵이 주식인 유럽에도
국밥이 있을까?

스페인의 도시 하베아. '사비아Xabia'라고도 불리는 이 어촌 마을 근처에서 가장 큰 도시는 발렌시아Valencia로, 스페인 동남쪽 지중해 연안의 항구 도시다.

군이 하베아를 가기로 한 이유는 발렌시아 일대가 스페인에서도 유명한 쌀의 주산지이기 때문. 역사적으로 아랍계 이슬람 세력의 지배를 받은 탓에 스페인은 일찍부터 쌀Arros(아로스)이 도입되어 중요한 식량으로 취급되어 왔다. 흔히 사람들이 스페인 음식이라면 가장 먼저 떠올리는 파에야의 고향이 바로 발렌시아다.

파에야에는 다양한 변형이 있는데, 그중에서도 우리 제작진이 찾은 것은 '아로스 칼도소Arros Caldoso'라고 불리는, 국물이 흥건한 형태였다. 말하자면 가장 국밥과 가까운 형태의 쌀 음식을 보러 온 것이다. 그래서 그 작은 해변 마을, 하베아가 바로 아로스 칼도소의 발상지로 꼽히고 그중에서도 아로스 칼도소 데 마리스코marisco가 이 지역의 명물 먹을거리로

양식의 양식

▲ 쌀요리 문화와 어촌이 공존하는 도시 하베아

오늘날까지 명성을 이어오고 있다. 앞서 말한 대로 아로스는 쌀, 그리고 칼도소는 물기 혹은 국물을 말한다. 마리스코는 대개 '바다의', '해산물의' 라는 뜻. 그러니 굳이 우리 식으로 옮기면 아로스 칼도소 데 마리스코는 해물탕반 내지는 해물국밥으로 옮길 수도 있겠다.

일단 스페인이므로 백 대표는 타파스Tapas로 닭 선지 무침과 꼴뚜기 튀김을 주문했다. 둘 다 한국인의 입맛엔 그만이었다. 특히 여러 사람을 망설이게 했던 닭 선지 무침을 바게트에 얹어 먹는 맛이 일품이었다. 여기서 잠시 스페인 음식에 대한 상식 하나. 가끔 타파스가 음식의 종류라고 착각하는 사람들이 있는데, 정확하게 말하면 타파스는 주문하는 음식의 사이즈다. 우리가 한국의 중화요리집에서 탕수육을 시킬 때 대大짜와 중中짜가 있듯, 음식을 조금 맛볼 수 있도록 작은 사이즈로 주문하는 것이 타파스라고 생각하면 된다.

두 가지 음식을 타파스로 즐긴 뒤 마침내 메인 격인 아로스 칼도소 데 마리스코가 나왔다. 최소 20분 이상은 걸린 것 같다. 방송에서 백 대표도 말했지만, 스페인 사람들은 외국인들에게 주의사항으로 "파에야 종류를 주문했을 때 주방에서 5분 만에 조리되어 나오면 먹지 말고 그냥 나오라"고 한다. 한국의 볶음밥과 비슷하지만 파에야는 밥이 아니라 생

▲ 아로스 칼도소의 조리 과정. 재료를 끓인 육수에 쌀을 넣고 푹 끓인다.

▲ 스페인식 해물 국밥 아로스 칼도소 데 마리스코

쌀로 하는 요리다. 재료와 함께 끓인 쌀이 그렇게 빨리 붇지 않는다는 점을 생각하면 5분 만에 파에야가 조리되는 것은 불가능하다. 그래서 그 파에야는 미리 조리해둔 것이든, 인스턴트 제품이든 냉동실에서 나온 것일 가능성이 높다.

어쨌든 한참을 기다린 보람이 있게 뚜껑을 열자마자 백 대표의 얼굴에 미소가 흘렀다. "고춧가루도 마늘도 들어 있지 않지만 맛은 확실히 국밥"이라는 판정이다. 밥을 말았느냐, 쌀을 넣고 오래 끓였느냐의 차이가 있는데 결국 완성된 형태로서는 비슷한 음식이 나왔다.

아로스 칼도소와 국밥의 공통점은 사실 음식 재료와 맛만의 얘기는 아니다. 마침 식당 바로 옆에서 동네잔치가 열렸다. 파티장으로 급히 개조

된 창고 안쪽에서는 여자들의 수다 한판이 펼쳐졌고, 밖에서는 풍로 위에 큰 솥이 걸리고 즉석에서 아로스 칼도소를 요리하는 광경이 펼쳐졌다. 당장 아침에 잡아온 생선과 조개, 새우 종류가 바로 재료가 된다. 그 자리에서 뚝딱 재료를 손질해 넣고, 육수를 부어 끓이다가 쌀을 넣고 익혀 음식을 만드는 데 걸린 시간이 약 30분. 그 주변에서 와인을 마시며 역시 수다에 빠져 있던 아저씨들은 음식이 다 되었다는 말에 우묵한 그릇 하나씩 들고 테이블에 죽 정렬해 앉는다. 셰프(같은 어부다)는 사람마다 듬뿍듬뿍 김이 무럭무럭 나는 해물탕 국밥, 아로스 칼도소를 나눠 준다.

길고 긴 테이블에 동네 어부 아저씨들이 줄줄이 앉아 똑같은 들통에서 끓인 아로스 칼도소를 나눠 먹었다. 이 광경을 보고 누가 이 음식을 국밥이 아니라고 할까 싶었다. 옆에서 같이 지켜보던 백종원 대표가 답을 내렸다. "이거 국밥 맞습니다. 확실합니다."

따뜻한 한 그릇의 위로

　김훈의《칼의 노래》에는 긴 전쟁 사이, 잠시 평온한 시간을 틈타 이순신이 부하들과 함께 내륙으로 백성들의 삶을 살피러 간 장면이 나온다. 전란의 틈이지만 놀랍게도 장이 열리고 있었고, 거기서 사람들은 곡식이며 농기구, 각자 필요한 물건을 주고받으며 한 해를 대비하는 중이었다. 장이 열리면 밥을 먹어야 하는 법. 한 아낙은 국밥을 끓여 팔고 있었다. 잠깐 인용해보자.

> 말린 토란대와 고사리에 선지를 넣고 끓인 국이었다. 두부도 몇 점 떠 있었다. 거기에 조밥을 말았다. 백성의 국물은 깊고 따뜻했다. 그 국물은 사람의 몸에서 흘러나온 진액처럼 사람의 몸속으로 스몄다. 무짠지와 미나리무침이 반찬으로 나왔다. 좁쌀의 알들이 잇새에서 뭉개지면서 향기가 입안으로 퍼졌다. (중략) 국에 만 밥을 넘길 때 창자 속에서 먹이를 부르는 손짓을 나는 느꼈다. 나는 포식했다.[15]

"한국인에게 국밥이란 무엇인가?"라는 질문을 받는다면 답으로 보여주고 싶은 문장. 긴 전쟁으로 농토와 집, 성과 절이 무너져도 백성들은 삶에 희망을 버리지 않았음을 보여주는 대목이다. 그 전란 속에서도 누군가는 좁쌀을 추수했고, 누군가는 소를 키워 선지를 팔았고, 또 누군가는 두부를 띄웠다. 그 모든 것이 하나로 합쳐져 백성의 국밥이 되었고, 그것이 이순신에게는 어떻게 해서든 이 전쟁에서 버티고 살아남아 백성들의 삶을 제자리로 돌려놓고야 말겠다는 각오로 새겨진다.

시점은 그리 중요하지 않다. 있는 재료를 모두 끌어모아 커다란 솥이나 들통 가득 끓인 국물. 간장이나 된장으로 간을 하고, 얼마 안 되는 재료는 녹아 흐드러질 때까지 끓여 본래의 모습은 사라지고 없는 국. 그런 국에 옥수수밥이나 보리밥이라도 한 덩이씩 넣어 먹으면 그래도 위아래 없이 공평한 한 끼 식사가 된다. 찬밥이든 오래되어 굳은 밥이든 펄펄 끓는 국물에 말아 몇 번 누르면 꽤 먹을 만하게 된다. 그전에도 전란이 잦았지만 한국인의 20세기는 특히 가혹했다. 반찬이고 그릇이고 없이 후루룩 먹고 치울 수 있는 식사가 유난히 필요했을 환경. 손안에 따끈한 국밥 한 사발이 있으면 당장은 추위도 허기도 두렵지 않았다. 그 국밥 한 사발이 희망의 상징이던 시절은 기억 저편으로 사라졌지만 사실 따지고 보면 그리 오래전 일도 아니다.

물론 굶주림은 거의 사라졌지만, 굶주림의 흔적이었던 국밥은 여전히 한국인의 취향으로 남았다. 지금도 한국 사람들은 전 세계 방방곡곡에서 후루룩후루룩 국물과 밥을 목구멍으로 넘긴다. 그렇게 뜨뜻한 국물을 안주로 술을 들이켜고, 아침에 눈을 뜨면 전날 마신 술을 깨기 위해 뜨거운 국물을 후후 불어 마시면서 연신 탄성을 토해낸다. 그래서 모든 국밥에는 한국인이 살아온 흔적이 남아 있다. 물이 좋은 전주에서는 콩나물을 키워 건강한 음식을 만들었고, 부산 돼지국밥에는 피란민과 지역 사람들의 자부심이 담겼다. 창녕 수구레국밥에는 가난과 고기에 대한 애환이 깔려 있고, 제주도의 몸국에는 큰 잔치를 거뜬히 치러낸 아낙들의 자부심을 느낄 수 있다. 한국 밖으로 나가도 국밥은 국밥이었다. 바다를 이겨내고 돌아온 스페인 어부들이 한 솥 크게 끓여 나눠 먹는 아로스 칼도소는 결국 우리의 국밥과 다를 게 없었다.

영양가 있고 신선한 재료가 넉넉하게 들어가 국밥 맛은 우리 역사의 어떤 시절보다 훨씬 더 좋아졌다. 가난과 슬픔은 잊혀지는 게 더 좋지만, 국밥 한 사발을 나누며 눈을 마주치고, 앙상한 두 볼에 서로 웃음 지으며 바라보던, 그 시절의 온기까지 잊혀지지는 않았으면 하고 바랄 뿐이다.

6장

인류가 사랑하는 최고의 식재료이자 부와 권력의 상징인 소고기! 한국인은 오래전부터 소고기를 사랑했고, 한국인이 소고기를 먹어온 방식의 변화는 계급을 반영해온 역사와 일치한다. 이를 토대로 살펴보면 우리는 왜 시대의 변천에 따라 양념불고기를, 양념갈비를, 등심을, 생갈비를 먹게 되었는지 알 수 있다. 이 '불'과 '고기'의 조합은 앞으로 어떤 방향으로 우리를 이끌어갈까?

지킬 것이냐, 빼앗길 것이냐!
육식판 '왕좌의 게임'

불+고기

인간은 왜 불에 고기를 구워 먹기 시작했나

〈양식의 양식〉 불+고기 편 촬영을 위해 처음 만난 곳은 서울 홍익동의 유서 깊은 식육 전문점 유래회관. 다섯 명의 탐식가는 동그란 철판 위에 등심을 구우며 서로 인사를 나누고, 이런저런 안부와 이야기를 나누었다. 사실 똑같은 고기라도 누가 굽느냐에 따라 맛은 천차만별인 법. 그런데 당대 최고의 맛 고수 백종원 대표가 직접 구워 주는 고기를 먹고 있으니 누군들 흐뭇하지 않았을까. 고기 맛을 잘 모른다던 채사장도, 고지혈증이 있어 고기를 많이 먹으면 안 된다던 유현준 교수도 젓가락질을 멈출 줄 몰랐다.

그런 가운데서 최강창민이 "우리는 왜 구운 고기를 좋아하게 되었을까요?" 하고 묻자, 채사장은 이렇게 반문했다. "우리도 처음에는 다른 동물들처럼 죽은 동물의 고기를 그냥 먹었겠죠? 그럼 그다음 단계로, 우리가 고기를 먹을 때 도구로 다져서 연하게 만든 게 먼저였을까요, 불에 구워 먹은 게 먼저였을까요?"

다들 '다지는 게 먼저였을 것'이라고 추측했다. 연구 결과를 살펴보면 실제로도 그랬다. 모두의 예측대로 도구를 사용해 연하게 만들어 먹은 것은 약 200만 년 전, 불을 발견하고 구워 먹은 것은 약 50만 년 전의 일이다. 이렇게 놓고 보면 답은 절로 나온다. 원시 인류는 어떻게 하면 더 연하고, 더 소화가 쉽게 고기를 먹을 수 있을까를 놓고 다양한 방법을 시도했을 것이고, 그중 모험심이 뛰어난 누군가가 불에 고기를 구워 먹을 생각을 해본 결과, 오늘날 우리가 구운 고기를 즐기게 된 것으로 추측된다.

조금 더 거슬러 올라가면, 인류가 구운 고기를 먹게 된 계기는 '나무 위에서 나무 아래로 내려온 큰 결단'에서 비롯된 것이라는 연구 결과들이 있다. 인류의 먼 조상은 유인원들과 마찬가지로 나무 위에서 주로 생활했다. 거기서 내려오는 건 상당히 큰 용기를 필요로 하는 일이었다. 나무 아래에는 각종 육식동물의 위협이 기다리고 있었기 때문이다. 하지만 그 용감한 개체가 땅에 발을 디딘 순간 인류 자신 뿐만 아니라 지구상의 모든 동물에게 새로운 역사가 시작되었다.

그럼 인류의 조상은 왜 나무에서 땅으로 내려왔을까? 정확한 이유는 알 수 없다. 장항석은 저서 《판데믹 히스토리》에서 인류가 나무에서 내려온 것은 질병과 세균을 피해서였다는 흥미로운 가설을 제시했다.[16]

인류의 조상이 살던 열대우림 지역의 나무 위에는 진드기나 벼룩, 파리 등이 득시글거렸다. 오늘날에도 비슷한 환경에서 살고 있는 원숭이

양식의 양식

들은 다양한 기생충과 그들이 옮기는 세균성 질환에 시달리는 경우가 많다. 원시 인류 역시 비슷한 어려움을 겪었을 것이다. 반면 평지는 나무 위보다 건조하고 햇빛이 강해 쾌적한 환경이었고, 우연히 나무 아래로 내려와 본 인류의 조상은 웬만하면 다시 올라가고 싶지 않았을 것이라는 추론이다.

평지로 내려온 인류에게는 신세계가 펼쳐졌다. 나무 아래에는 나무 위보다 단백질이 풍부한 먹이와 원시 곡물류를 먹을 수 있었고, 더 많은 먹이를 위해 더 멀리 가려다 보니 하체가 튼튼해졌고, 튼튼해진 하체로 똑바로 서 보니 더 넓은 시야를 확보할 수 있게 되었다. 하지만 이렇게 좋은 환경인 평지는 나무 위에 비해 훨씬 위험한 공간이라는 약점이 있었다. 인류를 먹이로 삼으려는 포식자들도 즐비했기 때문이다. 이들로부터 달아날 속도도, 자신을 보호할 이빨도 없던 인류를 살아남게 한 것은 바로 불의 발명이었다.

인류학자 리처드 랭엄은 인류의 진화 과정에서 나타나는 치아 크기의 감소, 뇌와 신체 크기의 증가, 에너지 이용 효율의 증가, 짧아진 장 등의 현상은 모두 불로 익힌 음식을 먹을 수 있게 됨으로써 나타난 현상이라고 지적했다. 또 불은 밤에 육식동물의 접근을 막을 수 있는 고마운 존재이기도 했다.[17]

불을 갖게 된 인류는 더 이상 하루 종일 먹을 것을 구하러 다닐 필요가 없어졌다. 나무 열매를 따 먹고 애벌레를 주워 먹는 생활을 계속했다면 생존할 수 있는 영양분을 확보하기 위해 하루 종일 먹을 것을 구하러 다녀야 했을 것이다. 하지만 고칼로리의 고기를 구워 먹을 수 있게 되면서 시간을 절약할 수 있었고, 그 대신 남는 시간에 언어와 문명을 만들어가기 시작했다.

그중 어떤 이들은 더 좋은 사냥 도구를 만들어 효율을 발달시키기도 했지만, 또 어떤 이들은 힘들게 사냥하는 대신 소나 양, 돼지 같은 동물을 길들여 사육하면서 좀 더 안정적으로 고기를 얻는 방법을 연구했다. 물론 불을 이용해 익힌 고기를 어떻게 더 맛있게 먹을 수 있을까에 대한 궁리도 포함되어 있었고, 이는 지금까지도 쉼 없이 이어지고 있다.

▲ 불의 발견은 인류의 식생활에 지대한 영향을 끼쳤다.

일단 구워 먹을 때 효율을 가장 중시한다면 최고의 가축은 돼지다. 필요한 먹이의 양과 성장 속도, 얻을 수 있는 고기의 양 등을 우선한다면 소는 결코 돼지를 따를 수 없다. 그럼에도 불구하고 일반적인 경우 소는 돼지보다 좀 더 고급 고기로서의 자리를 지켜왔다. 이것은 특정 지역이나 특정 시대의 것은 아니고 인류 역사를 통틀어 전반적으로 그랬다고 추측된다. 일각에서는 '소가 돼지보다 맛있기 때문'이라고 주장하지만, 솔직히 맛이란 지극히 주관적인 기준이다. 그리고 돼지고기가 소고기보다 맛있다고 주장하는 사람들은 얼마든지 있다. 그렇다면 무엇이 소고기를 더 고급으로 대접받게 했을까?

가장 큰 이유는 두 가지다. 돼지는 춥고 척박한 지역에서도 잘 자라기 때문에 다양한 지역에서 키워졌고, 상당히 흔한 동물이다. 또 소에 비해 상대적으로 작기 때문에 자주 잡을 수 있고, 비교적 구하기 쉬운 식재료로 대접받을 수 있다. 반대로 소는 한 번 잡으면 적지 않은 인원이 다 같이 해치워야 한다는 부담이 있기 때문에 아무 날이나 도살할 수 없다. 그렇기 때문에 소를 식용으로 잡을 수 있다는 것은 그만치 경제적으로 여유 있는 계층임을 나타내기도 하다. 그중에서도 고급 부위, 등심이나 안심 등 가장 선호되는 부위를 먹을 수 있는 것은 그만한 권력과 지위가 뒷받침되고 있음을 보여준다 할 수 있다.

그리고 문화인류학자 마빈 해리스가 말했듯, 근대 이전까지 돼지는 비

위생적인 동물로 취급되어 왔다.[18] 돼지는 기본적으로 진흙탕과 같은 축축한 환경을 좋아하는 것으로 알려져 왔고, 이 때문에 더럽고 냄새나는, 기생충 감염의 가능성도 있는 동물로 여겨진 것이다. 근래에 와서야 돼지의 피부가 약하기 때문에 직사광선을 피하기 위해 진흙을 로션처럼 사용한다는 사실이 밝혀졌다.

소고기는 인도와 같은 힌두교 지역을 제외하고 넓은 지역에서 육식인의 로망으로 자리해왔다. 특히 불에 구운 소고기는 서구 각국에서 육식의 정점을 차지해왔는데, 한국인들은 바로 이 부분에서 아시아의 이웃 나라들과는 달리 소고기에 대해 매우 강렬한 욕망을 드러냈다. 정확한 이유는 알 수 없지만, 꽤 오래전부터 양고기나 돼지고기를 소고기에 비해 선호했던 중국, 그리고 종교적인 이유로 소든 돼지든 아예 육식을 기피했던 일본과는 달리 매우 일찍부터 소고기에 대한 열망이 뜨거웠던 것이다.

한국인의 유난한 소고기 사랑

한국 사람이 소를 좋아한 이야기는 정말 끝이 없기는 한데, 그게 언제부터 시작된 것인지, 어떤 변천사를 가지고 있는 것인지 추정할 자료는 턱없이 부족하다. 추정이나 상상을 제외하고 본격적인 자료를 가지고 이야기할 수 있는 것은 고려 말에서 조선 초로 넘어가는 14세기부터다.

고려 시대까지만 해도 국교가 불교였던 만큼, 귀족과 천민을 통틀어 육식은 그리 장려되는 식생활이 아니었다. 하지만 고려 말 들어 불교가 권위를 잃고 나자 소에 대한 욕망이 폭발했다. 당대 유학자이자 시인인 이규보는 〈소고기를 끊다斷牛肉〉라는 시를 지어 농사에 필요한 소를 보호해야 한다는 이야기를 했지만, 직접 쓴 이 시의 배경을 들어보면 '예전 젊었을 때는 마음으로는 소고기를 끊을 수 있어도 직접 보면 도저히 먹지 않고는 배길 수 없었는데 이제 나이 먹어 식욕을 참을 수 있기에 이 시를 쓴다'고 되어 있다. 어지간히 소고기에 대한 욕구가 컸던 것이다.

이런 분위기 탓인지 조선 시대로 넘어온 뒤, 역대 왕들은 적극적인 소

보호 정책을 폈다. 근본적인 쌀농사를 유지하기 위해서는 일정 수 이상의 소가 반드시 필요한데, 내버려두면 이 소에 환장한 백성들이 아예 소의 씨를 말릴 것 같았기 때문이다. 그래서 등장한 것이 우금령牛禁令이다. 소를 잡아먹는 것을 범죄로 규정하고 처벌하겠다는 정책이다.

《조선왕조실록》에는 총 22회의 우금령에 대한 기록이 있는데 이미 첫번째 왕인 태조 때부터 등장하기 시작했다. 이 시기에는 소를 잡아먹은 사실이 적발되면 곤장 50대를 맞았다. 물론 우금령이 늘 내려져 있었던 것은 아니고(그랬다면 이씨 왕조가 타도의 대상이 되었을지도 모른다), 소 전염병 등이 돌아 소의 개체 수 보호가 심각한 위협에 있다고 판단될 때 가동되는 일종의 비상조치였다. 수시로 우금령이 내려졌음에도 불구하고 조선 시대의 소 도살량은 결코 적지 않았던 것으로 보인다. 음식사학자 김동진은 영조 51년인 1775년 한 해 동안 도축된 소의 마릿수를 38만에서 39만으로 추정했다.[19]

▲ 우금령으로 인해 소고기에 대한 열망이 더욱 강해졌다.

이 계산은 21세기의 것이 아니라 당시 인천에 살던 이한운이라

양식의 양식

는 선비의 계산이다. 기본적으로 하루 1,000마리 정도가 도살되고 설, 단오, 추석, 동지 등 사명일四名日에는 약 2만~3만 마리가 도살되었다는 것이다. 이를 기준으로 하면 38만~39만 두가 나오고, 매년 이만큼을 먹어 치우면서도 조선 땅에 소의 씨가 마르지 않으려면 적어도 사육 두수는 90만~120만 두 이상이어야 했을 것이다.

이 숫자를 그대로 받아들여도 좋을까? 축산물안전관리시스템LPSMS 홈페이지의 통계를 따르면 2019년 한 해 동안 한국에서 도축된 소는 모두 88만 7,000여 마리에 이른다. 이한운이 계산한 1775년의 통계에 비해 두 배가 좀 넘는 수치다. 당시의 조선 인구를 약 700만으로 보면 현재 남한 인구(약 5,200만으로 추정)의 7분의 1에 미치지 못하는데, 이 수치를 따른다면 조선 시대 사람들이 현재 대한민국 국민들보다 더 많은 소고기를 소비했다는 이야기가 된다. 물론 소의 크기 같은 변수가 있겠지만 그대로 받아들이기는 어려운 숫자이다 보니, 학계에서도 이한운이 제시한 이 수치에 대해서는 다소 논란이 있다고 한다. 어쨌든 '하루 1,000두 도살'이라는 말을 해도 유언비어 유포로 처벌받지는 않았을 정도로, 소를 잡고 소고기를 먹는 것이 보편적인 시대였다.

이렇게 소를 사랑한 한국인이기 때문에 소 한 마리를 잡으면 머리끝부터 발끝까지 버리지 않고 다 먹어 치운다. 고기는 물론이고 내장도 욕망의 대상이었다. 소에게는 4개의 위가 있다. 한국인은 거기에 각각 양, 절창, 천엽, 막창이라는 이름을 붙였다. 양과 막창은 구이로, 절창과 천엽은 삶아서 국물을 내는 데 써야 제격이다. 문화인류학자 마거릿 미드 박사가 "한국인이 이름을 붙여서 먹는 고기의 부위 수는 120가지나 된다"고 한 것이 전혀 놀랍지 않은데, 이 부위의 종류는 요즘도 계속 늘어나고 있다.

이른바 부챗살, 새우살, 제비추리 등 '특수 부위'라는 이름의 고기들인데, 이 부위가 늘고 있다는 것은 바로 '허세'나 '구별'과 결코 무관하지 않다. 무슨 말인지 모르겠다면 조금 더 이야기를 들어보시라. 일단은 한국인의 소고기 사랑이 어떤 조리법을 이끌어냈는가에 대한 이야기를 좀 더 해야 한다.

소고기를 더 맛있게 먹기 위한
한국인의 노력, '불고기'

간장과 설탕, 마늘과 참기름으로 양념한 불고기는 한국인이 소고기를 소비하는 방법에서 한동안 최고의 자리를 지켰던 음식이다. 왜 그냥 먹어도 맛있는 소고기를 굳이 얇게 썰고 장으로 양념해서 구워 먹었을까? 백종원 대표는 "고기를 내기 위해 길러진 소가 아니라 기본적으로 논밭에서 일을 하기 위한 소였기 때문에 지금의 고기보다는 훨씬 질기고 냄새도 났을 것"이라고 추측한다.

1970년대 등장한 로스구이를 보더라도 이 추정은 타당해 보인다. 불고기에서 벗어나 양념하지 않은 고기를 구워 먹는 로스구이도 이때까지는 종이처럼 얇게 썬 형태였기 때문이다. 사실 이 로스구이는 로스트_{roast}, 즉 '굽다'에서 나온 말이었다. 이런 점에서 미뤄볼 때 간장과 기름으로 양념해 구워 먹는 방식은 그리 질이 좋지 않은 소고기를 맛있게 먹는 최선의 선택이었을 것이다. 이 점은 최남선의 《조선상식문답》에 나오는 '방자고기'라는 말을 봐도 알 수 있다. 방자고기란 아무 양념도 하지 않고

▲ 양념한 소고기 구이, 불고기는 오랜 시간 한국인의 미각을 지배해왔다.

소금만 뿌려 구워 먹는 고기를 말한다. 천민 신분인 방자가 갖은 양념을 마련할 재간이 있을 리 없다. 구워 먹을 만한 고기가 손에 들어왔다는 것만으로도 감지덕지였을 것 아닌가. 누가 봐도 소금구이에 비해 양념고기가 고급이던 시대가 있었다.

그렇다면 우리는 이 불고기를 언제부터 먹고 있었던 것일까? 당연히 반만년 역사를 자랑하는 만큼 불고기 역시 유구한 역사를 갖고 있을 것이라는 생각이 대부분일 텐데, 자세히 살펴보면 그리 쉽게 단정할 수 있는 문제는 아니다.

불고기의 역사를 논할 때 흔히 고구려 때의 맥적貊炙이 우리나라 불고기의 원조라고들 하는데, 알고 보면 근거가 없는 얘기다. JTBC 교양 프로그램인〈차이나는 클라스〉에서 고구려사를 강의한 적 있는 기경량 가톨릭대 교수에게 "맥적은 진짜 있었던 건가요?" 했다가 "아뇨, 그건 불고기도 아니고 고구려 음식이라는 보장도 없어요"라는 대답을 듣고 얼마나 허탈했던지.

많은 사람들이 철석같이 믿고 있는 맥적은 4세기 무렵 중국 동진의 간보라는 사람이 쓴 《수신기》라는 책에 나오는 음식이다. 그런데 수신기는 요리책이 아니다. 더구나 거기에 나와 있는 맥적에 대한 기록은 '羌煮貊炙, 翟之食也'이라는 여덟 글자가 전부다. 해석하면 "'강자'와 '맥적'은 적인翟人의 음식이다"라는 뜻이다. 그 적翟이라는 말이 고구려를 가리킨다는 보장도 없는 데다, 이 맥적이라는 음식이 간장에 양념을 했는지, 소금에 양념을 한 것인지 어떤 설명도 없다. 오늘날의 역사학계에서는 이 맥적이란 음식이 그리 심각한 고려의 대상이 되지 않은 지 오래다.

고서에서 양념해 구워 먹는 소고기를 찾다 보면 조선 후기 《규합총서》에 나오는 '설하멱雪下覓'을 발견할 수 있다. 그런데 사실 우리가 생각하는 불고기와는 많이 다르다. 《규합총서》에 나와 있는 레시피는 아주 간단하다.

> 1. 등심살을 넓고 길게 저며 전골 고기보다 훨씬 두껍게 하여 칼로
>   잔금을 내고 꼬치에 꿰고, 기름장(참기름과 간장)에 주무른다.

2. 숯불을 활활 피우고 위에 재를 얇게 덮은 뒤 석쇠에 굽는다.

3. 고기가 자글자글 익으면 냉수에 담갔다가 다시 굽기를 세 번 반복하고, 마지막에 기름장과 빻은 생강, 후추만을 뿌려 구워야 연하다.

꼬치구이인 데다 중간에 찬물에 담갔다 빼서 다시 굽는다는 조리법은 고개를 갸웃하게 한다. 고기의 표면 온도를 떨어뜨려서 겉만 익고 속은 안 익는 상태를 피하라는 것인데, 굳이 그걸 위해서 양념한 고기를 굽다 말고 물에 담가야 할까? 그렇게 하면 육즙과 양념이 씻겨 나가는 것이 불가피할 텐데 말이다. 어쨌든 오늘날의 불고기와는 꽤 거리가 있다.

그렇다면 불고기는 우리 민족의 전통 음식이 아니란 말인가. 아직 실망하기엔 이르다. 마침내 《시의전서》에 '너비아니'가 등장한다. 이 1919년판 《시의전서》의 원본이 만들어진 것은 19세기 후반으로 추정되니, 우리가 먹고 있는 불고기의 역사는 150년 정도라고 보면 될 듯하다. 그렇게 해서 1920년을 배경으로 하는 현진건의 〈운수 좋은 날〉에 '석쇠에서 뻐지짓 뻐지짓 익어가는 너비아니' 같은 문장이 등장할 정도로 보편적인 음식이 된다.

정리하자면, 간장이나 기타 양념을 이용해 소고기를 구워 먹는 풍습은 꽤 오래된 것으로 보인다. 이런 음식들을 불고기의 조상이라고 부르는 데는 누구도 이의가 없다. 하지만 오늘날 우리가 먹고 있는 불고기의 모양새를 갖추게 된 것은 19세기 정도로 봐야 한다는 얘기다.

이쯤에서 다시 한국인이 먹어온 소고기의 역사로 돌아가 보자. 20세기 초에는 술안주로 양념갈비구이가 등장하고, 1960년대 이후에는 로스구이라는 이름으로 얇게 썬 등심구이가 유행했다. 그러던 것이 1980년대로 들어서며 'OO가든'이라는 이름으로 기업형 갈빗집들이 유행하기 시작했고, 1988년 서울 올림픽을 거친 뒤 '꽃등심'이라는 새로운 용어가 등장했다. 본격적으로 양념 없이 생고기를 구워 먹는 방향으로 발전한다.

시대에 따라 유행하는 고기가 달라졌다는 것은 무엇을 의미할까? 바로 고기를 먹는 행위 자체가 맛도 맛이지만 누군가에게 자랑하기 위한, 일종의 '허세'를 담은 행동이라는 것과 깊은 연관이 있다. 이것이 〈양식

▲ 계급에 취향에 따라 변화해온 오늘날의 소고기 음식들

▲ 서울식 불고기를 맛보며 한국의 불고기를 이야기하는 출연진

의 양식〉 불+고기 편이 소고기를 바라보는 방식이다. 1939년 개업한 불고기의 명가 한일관에서 불고기를 구우며, 정재찬 교수는 이런 변화가 취향의 변화가 아니라 '구별 짓기'의 일환이라는 점을 짚어냈다.

불고기를 먹다가 갈비구이를 먹고, 갈비를 먹다가 다시 꽃등심을 먹고, 이제는 꽃등심으로 성이 차지 않아 미디엄레어로 스테이크를 먹는 과정이 바로 소고기의 섭취가 그저 맛이나 영양만을 위한 것이 아니라 과시와 허세임을 보여준다는 것이다. 어느 사회에서나 권력과 재력을 갖춘 자들은 항상 남들과 다른 소비를 원한다. 따라서 어느 순간 불고기가 '웬만한 사람은 다 먹는 음식'이 되면, 자신의 소비력을 과시하기 위해서라도 다른 형태의 고기를 먹으려 한다. 그리고 그 과정은 의도적이기보다는, 자신도 모르는 사이에 과시의 문화 속에 편입된다는 점에서 경제학적인 의미를 갖는다.

사실상 이 순간이 '불+고기' 편의 주제가 정해진 회차였다고 볼 수 있다. 정재찬 교수는 이어 말했다. "이런 과정은 한국 사람들 사이에서만 일어난 현상은 아닐 거예요."

그래서 우리는, 그 과정을 눈으로 확인하기 위해 해외로 나갔다. 소고기를 둘러싼 세계인의 욕망을 이해하기 위해, 그리고 최고의 소고기들을 먹어보기 위해.

욕망을 품은 소고기,
까다로운 뉴요커를 사로잡다

불+고기 편의 첫 해외 촬영지는 뉴욕에서도 각광받고 있는 한식 레스토랑 꽃Cote이었다. 젊은 한국인 사업가 사이먼 김이 오픈한 이 식당은 미슐랭 원스타를 받은 것은 물론, 뉴욕타임스와 저갯 서베이Zagat Survey 같은 유수의 미디어로부터도 극찬을 받았다. 이 식당의 특징은 한국식으로 테이블 가운데의 불판에 즉석에서 고기를 굽는 것은 물론, 달걀찜이나 된장찌개, 상추쌈 같은 한국식 사이드 메뉴를 마치 서울에 있는 것처럼 서빙한다는 점이다. 물론 코리아타운의 한식 고깃집들도 뉴욕의 미식가들에게 각광받은 지 오래지만, 고급 레스토랑의 인테리어를 갖추고 45일 동안 드라이에이징dry aging으로 숙성된 고급 고기를 파는 정통 스테이크하우스를 표방하면서 한국식 고기 굽기 방식을 보여준다는 게 손님들에게 먹혀 든 것이다.

특히 이런 방식은 '소고기=욕망, 허세'라는 우리의 주제와 딱 맞아떨어졌다. 이미 드라이에이징이나 웻에이징wet aging 등 고급스러운 고기의

양식의 양식

▲ 드라이에이징으로 속성되고 있는 소고기

▲ 한국식 직화구이 방식으로 구워지는 스테이크

끝을 맛본 뉴요커들에게 한국식의 낯선 직화구이 스타일은 충분히 '자랑거리'였던 셈이다.

물론 고기가 맛이 없었으면 성공했을 리가 만무했다. 방송상으로는 나이 지긋한 미국인 서버가 한국식으로 고기 자르는 방법에 익숙지 않아

서툰 모습을 보였는데, 사실 전문 서버가 아니었기 때문에 벌어진 해프 닝이었다. 낮 시간에 촬영을 진행하는 바람에 전문 서버들이 출근하지 않아 공교롭게도 수석 매니저인 톰 브라운 씨가 서빙하는 역할을 담당 했는데, 전문가가 아니다 보니 가위질이 서툴러 백종원 대표가 "이리 내, 가위" 한 뒤 프로페셔널의 솜씨로 갈비를 슥슥 절단하는 모습이 방송에 공개됐다. 전문 서버들이 출근한 저녁 시간이라면 있을 수 없었던 해프 닝이다.

양식의 양식

욕망의 또 다른 진화, 육질과 풍미

불+고기 편 촬영의 하이라이트는 뭐니 뭐니 해도 스페인 레온의 엘 카프리초El Capricho 방문이었다. 엘 카프리초는 세계의 수많은 미디어로부터 '세계 최고의 스테이크는 스페인의 광야에 있다'는 극찬을 받은 레스토랑이다. 넷플릭스를 통해 다큐멘터리〈스테이크 레볼루션Steak (R)evolution〉을 봤다면 엘 카프리초를 분명히 기억할 거다. 인심 좋게 생긴 오너 셰프 호세 고르돈은 엘 카프리초를 통해 세계적인 유명인사가 됐다.

〈스테이크 레볼루션〉은 전 세계를 누비며 현재 세계 탑10의 스테이크 하우스를 찾는다는 취지의 다큐멘터리. 이 프로그램의 제작진은 유서 깊은 뉴욕의 스테이크 전문 레스토랑 피터 루거Peter Luger를 찾아가 "축하합니다. 귀점은 스테이크 레볼루션이 선정한 세계 탑10 레스토랑에서 3위에 오르셨습니다"라고 말한다. 물론 피터 루거쯤 되면 자신들을 3위에 올려놓았다고 해서 "와! 우리가 3위라니! 영광입니다"라고 할 리는 없다.

"우리가 1위가 아니라 3위라고요? 어디가 1위죠?" 세계적으로 유명한 피터 루거가 3위인데 1위가 바로 엘 카프리초라는 사실을 알고 난 뒤, 피터 루거 측은 "대체 그게 어디 있는 거죠?"라는 반응을 보인다.

〈양식의 양식〉 제작진이 불+고기 편의 핵심 촬영지로 스페인을 선택한 데는 이 레온의 소가 절대적인 영향을 미쳤다. 사실 맛 좋은 소고기를 파는 곳은 전 세계에 널려 있다. 가까운 일본만 해도 와규和牛의 명성을 빛내는 고베나 마쓰자카 같은 소고기 명산지가 있다. 구운 소 요리로 따지자면 피렌체에서 먹을 수 있는 이탈리아판 티본 스테이크인 비스테카 알라 피오렌티노의 명성을 능가할 곳도 많지 않다. 세계 굴지의 소고기 수출국인 아르헨티나의 아사도 전문 레스토랑이나 브라질의 꼬치구이 스테이크인 슈하스코Churrasco도 화면에 담을 수 있었으면 좋았을 것이다. 하지만 프로그램의 분량과 예산은 한정되어 있었으므로 선택이 필수적이었고, 제작진은 거의 만장일치로 "레온으로 갑시다!"를 외쳤다. 아마도 백종원 대표가 이 프로그램에 출연하기로 마음을 먹는 데에도 엘 카프리초의 스테이크가 큰 역할을 했던 것 같다.

레온은 마드리드에서 6시간 정도 광야를 달려야 닿을 수 있는 벽촌이다. 중부 스페인은 초원과 사막으로 이뤄져 있다. 고속도로를 달리다 보면 간간이 메마른 바위산이 나타나기는 하지만, 관목과 잡초가 무성할 뿐 아무도 없는 황무지가 이어져 금세 싫증이 나는 지형이다.

한참 달린 끝에 레온에 도착했지만 거기서도 20분 정도 더 차를 달려야 호세 고르돈의 목장에 닿을 수 있었다. 고르돈은 직접 목장에서 수백 마리의 소를 길러 엘 카프리초에 납품하는데, 뿔끝이 날카롭고 체구가 우람한 것이 언뜻 보기에도 예사 소들이 아니다. 소 대부분이 어깨 높이 170~180센티미터 정도의 거구였고 이 농장에서 가장 큰 소(방송에도 등장했던 바로 그 소다)는 어깨 높이 190센티미터에 무게는 1톤이 넘었다.

성격은 그리 사납지 않아 보였지만 이 거대한 소는 상당히 낯가림이

▶ 한참을 달려 도착한 호세 고르돈 목장

▶ 목장에서 가장 우람한 소. 무게가 무려 1톤이 넘는다.

심해 처음 보는 사람들이 다가오는 것을 경계하는 기색이 역력했다. '귀찮게 굴지 마'라는 듯 가끔씩 푸르륵 소리를 내며 고개를 몇 번 휘저었는데, 한 번 머리를 흔들 때마다 보는 사람들은 간담이 서늘해졌다. 뿔 길이만 해도 한쪽이 석 자(약 90센티미터). 장검 길이는 충분히 될 크기. 그 날카로운 뿔끝으로 사람을 푹 찌르고 고개를 휙 휘저으면 어지간한 체구의 사람은 그대로 지푸라기 인형처럼 날아갈 것 같았다.

무서운 건 무서운 거고, 소를 찍으러 이 먼 곳까지 왔으니 촬영을 진행해야 했는데, 여간 어려운 일이 아니었다. 멀리서만 찍는다면 문제될 게 없겠지만 그렇게 찍어서는 대체 얼마나 큰 소인지 화면상으로는 가늠할 수가 없었기 때문이다. 시청자에게 소의 크기를 느끼게 하려면 소 옆에 비교할 만한 사물(예를 들면 사람)이 있어야 했지만, 거대하고 위협적인 소 옆에 가만히 서 있을 수 있는 사람은 아무도 없었다. 주인인 고르돈 조차도 "소 옆에 가서 좀 서 달라"는 요청을 듣자 웃으며 손을 설레설레 흔들었다(장난인 줄 알고 한 번 더 요청을 했더니 그때는 정색을 한다). 다행히 몸이 가벼운 민선기 PD가 프로그램을 위해 소 뒤쪽으로 살짝 접근했고, 간신히 소와 사람을 한 화면에 잡을 수 있었다.

고르돈 사장이 내놓는 스테이크의 가장 큰 특징은 바로 이런 나이 든 수소, 심지어 18년 묵은 소를 잡는다는 데 있다. 다큐멘터리 〈스테이크 레볼루션〉에서 고르돈의 레스토랑이 랭킹 1위라는 말을 들은 다른 레스토랑 대표는 "18년 된 소를 잡는다고? 광우병에서 걸려서 다 죽지 않나요?"라며 어이없다는 반응을 보인다. 하지만 목초를 먹고 자란 레온의 소들은 광우병 발병 이력이 전혀 없었다고 한다.

사실 촬영 때는 출연진이 16년 묵은 소를 만나는 장면도 카메라에 담았지만 이 장면은 편집 때 모두 빼버릴 수밖에 없었다. 소는 고르돈을 보고 반갑게 손을 핥았고, 출연진에게도 재롱을 떨었다. 아무리 소라도 16년을 한 주인이 기르다 보면 정이 드는 것도 당연한데, 이름까지 짓고 16년을 기르다가 도살해서 그 고기를 먹는다는 것은 누가 보더라도 잔혹하게 여겨졌기 때문이다. 어쩌면 3년 이내의 소만 도축하는 미국 방식이 이런 면에서는 좀 더 인간적인 게 아닐지.

엘 카프리초는 농장에서 다시 차로 20분 거리에 있었다. 구멍가게 하나 보이지 않는 정말 촌 동네. 식당 옆에는 동굴을 이용한 고기 저장고들 뿐이었다. 누가 봐도 벽촌인데 이 벽촌까지 전 세계에서 스테이크를 먹겠다는 일념으로 관광객들이 몰려오고 있다는 게 놀라울 뿐이었다. 이날 출연진은 일곱 살짜리 수소(말로만 듣던 18살짜리 고기는 아니었지만, 7년도 대단히 긴 사육 기간이다) 스테이크를 먹었는데, 기름진 풍미는 명불허전이었다. 물론 굽기 전에도 고기를 보았지만, 이 고기에는 마블링이 거의 없었다.

레온의 고기는 역시 '고기의 맛과 마블링 사이에는 별 상관관계가 없

▲ 엘 카프리초에서 스테이크가 조리되는 과정

양식의 양식

다'는 이야기를 확인시켜줬다. 〈양식의 양식〉 제작팀은 일차적으로 미국에서 초지 사육을 한 소고기(마블링이 적다)와 곡물을 주로 먹인 소고기(마블링이 본격적으로 발달해 있다)를 이용해 같은 장소에서 스테이크를 만들어 비교했는데, 당초의 예상과는 달리 참석자들은 모두 풀을 먹고 자란 고기에 더 높은 점수를 줬다. 마블링 많은 고기가 더 연한 것은 분명했지만 초지 사육을 한 고기에서 더 깊은 풍미를 느낄 수 있었다는 반응이었다. 촬영이 끝난 뒤 고기를 먹어본 제작진도 같은 반응이었다.

왜 식음료 전문가들이 한결같이 근내 지방도(마블링)가 가장 중요한 조건이던 한국의 소고기 등급제를 비판했는지 단번에 이해할 수 있었다. 한국에서도 2019년 12월, 1++ 등급의 소고기를 판정하는 데 있어 근내 지방도의 기준을 17퍼센트에서 15.6퍼센트로 내리고 조직감, 육색 등 다른 조건들을 강화하는 개편이 있었지만 전문가들은 여전히 개정된 기준도 높다는 반응을 보이고 있다.

지구 반 바퀴를 날아가 만난 레온의 소고기는 여러 면에서 신선한 충격이었다. 고기 맛도 고기 맛이었지만, "맛있는 소고기를 얻기 위해 새끼소 때부터 돌보는 정성이 반드시 필요하다", "나처럼 소를 이해하려면 30년도 부족하다"고 자신 있게 말하는 고르돈의 말솜씨가 더욱 고기를 맛있게 하는 것 같았다. 이에 대해 백종원 대표는 "결국 식당 사업에서는 맛 못지않게 스토리텔링이 중요하다"는 의미심장한 해석을 남겼다.

프랑스의 육회, '타르타르 스테이크'

고기 맛을 내기 위한 시도는 숙성, 즉 에이징의 대결로 넘어간다. 에이징 가운데서도 가장 고급 방식이라고 할 수 있는 드라이에이징 기술은 필연적으로 고기 양의 축소를 가져온다. 사실상 냉동에 가깝게 건조시키는 과정에서 표피 부위의 고기가 먹을 수 없는 상태로 변하면서 그 안의 육질을 끌어올리기 때문이다. 맛을 상승시키면서 양을 줄여주니 가격 면에서는 이중의 인상 요인이 있고, 그러다 보니 '구별 짓기'를 원하는 소비자들에게는 더없이 좋은 선택이 된다.

물론 에이징 기술 역시 최신 유행은 아니다. 그러다 보니 뉴욕의 맨해튼 한복판에서 한국식 소고기 문화가 인기를 끌기도 하고, 갖가지 소고기 요리가 넘쳐나는 프랑스에서 사람들은 날고기를 찾기도 한다. 그것이 바로 '타르타르 스테이크steak tartare'다.

타르타르 스테이크의 정수를 찾기 위해 파리의 유서 깊은 레스토랑 라 쿠폴La Coupole을 찾았다. 1927년 파리 몽파르나스에서 개업, 20세기 전반

▶ 프랑스 파리에 위치한 레스토
랑 라 쿠폴의 외관

부터 피카소, 샤갈, 헤밍웨이 등 세계적인 예술가들이 즐겨 찾았다는 명
소이기도 하다. 쿠폴은 프랑스어로 '돔Dome'을 의미하는데, 현재는 돔의
느낌이 남아 있지 않다. 이 식당은 프랑스를 대표하는 소의 품종인 '샤
롤레Charolais 소'의 고기로 만든 타르타르 스테이크를 먹을 수 있는 곳으
로도 유명하다.

타르타르 스테이크. 그대로 해석하면 '몽골인의 스테이크'라는 뜻이
다. 흔히 '타타르인'이라고 하면 러시아의 소수민족 중 하나인 타타르족
을 가리키는 좁은 의미로 이해할 수도 있지만, 러시아나 동유럽에서 아
예 몽골족 전체를 가리키는 이름으로 사용되기도 한다.

서기 1235년, 징기스칸의 손자인 바투는 대초원을 가로질러 러시아와
우크라이나, 헝가리 지역을 휩쓸고 서유럽 국가들까지도 공포에 떨게
했다. 유럽 기사들은 처음엔 체구도 크지 않은 몽골 전사를 향해 '바늘

▲ 불 없이 만든 소고기 요리 타르타르 스테이크

같은 창과 강아지 같은 말을 탔다'고 조롱했지만, 이내 이들의 우수한 전투기술과 잔혹성 앞에 잇달아 무릎을 꿇었다. 그리고 러시아인들은 머리를 길게 땋고 200여 년간 바투가 세운 킵차크 한국의 지배를 받게 된다. 만약 1241년, 몽골 제국의 2대 황제 오고타이의 부고를 들은 바투가 말머리를 돌리지 않았다면 지금의 독일, 오스트리아, 프랑스도 몽골의 말발굽 아래 놓였을지 모른다.

이런 역사가 있으니 몽골식의 문화가 자취를 남기지 않았다면 이상할 정도다. 그중에서도 많은 사람들이 피로시치(러시아식 만두)와 타르타르 스테이크를 몽골의 침략이 남긴 유산으로 꼽는다. 타르타르 스테이크의 유래에 대해서는 몽골인들이 말안장 아래 생말고기를 넣고 한참을 달린 뒤, 체중과 말 위의 진동 때문에 연하게 다져진 고기를 식용으로 사용한 데서 비롯된 것이라는 이야기가 전해진다. 위생적인 이야기는 아니지만 꽤 그럴듯하다.

오늘날의 타르타르 스테이크는 단순히 짓이긴 고기가 아니라 다진 소고기를 양파와 마늘, 올리브유와 갖은 향신료로 버무려 먹는 음식이다. 당연히 한국식 육회와 비교되는데, 일단 한국식 육회는 날고기를 길게 썰고 타르타르 스테이크는 그보다는 훨씬 잘게 다진다는 점에서 좀 차이가 있을 뿐, 전체적으로 유사한 풍미를 낸다. 둘 다 달걀노른자에 비빈다는 점도 비슷하다.

맛은 그렇다 치고 왜 프랑스인들은 아직도 타르타르 스테이크를 별미

▲ 타르타르 스테이크

▲ 한국식 육회

로 먹고 있을까. 단순히 미각의 문제만은 아니다. 일본 문화가 전해지기 전까지 생선을 날로 먹는 것은 매우 끔찍한 일로 여겼던 프랑스인들이 소고기만큼은 날로 먹는 문화를 간직하고 있다는 사실은, 또 다른 의미가 있음을 추측하게 한다. 즉 '너희는 어찌 됐건 소고기를 익혀 먹는 것으로만 소비하지만, 나는 날로도 먹는다'는 우월감을 무시할 수 없을 것이라는 얘기다. 백종원 대표는 말했다. "소고기를 날로 먹으면 '나 고기 좀 알아요' 하는 우쭐한 기분이 들거든요." 그러다 보니 날것으로까지 먹게 된 것이 아닐까. 그렇다면 육회 정도는 흔한 음식인 한국에서는 또 어떤 새로운 방법으로 소고기를 먹게 될까.

소고기에 대한
인간의 욕망은 영원하다

　전 세계의 소고기를 먹느라 분주했던 출연진들은 한동안 지나친 육식에 질렸다며 고기 기피 증세를 보였지만 그리 오래가지는 않았다. 뉴욕에서 "제발 열무김치를 준비해달라"고 애원하던 정재찬 교수와 유현준 교수는 제주도에서의 마지막 촬영 때 제주 흑우의 색다른 맛에 감탄했다. '소고기에 대한 욕망은 영원하다'는 마지막 코멘트는 이런 배경에서 나왔다.

　소고기를 먹는 것은 허세와 자랑의 의미이기 때문에, 가장 인기 있는 부위나 먹는 방법이 계속 달라지는 것은 철저하게 희소성과 새로움에 의해 결정된다는 결론은 지금 생각해봐도 고개를 끄덕일 수밖에 없다. 지금 서울에서는 등심도, 꽃등심도, 채끝등심도 아닌 '새우살'이 새로운 트렌드로 눈길을 끌고 있다. 마장동 냉동 창고에서 발굴하는 장면에 등장했듯 새우살은 등심의 한 부분일 뿐, 등심의 다른 부위와 아무 구별 없이 팔렸던 부위다. 맛이든 질감이든 기존의 등심과 다를 게 없지만 모습

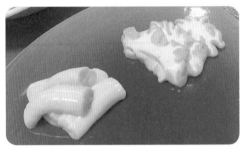

◀ 제주도 흑우의 척수(좌)와
　뇌 부위(우)

◀ 마장동 냉동창고에서
　소고기 부위들을 발골한 장면

이 새우와 비슷하다는 이유로 프리미엄 고기인 것처럼 팔리고 있다.

　제주도 흑우를 먹으러 간 '입 짧은' 유현준 교수를 가로막은 것은 날로 먹는 뇌와 척수였다. 도축한 당일에만 먹을 수 있다는 희귀한 부위. 그 때문에 소를 잡기 며칠 전부터 예약자가 늘어선다는 맛이다. 이렇게 소고기를 먹는 데 있어 구별 짓기는 계속된다. 새로운 재료와 먹는 방법을 차별화해 '나는 너희가 먹지 못하는 것을 먹어'라는 허세를 마음껏 부릴 수 있도록. 백종원 대표 역시 "다른 부위, 새로운 부위를 먹어 가면서 '나

양식의 양식

▲ 마장동 냉동창고에서 소고기 발골에 참여하는 출연진

는 소고기를 잘 알아'라는 자부심을 드러내는 것"이라는 말로 소고기에 대한 욕망을 해석했다. 따라서 같은 소에서도 새로운 부위와 새로운 조리법을 통해 새로운 욕망을 만들어내려는 시도는 끝없이 이어질 것이다. 다음에는 또 어떤 부위가 유행을 타고 새로운 이름으로 등장하게 될까.

7장

한국인은 누구나 중국 요리라고 알고 있는데 정작 중국인은 모르는 중
국 요리, 짜장면은 어떻게 한국 사람들의 소울푸드가 되었을까? 중국에
서 건너와 화교의 손을 거쳐 오늘날 한국인이 가장 사랑하는 음식 중 하
나로 자리 잡은 짜장면. 그사이에는 우리나라 화교의 정착사와 경제사,
문화사가 녹아 있다. 민족과 세대가 얽히고, 문화와 역사가 교차하는 한
국식 중화요리의 뿌리와 오늘, 내일을 이야기해본다.

한국인의 '소울푸드'가 된
산둥반도 입양아

짜장면

중국 사람들은 모르는
중국 음식?

　한국인에게 "당신이 아는 중국 음식 두 가지를 대보라" 하고 물으면 대부분이 그중 한 번은 '짜장면'을 꼽을 것이다. 짜장면이 어떤 음식인지 모른다거나, 일 년 동안 짜장면을 한 번도 먹지 않은 사람을 찾기도 그리 쉽지 않을 것이다. 해외에 살고 있거나, 특수한 격리 환경에서 살고 있는 사람이 아니라면 말이다.

　반면 정작 한국인들이 '짜장면의 원조 국가'라고 생각하는 중국 사람들은 이 한국식 짜장면을 낯선 음식으로 받아들인다. 요즘 유튜브를 보면 한국을 방문한 중국인들에게 한국식 짜장면을 처음 맛보게 하고 어떤 반응을 보이는지 촬영한 영상들을 쉽게 찾아볼 수 있다. 중국인들은 짜장면을 맛본 뒤 "이 음식들이 한국에서 가장 유명한 중국 음식이라는 걸 알고 계셨나요?"라는 질문을 받으면 굉장히 놀란 표정을 짓는다. 그들이 평생 먹어본 적이 없는 음식이기 때문이다.

　중국에는 정말 짜장면이 없을까? 답은 '있다'다. 한국에서 조금 격식이

▲ 중국식 짜장면

▲ 한국식 짜장면

있는 중화요리 전문점을 찾으면 메뉴판의 짜장면 옆에 '작장면炸醬麵'이라는 한자가 적혀 있는 것을 볼 수 있다. 이 작장면이 바로 짜장면이다. 발음도 비슷해서 '자장몐'이라고 읽는다. 하지만 맛은 전혀 다르다. 중국 자장몐을 먹어본 적이 없는 스태프에게 백종원 대표는 웃으며 말했다. "맛있어요. 그런데 다른 음식이야. 다른 음식이라는 걸 염두에 두고 먹으면 돼요."

작장면이라는 한자 이름에서 '작장炸醬'은 장을 볶았다는 뜻이고, '면麵'은 일반적으로 국수를 말한다. 즉, 볶은 장을 얹어 먹는 국수라는 뜻이다. 통상 우리가 먹는 짜장면을 생각하면 여기까지는 차이가 없다.

하지만 그다음부터는 차이가 적지 않다. 일단 국수에 비비는 장이 육안으로 보기에도 다르다. 한국의 짜장면은 국수에 비비는 데 최적화된, 즉 수분이 풍부한 소스의 형태로 국수 위에 얹어진다. 반면 중국의 자장

양식의 양식

▲ 채소를 넣고 비벼 먹는 중국식 짜장면

▲ 소스 안에 모든 양념이 든 한국식 짜장면

멘에 곁들여 나오는 짜장은 물기가 적고 절대적으로 양이 적다(대신 맛은 짜다). 국수에 비비려고 해봐도 잘 비벼지지 않는다. 그래서 따로 녹말 푼 물을 조금 부어 질척하게 만들기도 한다.

구성도 다르다. 한국 짜장면은 양파와 고기를 중심으로 몇 가지 채소 가 짜장 소스 안에 같이 들어 있다. 별도로 가끔 채 썬 오이를 얹어 먹기 도 하고, 달걀프라이를 같이 먹기도 하지만 대개는 짜장 소스 안에 모든 양념이 들어 있다. 그러고는 단무지나 양파, 김치, 자차이 등을 반찬으로 같이 먹는다. 하지만 중국식 자장몐은 고기와 장만을 같이 볶은 소스에 완두콩, 오이, 숙주나물, 당근 등 여러 가지 채소를 넣어 같이 비빈다. 당 연히 반찬은 없다.

다음엔 국수. 한국의 짜장면 집들이 대부분 공장면을 사용하고 수타면 집들이 귀한 반면, 중국의 국숫집들은 면을 직접 뽑는다. 여기서 백종원 대표의 설명을 덧붙이자면, 짜장면이든 무슨 면이든 중국인들에게 국수는 밥 이상의 의미를 갖는다고 한다. 면을 맛있게 먹기 위해 반찬처럼 짜장 같은 보조 재료가 들어가기 때문에, 면에 들어가는 공력이 매우 깊을 수밖에 없다는 것이다. 뽑는 면의 종류만 해도 수백 가지다. 중국식으로는 '라멘拉麵'이라고 불리는 수타면일 수도 있고, '수간면手擀麵'(칼국수처럼 반죽을 넓게 편 뒤 돌돌 말아 칼로 자른 면)일 수도 있다.

맛의 기본이 되는 짜장 소스의 맛도 확연히 다르다. '춘장春醬'이라 불리는 한국식 짜장의 핵심 원료는 중국식 장에 다량의 캐러멜이 들어가 색깔도 훨씬 검고 맛도 진하다. 여기에 볶는 과정에서 다량의 설탕을 넣기 때문에 짠맛과 함께 달콤한 맛이 난다. 반면 중국에는 우리가 말하는 춘장이라는 장이 없고, 산둥성에서 흔히 먹는 '황장黃醬'을 볶아 사용한다. 설탕은 거의 쓰지 않기 때문에 단맛은 없고 그냥 짜다. 색은 흐리지만 한국식 짜장의 색을 낼 정도로 장을 넣으면 삼킬 수 없을 정도로 짜다.

가장 큰 차이는 짜장면이라는 음식이 한국인에게는 대단히 친숙한 음식인 반면, 중국인들 사이에서 자장몐은 그리 많이 먹는 음식이 아니라는 점이다. 먹기는 먹되 한국에서의 짜장면처럼 국민 음식(?)의 위치는 아니다. 중국에는 각 지역마다 수백 가지, 전역으로 따지면 수천 가지의 국수 요리가 있고 자장몐은 그중 하나에 불과하다. 그나마 한국에서 가까운 베이징이나 산둥성 지역에는 자장몐을 파는 집을 어렵지 않게 찾을

▲ 산둥식 황장을 볶은 장

수 있지만, 그 밖의 지역에서는 매우 생소한 음식일 수도 있다. 그래서 촬영을 위해 찾아간 산둥성 칭다오의 한 국숫집 메뉴에서 한자로 쓰여 있는 '炸醬麵'을 발견했을 때는 고향 친구를 만난 듯 반가웠다.

그렇다면 이런 유서 깊은 짜장면은 어떻게 해서 한국에 입양된 것일까? 且看下文分解('다음 글을 보시면 알 수 있으니 얼른 보시라'. 중국 고대 소설에서 한 장이 끝나고 다음 장으로 넘어갈 때 흔히 쓰이던 관용구다).

짜장면이 시작된 곳, 차이나타운

한국 축구의 역사는 1882년 인천에 정박했던 영국 군함의 수병들이 구경 나온 동네 어린이들에게 공놀이를 전수하면서 시작되었다고 한다. 이게 사실이라면 중국이나 일본보다도 빠르다. 이 1882년은 바로 임오년. 국사 교과서에 나오는 임오군란이 있던 해인데, 공교롭게도 우리의 주제인 짜장면도 이 해에 인천을 통해 들어온다. 그러니 한국 짜장면과 한국 축구는 동갑이다.

고종은 1881년 근대화 작업의 일환으로 일본 교관을 초빙해 신식 군대인 별기군(교련병대)을 창설한다. 그 뒤로 상부의 관심이며 보급이며 모두 신식 군대에게 쏠렸고, 구식 군대인 장어영 병사들은 찬밥 신세가 될 수밖에 없었다. 당연히 불만이 쌓여갔다. 결국 이듬해인 1882년 6월 9일, 밀린 급여를 제대로 받지 못한 장어영 병사들은 반란을 일으켜 일본군 교관을 살해하고, 흥선대원군을 찾아가 사태를 해결해줄 것을 요구했다. 이것이 바로 임오군란이다.

당시 흥선대원군은 민비의 친정 식구들인 민씨 일파에 밀려 정치 일선에서 밀려나 있던 상황. 대원군은 이를 빌미로 다시 권력을 잡아 입궁 즉시 민씨 일파를 축출했다. 하지만 민씨 일파는 급히 청나라에 도움을 청했고, 결국 원세개袁世凱가 이끄는 청나라 군대가 인천으로 입항하면서 사태는 곧바로 역전됐다. 이번엔 대원군이 톈진으로 납치되는 처지가 되고 만다. 청나라 조정은 조선과의 관계에 있어 대원군보다는 민씨들이 자신들의 파트너로 더 적절하다는 판단을 내린 것이다.

이때 청나라 군대를 따라 보급을 맡을 상인과 노동자들이 대거 인천으로 들어왔다. 군대의 보급과 시설물 구축 등을 위해서는 민간 노동력이 필요했기 때문인데, 흔히 '쿨리苦力'라 불린 이 노동자들은 대부분 한국과 가장 가까운 산둥성 출신이었다. 현재의 산둥성은 중국에서도 문물이 발달한 선진 산업 지역이지만, 당시만 해도 가난에 시달리던 인구 과밀 지역이라 일자리를 찾아 고향을 떠나는 사람이 많았다.

중국에서 산둥 사람의 전통적인 이미지는 훌쩍 큰 키에 한 손에는 장醬이 담긴 그릇을, 다른 한 손에는 대파를 들고 파에 장을 찍어서 우적우적 먹고 있는 모습이라고 한다. 파와 장. 이 두 가지가 산둥 사람의 전통적인 식생활을 대변해주는 요소였던 것이다.

대파는 산둥성의 대표적인 농산물이다. 심지어 산둥성의 장구章丘 지역에서 나는 대파는 '장구대총章丘大葱'이라고 해서 다 자라면 무려 2미터가

▲ 인천으로 건너온 산둥성 출신의 노동자들

넘는 명물로 유명하다. 콩과 밀가루로 만든 산둥식 된장은 본래의 이름이 '황장黃醬'이나 '흑장黑醬'인데, 주로 파蔥를 찍어 먹는 데 쓰는 장이라고 해서 '총장蔥醬'이라고 불렀다. 한국에서 짜장면의 가장 중요한 원료로 쓰이는 춘장春醬 역시 바로 이 총장의 발음이 살짝 바뀌어 전해진 것이라는 설이 유력하다.

파와 장은 산둥 사람의 주식인 밀가루로 만든 만터우饅頭나 국수를 먹을 때 곁들여 먹는 반찬 역할을 한다. 만터우는 한자로 '만두饅頭'. 한국 사람들도 좋아하는 바로 그 만두지만 오늘날 중국에서는 속에 아무것도 들지 않은 크고 흰 찐빵 모양의 빵을 의미한다. 바로 이 만터우를 장에 찍은 파에 곁들여 먹거나, 국수를 뽑아 기름에 볶은 장에 비벼 먹거나 하

양식의 양식

는 것이 산둥에서는 간단히 한 끼를 때우는 방식이었다. 한국으로 치면 보리밥과 무짠지 정도랄까. 즉 밀가루, 파, 장은 산둥식 식생활의 가장 기본적인 요소였다.

그렇게 먹던 사람들이 인천에 들어왔다고 해서 하루아침에 식성이 바뀔 리 없다. 배를 타고 오면서도 밀가루 푸대와 장 단지는 들고 왔을 터. 일꾼들이고 병사들이고 하루 한 끼는 고향 음식을 먹어야 했으므로, 간편하게 기름에 장을 볶아서 국수에 비벼 먹는 모습이 인천 여기저기서 눈에 띄게 되었다. 이걸 구경 나온 동네 젊은이들이 따라 먹어보게 되었고, 중국에서 이주한 인구도 많아지자 짜장면을 전문적으로 파는 가게가 등장하기 시작했을 것이다. 그러면서 한국 사람들의 입맛에 맞게 조금씩 재료와 조리법, 맛이 변해왔을 것으로 추정된다. 그렇게 약 140년 동안 지속적으로 변해온 것이 오늘날 한식이 된 짜장면의 역사요, 인천 차이나타운의 간추린 역사다. 겉으로는 잘 드러나지 않지만 그 역사는 철저하게 화교들의 희생 위에 구축된 것이었다.

6·25 이후에도 역대 정권은 철저하게 화교들을 차별했고, 이들의 재산권을 제한했다. 심지어 화폐 개혁까지 실시해 화교들이 갖고 있던 현금 자산을 빼앗으려 하기도 했다. 화교 2세, 3세들은 진학, 취업, 부동산 매매에서 차별 대우를 당했다. 원로 셰프들은 지금도 "그땐 배달통밖에 들 게 없었다"며 쓸쓸하게 자신들의 젊은 날을 회상한다.

▲ 중국집에서 짜장면을 먹는 모습

 그런 아픔을 안은 화교 요리인들은 짜장면이라는 창을 통해 혁신을 거듭했다. 초기의 짜장면은 중국에서 먹던 맛 그대로였겠지만, 초기 요리인들은 더 많은 고객 확보를 위해 한국인의 입맛에 맞는 음식을 만들기 위해 노력했고, 수많은 재료들이 시험대에 올랐다.

 주재료인 춘장은 점점 달콤해졌고, 대파 대신 서서히 양파가 핵심 재료의 자리를 차지하게 되었다. 대파보다 더 단맛을 강조할 수 있다는 이점이 있었기 때문이다. 그런 양파도 유행에 따라 큼직썰기에서 다져넣기 사이를 반복해서 오가고 있다. 감자도, 호박도 유행에 따라 재료에 포함되었다 빠지기를 반복한다. 양배추가 얼마나 들어갔는가는 그 짜장면의 원가를 대변해준다. 어떤 때는 뜬금없이 '옛날 짜장'이란 이름으로

▶ 중국식 춘장보다 달콤한
  한국식 춘장

▶ 100년간 화교인들의 다양한
  시도를 거쳐 만들어진 오늘날
  짜장면

멀겋고 갈색빛 도는 짜장면이 유행하는가 하면 최근에는 짜장 색이 한없이 어두워지는 추세다.

  장르별로 보자면 짜장면의 변형으로는 간짜장, 삼선짜장, 유니짜장, 사천짜장 등이 있다. 간짜장의 간은 한자 '干'으로 쓰는데 정확하게는 '乾', 즉 마른 짜장이라는 뜻이다. 짜장을 볶되 전분과 물을 덜 넣은, 중국에서 넘어올 때의 원형에 조금 더 가까운 짜장이다. 사실 한국식 짜장면의 짜장이 중국 짜장보다 훨씬 물기가 많고 걸쭉해진 것은 양을 불리기 위한 목적이 가장 컸다고 하는데, 지금은 오히려 가장 큰 차이가 되었다.

삼선짜장은 '三鮮'이라는 이름대로 세 가지 해산물이 들어 있어 프리미엄 대접을 받는다. 그 세 가지 해산물이 무엇인지는 주방장 마음이다. 통상 오징어와 새우가 포함되는데, 아무리 삼선짜장을 시켜놓고 뒤적여봐도 해산물이라고는 오징어와 새우밖에 나오지 않는 이선짜장인 경우도 적지 않다. 유니짜장은 고기를 갈아 넣었다는 뜻의 '육니肉泥'의 중국식 발음. 간혹 유니짜장이 기본 짜장면인 업소들도 꽤 있다.

마지막으로 사천짜장. 가격이 4,000원이라는 뜻은 당연히 아니고 여기서 '사천'은 중국 쓰촨四川 지방을 말한다. 중국의 각 지방 음식 가운데 쓰촨 요리, 줄여서 촨차이川菜가 매운맛으로 유명하다는 것은 널리 알려진 상식이다. 그 때문에 한국에서는 고추기름을 많이 쓴 음식에는 습관적으로 이름에 '사천'을 붙이곤 한다.

하지만 '매운 중국 음식=쓰촨 요리'라는 것은 한국인들의 편견이기도 하다. '샹차이湘菜'라고 불리는 후난湖南 요리나, '쳰차이黔菜'라고 불리는 구이저우貴州(중국 백주의 최고봉으로 꼽히는 마오타이주의 본고향으로 유명하다) 요리는 쓰촨 요리보다 더 맵다고 정평이 나 있다. 중국에는 '쓰촨 사람은 음식이 매울까 봐 두려워하지 않고, 후난 사람은 매운맛을 보고도 두려워하지 않으며, 구이저우 사람은 맵지 않을까 봐 두려워한다四川人不怕辣, 湖南人辣不怕, 貴州人怕不辣'는 말이 있다. 이 주장에 따르면 쓰촨 음식은 매운맛에서는 중국 내에서 3위권에 든다.

단지 매운맛이 난다는 이유로 '사천'을 붙이는 한국식 발상 때문에 탕수육의 류溜(탕수육의 달콤한 소스)에서 살짝 매콤한 맛이 돌면 사천탕수육이 된다. 당연히 짜장면에도 매콤한 맛을 내고 '사천짜장'이라고 부른다. 시중에서 판매되는 사천짜장면은 대개 짜장을 볶을 때 청양고추나 고추기름을 넣는데, '고추짜장'이라고 쓰는 집과 맛은 비슷하다. 어쨌든 사천탕수육이든 사천짜장이든 중국에선 찾아보기 어려운 이름이다. 백종원 대표에 따르면 근래 쓰촨 지방에서는 마라를 섞은 '마라짜장'이 유행이라고 하는데, 한국의 사천짜장과는 전혀 혈연관계가 없는 음식이다. 그래도 여기까지는 짜장면의 하부 장르가 확실한 데 반해, 가끔은 '이것도 짜장면이라고 볼 수 있나' 싶은 변형들도 있다.

짜장면의 무한 변신!
물짜장도 과연 짜장일까?

우리나라에는 신기한 짜장면들이 많이 있다. 한국식 된장과 춘장을 섞어 만든 '된장 짜장', 캐러멜을 넣지 않아 황장黃醬의 노란색이 살아 있는 '노란 짜장', 매운맛을 극대화한 '불짜장', 심지어 돼지고기와 양파가 들어가지 않은 '스님짜장'도 있다. 청도 운문사 부근에서 팔기 시작했다는 스님짜장(공식 명칭은 '사찰짜장'이다)은 식물성 식용유와 채소, 춘장만으로 만드는데 이제는 널리 알려진 관광 상품이 되었다.

이 짜장면들은 춘장을 이용했으니 '어쨌든 짜장면'인 것은 분명한데, 지금부터 소개할 '물짜장'은 과연 짜장면으로 인정해야 할지 고민하게 된다. 〈양식의 양식〉 촬영차 전주에서 물짜장을 맛본 최강창민과 정재찬 교수도 "맛은 있는 건 인정하겠는데, 이걸 짜장면이라고 불러야 할지…" 하며 말꼬리를 흐렸다.

흔히 쓰는 '물짜장'이라는 이름은 간짜장의 상대어로 '보통 짜장'을 가리킬 때 쓰이기도 하지만, 전주에서는 엄연히 독립된 음식의 이름이

▲ 전주 물짜장. 하지만 춘장은 전혀 들어가지 않았다.

다. 이 음식에는 춘장이 들어가지 않는다. 보통 물짜장은 굴소스로 볶은 해물비빔면이고, 매운 물짜장은 압축한 짬뽕이다. 엄밀히 말해 매운 물 짜장은 전주에만 있는 음식은 아니다. 영남지방에서는 '야끼우동'이라 고 부르고(일본에서 직수입된 진짜 야끼우동은 또 다른 음식이다), 서울에서 는 '볶음짬뽕'이라고 부르는 음식과 비슷하다. 하지만 그 음식을 '물짜 장'이라고 부르는 곳은 전주뿐이다.

왜 그럴까? 현대자동차가 30년 넘게 쏘나타라는 브랜드를 고집하듯 '어쨌든' 중국집에서 주력 메뉴라는 느낌을 주려면 짜장이라는 이름을 써야 했다. 전주의 화상華商 중국집 진경반점을 경영하는 유영백 씨는 물 짜장을 "아버지가 사장일 때 직원용 식사로 만들었던 음식"이라고 소개

▲ 전주 매운 물짜장(좌)과 물짜장(우)

했다. 채소를 굴소스에 볶은 뒤, 전분 푼 물을 부어 끓이고 면을 비벼 먹은 것인데, 옆에 있던 손님들이 맛을 보고는 난리가 났다. "이렇게 맛있는 걸 왜 손님들은 안 주고 당신들끼리만 먹나. 대체 이 음식은 이름이 뭐냐"고 항의를 하더라는 것이다.

군이 비교하자면 중국 본토 음식 가운데 취루면翠樓麵과 비슷한데, 그 이름으로 얘기해봐야 알아들을 리 없으니 누군가가 그냥 '물짜장'이라고 얼버무린 것이 음식의 이름이 되어버렸다고 한다. 이후 물짜장 맛을 본 손님들은 다른 식당에 가서도 "이 집은 물짜장 없나? 물짜장 먹자"고 했고, 다른 집에서는 진경반점에 "대체 물짜장이 뭐냐"고 물어보기에 이르렀다. 식당 입장에서 보면 손님들이 찾는 데는 장사가 없다. 한 집 두

집 '물짜장'이라는 메뉴를 내놓기 시작했고, 그러다 '전주에서는 중국집에서 물짜장이라는 걸 파는데 맛이 희한하더라'는 소문이 전국으로 퍼져나갔다.

황장이든 춘장이든 장이 한 숟가락도 들어가지 않는 이 음식을 짜장이라고 불러도 좋을까? 유 사장은 "중국집에서 파는 것은 짜장면이라고 불러야 알아듣던 시절이고, 전주는 워낙 식당들 사이에 경쟁이 치열하다. 조금이라도 맛있게 하기 위한 노력이 없으면 도태될 수밖에 없었다"고 설명한다. 한식의 중심인 미향味鄕 전주에서 살아남기 위한 노력의 결과가 오늘날의 물짜장으로 결실을 맺은 셈이다. 이쯤되면 이름만 짜장인 물짜장도 한국의 짜장면 족보에 이름을 올려줄 만하지 않을까.

미국판 짜장면, '제너럴 쏘 치킨'

뉴욕의 중국 음식 체험은 미국식 중국 요리의 특징을 살려, 음식점을 돌면서 테이크아웃을 한 음식을 출연진이 모여 나눠 먹는 것으로 정했다. 방송상으로는 백종원 대표와 최강창민이 모든 음식을 다 테이크아웃 한 것으로 나왔지만, 사실은 정재찬-유현준 교수 팀도 따로 돌면서 음식을 테이크아웃 했다. 그런데 막상 촬영 장소인 워싱턴 스퀘어 파크 Washington Square Park 에서 만나 보니 양쪽 팀에서 사 모은 음식이 거의 똑같았다. 백종원 대표도 말했듯, 비슷한 맛을 내는 소스에 재료만 바꿔 워에다 볶아낸 것이 대부분이다 보니 식당마다 음식의 이름은 달라도 맛은 비슷했던 것이다.

지금은 해외에 나가도 웬만한 도시에는 한식당이 성업하고 있고, 심지어 한국인이 운영하지 않는 한국식 식당도 상당수 있다. 하지만 1990년대 이전, 한국식 식당을 찾아보기 힘들 때 많은 사람들이 중국 식당을 찾았다. 쌀로 만든 음식을 젓가락으로 먹으면 한국 음식에 대한 향수를 더는 데 도움이 되기 때문이었다.

뉴욕 생활 경험자인 유현준 교수에게 백종원 대표가 "뉴욕에서 먹을 수 있는 중국 음식 가운데 우리의 짜장면에 해당하는 음식을 꼽자면 어떤 것이 있겠느냐"고 묻자 유 교수는 당연하다는 듯 대답했다. "제너럴 쏘 치킨이죠."

제너럴 쏘 치킨General Tso's Chicken은 토막 내어 튀긴 닭에 새콤달콤한 소스를 입히고 매운 고추, 브로콜리, 견과류 등과 함께 다시 볶아낸 음식이다. 한자로는 '좌종당계左宗堂鷄', 즉 '좌종당의 닭'이라는 뜻이다. 청나라 때 좌종당이라는 장군이 있어 배고픈 부하들에게 만들어주었는데 부하들이 너무 맛나게 먹으면서 유명해졌다는 음식이다. 영어 이름의 Tso가 바로 좌左씨를 말하는 것이라는 이야기다.

미국에서 제너럴 쏘 치킨을 먹는 사람들 중 상당수는 이 음식의 유래를 이렇게 알고 있다는데, 정작 중국 사람들은 모르는 이야기다. 좌종당은 꽤 유명한 실존 인물이다. 청나라 말기, 태평천국의 난이 일어났을 때 청 조정은 이미 자력으로 이 난을 진압할 능력이 없었기 때문에 곳곳에서 일어난 한족漢族 의용병들에게 크게 의지했다. 이때 대표적인 의용병 지도자들이 바로 증국번, 이홍장 그리고 좌종당이었다.

하지만 좌종당 장군이 정말 닭 요리를 했을까? 중국인들에게는 그야말로 금시초문이었던 것이다. 알고 보니 미국으로 이민 간 대만 출신의

▲ 튀긴 닭고기에 양념을 한 제너럴 쏘 치킨

화교가 처음 이 음식을 만든 뒤, 어찌어찌하다가 유명한 좌종당 장군의 이름을 붙인 것뿐이었다. 이 음식 역시 미국인들은 중국 음식으로 알고 먹고 있지만 정작 중국인들은 모르는, 미국에서 만들어져 미국에서 성장한 아메리칸 푸드였던 것이다. 이런 사연을 보면 제너럴 쏘 치킨이야 말로 미국판 짜장면이 아닐까.

여기서 잠깐. 많은 사람들이 세계 각국으로 퍼져나간 중국 음식의 맛과 종류가 제각기 다른 이유를 '각각의 나라에 상륙한 중국 음식들이 도착한 그 나라의 음식이나 식재료와 제각기 다른 방식으로 영향을 주고받았기 때문'이라고 생각한다. 어느 정도 맞는 말이기도 하지만 이 이론만으로는 설명되지 않는 부분이 있다.

양식의 양식

미국의 많은 차이니스 레스토랑을 가보면 사람들이 많이 찾는 기본적인 메뉴가 한국과 매우 다르다. 앞서 말한 제너럴 쏘 치킨을 비롯해 스프링 롤Spring Roll, 春卷(채소와 고기 등을 달걀지단으로 싼 요리), 초우메인Chow Mein, 抄緬(딱딱하고 가느다란 튀긴 국수를 해물 소스와 먹는 음식), 핫 앤 스파이스 수프Hot and Spicy Soup, 酸辣湯(닭고기·두부·달걀 등으로 끓인 시큼하고 매콤한 국물 요리) 등이 '미국에서 흔히 먹을 수 있는 중국 요리'들이다. 한국의 전통적인 중국집들은 취급하지 않는 품목들이기도 하다. 반면 한국인들이 즐겨 먹는 깐풍기나 라조기, 팔보채 등은 미국의 중국집에서 발견할 수 없다. 탕수육은 '핫 앤 사우어 포크Hot and sour pork'라는 이름으로 존재하긴 하지만 비슷하지 않다. 물론 짜장면도 짬뽕도 없다. 혹시라도 있다면 한국을 거쳐 온 화교일 가능성이 높다. 즉, 한국에서 이미 '중국집' 간판으로 식당을 하던 사람들이 다시 미국으로 이주해 차린 식당이라는 얘기다.

이건 미국 사람과 한국 사람의 입맛이나 주변 식재료의 차이로는 설명되지 않는 부분이다. 사실은 한국으로 들어온 화교와 미국으로 들어간 화교가 원래 중국의 다른 지역 출신이기 때문에 나타난 현상이다. 중국은 워낙 큰 나라이기 때문에 중국 음식 중에는 볶음밥이나 잡채처럼 전국적으로 보편화된 음식도 있는 반면, 각 지역에 따라 음식 문화가 판이하게 다른 경우가 많다. 앞서 말했듯 한국에 처음 들어온 중국인들은 한국과 가장 가까운 산둥 사람들이었고, 이후에도 산둥과 연관된 사람들이 그 뒤를 이었다. 하지만 미국은 다르다. 1848년 최초의 중국 이민이 시작된 때부터 미국인들의 노동자 모집처는 주로 중국 동남부 해안 지역인 광둥廣東, 푸젠福建성이었다. 오늘날의 홍콩 부근이다.

이연걸 주연의 영화 〈황비홍〉은 광둥성의 불산佛山 지역을 무대로 하는데, 보다 보면 '금산金山에 가서 금을 캐 부자가 되자'는 달콤한 구호로 미국으로 가는 노동자들을 모집하는 장면이 나온다. 금산은 바로 샌프란시스코의 당시 이름이다. 이때 수만 명의 노동자들이 미국으로 건너가 광산, 철도, 토건 등 미국 서부를 개척하는 데 크게 기여했다. 이들 광둥, 푸젠 사람들이 먹던 고향 음식이 미국식 중국 요리의 근원이라고 보는 것이 타당할 것이다. 반면 한국식 중화요리의 뿌리는 장醬과 파, 마늘 등을 주재료로 한 산둥식 요리였으니 처음부터 메뉴가 다를 수밖에 없었다.

짜장면이 한국인의 음식문화에서 떼놓을 수 없는 음식이 되었지만, 미국에선 자생하지 못한 이유는 바로 여기에 있었다.

제2의 짜장면은 가능할까?

제작진의 마지막 관심사는 '그렇다면 어떤 음식이 포스트 짜장면의 위치를 차지할 수 있을까?' 하는 것이었다. 짜장면은 한국에 들어온 뒤에도 계속 변화해가며 한국인이 가장 사랑하는 외식 메뉴의 자리를 유지해왔다. 하지만 짜장면의 독주는 1949년 중화인민공화국의 설립과 함께 40여 년간 한중 관계가 단절되었기 때문에 가능했다는 주장도 있다. 만약 한중 관계가 계속 이어졌더라면 짜장면이나 탕수육 외에도 상당히 많은 중국 음식들이 줄지어 한국에 들어왔을 것이고, 그러면 짜장면 말고 다른 음식이 더 큰 인기를 누릴 수도 있었을 것이라는 가정이다.

실제로도 1992년 한중 수교가 이뤄진 뒤로 한국 시장을 노리는 중국 음식의 진입은 크게 보아 두 가지 경로로 이뤄졌다. 하나는 본토 출신의 '정통 중화요리 요리사'들이 시장에 진출하면서 기존에 없던 메뉴들을 선보이는 경우다. 이들을 통해 베이징카오야北京烤鴨(베이징 지방 특유의 오리 통구이. 껍질이 살코기보다 중요하게 간주되는 것이 특징이다), 포탸오창

佛跳墙(흔히 '불도장'이라 불린다. 30여 가지 재료를 넣고 만들었다는 수프 요리. 승려들도 냄새를 맡으면 참지 못하고 담을 넘었다는 전설의 요리다) 등 별미 요리들이 국내에 소개됐다.

물론 이런 음식들은 중국에서도 아무나 먹지 못하는 고급 요리에 속하고, 한국에서도 마찬가지이기 때문에 짜장면처럼 보편적인 메뉴가 되기에는 처음부터 한계를 갖고 있다. 그런 의미에서 '양꼬치집'을 중심으로 한 동북 요리의 진입은 매우 의미심장하다. 음식들은 태생이 서민적이다. 디싼셴地三鲜(감자, 가지, 피망을 튀겨 함께 볶은 요리)이나 징장러우쓰京酱肉丝(소고기나 돼지고기를 가늘게 썰어 춘장에 볶은 요리) 같은 음식들은 젊은 층에게 상당히 친숙한 음식이 되었다.

직수입 중화요리 가운데 근래 국내에서 가장 뜨거운 반응을 보이고 있는 음식이라면 아무래도 '훠궈火锅'와 '마라麻辣'를 들 수 있다. 두 음식 모두 쓰촨 지방 음식으로 시작해 전 중국으로 전파된 뒤 한국에 상륙했다는 공통점이 있다.

쓰촨의 중심 도시 청두成都는 현재의 이름보다 삼국지에 나오는 촉나라의 도읍 '성도'라는 이름으로 잘 알려져 있다. 촉나라는 본래 험준한 산으로 둘러싸여 있는 고립된 땅이다. '옥야천리沃野千里'라고 할 정도로 비옥한 지역이지만 오래전부터 인구가 너무 많아 물자가 풍부한 편은 아니었다. 그러다 보니 다른 지역에서는 잘 먹지 않는 식재료를 하나라도 버리지 않고 맛있게 먹을 수 있는 지혜가 발달했는데, 그 결과물이 훠궈와 마라다.

훠궈와 마라는 얼얼할 정도로 매운 양념과 강렬한 향이 특징이다. 그래서 질이 나쁜 고기, 특히 내장이나 냄새가 심한 부위, 질긴 부위도 이 양념을 활용하면 별 부담 없이 먹을 수 있다.

훠궈와 마라가 가난을 상징했던 것도 이제는 옛날이야기다. 빨간 홍탕 훠궈는 이미 1990년대부터 온 중국 사람의 입맛을 사로잡았고, 마라 맛 역시 최근 10여 년 사이 중국 전역의 젊은이들을 포섭한 뒤, 한국에도 진출해 승승장구하고 있다. 2019년 6월 기준으로 훠궈 전문점이 전국에 10만 개, 마라 전문점은 2만 7,000여 개가 성업 중이라니 놀랄 일도 아니다. 출연진 중에서도 가장 젊은 최강창민이 역시 매운맛 마니아답게 마라 맛에 푹 빠져 있었다.

중국이나 한국이나 마라 붐을 일으키고 있는 두 주역은 '마라샹궈麻辣香鍋'와 '마라샤오룽샤麻辣小龙虾'다. 마라샹궈는 글자대로 해석하면 마라향이 나는 잡탕 냄비 요리다. 마라샤오룽샤는 흔히 줄여서 '마라룽샤麻辣龙虾'라고 불리는데, 사실 샤오룽샤와 룽샤는 혼동해서 쓰면 곤란하다. 원래 중국어로 '룽샤竜蝦(우리가 쓰는 번자체로 쓰면 '龍蝦')'라고 쓰면 '용 같은 새우', 즉 바닷가재를 의미하기 때문이다. 반면 '샤오룽샤小竜蝦'는 바닷가재와 모양은 비슷하게 생겼지만 크기는 훨씬 작은 민물가재를 가리킨다.

샤오룽샤, 영어로 '크레이피시crayfish'라고 불리는 이 민물가재는 최근 중국을 대표하는 식재료 중 하나로 떠올랐지만 사실은 중국 고유종이 아니고, 중국에 살게 된 지 100년도 안 되는 외래종이다. 우연히 들어와 너무 쉽게 번식해 골치를 썩힐 정도였지만, 식재료로는 영 인기가 없었다. 비슷한 크기의 새우에 비해 살의 맛이나 양이 한참 부족했기 때문이다.

그런데 어느 천재가 이 샤오룽샤를 기름에 튀긴 뒤 마라 양념으로 다시 볶는다는 아이디어를 떠올리면서 사태는 순식간에 변했다. 뜻밖에도 중국 젊은이들이 "아이, 매워! 아이, 매워!" 하면서 가재 껍질을 까 먹는 데 재미를 붙여 폭발적인 인기를 모은 것이다.

마라의 맛을 보기 위해 백종원 대표와 찾은 곳은 베이징의 구시가, 오래된 베이징의 성문 중 하나인 둥즈먼東直門 바로 안쪽 대로였다. 이 지역의 옛 이름은 '구이제鬼街'로, 베이징에서 가장 큰 마라룽샤 거리가 형성되어 있다. 우리가 도착했을 때는 1킬로미터 남짓한 거리 양편에서 수천 명의 사람들이 마라룽샤를 먹고 있었다. 그중에서도 가장 큰 업소는 '후다胡大'라는 식당이었다. 구이제 거리에만 후다 1호점부터 5호점까지 무려 다섯 개의 분점이 있었는데, 후다 분점들이 다 차서 빈자리가 없으면 다른 집들에도 손님들이 차는 듯했다. 다행히 〈양식의 양식〉 팀은 후다 본점에 자리를 잡았다.

▲ 베이징 구시가 마라룽샤 거리에 위치한 후다 본점

　금요일 밤의 후다는 만석. 테이블마다 흰 비닐 앞치마를 두른 사람들이 쉴 새 없이 산처럼 샤오룽샤 껍질을 쌓아놓고 있었다. 마라 전문점답게 이 집의 음식은 기본적으로 마라 양념이 아닌 것이 드물었다. 백 대표는 마라 양념의 샤오룽샤와 가리비를 시켰고, 별미 음식으로 개구리와 토끼 머리까지 주문했다. 본토 마라의 맛은 사뭇 감동적이었고, 수천 개의 테이블에서 쏟아져 나오는 어마어마한 가재 껍질의 양을 보며 대륙의 규모를 다시 한번 느꼈다. 서울로 돌아와 봐도 훠궈와 마라는 이미 대세였다.

　과연 훠궈와 마라는 짜장면을 대신하는 한국인의 소울푸드가 될 수 있을까? 출연진에게 이 질문을 했을 때, 반응은 그리 긍정적이지 않았다.

▲ 샤오룽샤(민물가재)를 기름에 튀긴 뒤 마라 양념에 다시 볶으면 마라샤오룽샤
  가 완성된다.

정재찬 교수는 "내 친구 짜장면에 비교할 수 있는 음식은 아니다"라고
했고, 백종원 대표는 "솔직히 그건 20년에서 30년은 지나봐야 대답할
수 있을 것"이라는 신중한 입장을 보였다. "그건 마라가 하나의 문화로서
한국 음식 문화 속으로 얼마나 파고드느냐에 달렸다"는 이유에서였다.

  과연 20년, 30년, 50년 뒤에도 훠궈와 마라가 한국에서 인기 있는 음

양식의 양식

식일까? 그만치 한국인의 애정이 흘러들어 '한국식 훠궈'나 '한국식 마라'가 만들어질까? 이미 한국식 마라면이 등장하고 있는 대학가 중국 식당들을 생각하면 아주 불가능한 일은 아닐 것도 같지만, 그런 시절이 온다고 해도 짜장면이 지금의 자리를 내놓을 것 같지는 않다. 짜장면은 이미 한국 음식이 된 지 오래니까.

짜장면은
한식이다

짜장면은 이미 충분히 한식이다. 굳이 덧붙이자면 한국식 짜장면은 한식이고, 중국식 짜장면은 중식이다. 짜장면과 짜장몐. 이름은 거의 비슷하지만 맛은 완전히 다르다. 게다가 한국인이 짜장면에 대해 갖고 있는 애정의 크기는, 여느 중국인이 짜장몐에 대해 갖고 있는 애정과 비교가 되지 않는다. 길에 나가면 어림잡아 100미터 이내에 짜장면을 파는 집이 있고, '어머니는 짜장면이 싫다고 하셨어'라는 가사 한마디에 온 국민의 눈시울이 시큰해졌다. '너 같으면 짜장면이 정말 싫어서 싫다고 했겠니'라는 말이 가슴에 박히는 나라였기 때문이다.

한국에서는 마트에 가도 짜장면을 주제로 한 즉석식품이 10여 종씩 있다. 가장 흔한 것은 모든 라면 메이커들이 만들고 있는 '짜장라면'이다. 그 짜장라면과 다른 라면을 합해 '짜파구리'라는 변형 면을 만들어 먹는 것이 서민들의 식도락이라면, 어느 천재 영화감독은 그 음식에 최고급 한우 채끝을 썰어 넣어 음식 하나로 빈부 갈등을 표현해내기도 했다. 한국 사람이 아니고선 그 느낌을 절대 이해할 수 없다.

최소 수백만 인구가 매일 점심 때면 짜장면과 짬뽕 사이에서 고민하는 나라. 그러다 결국 '짬짜면'이라는 기형적 음식 전용 그릇까지 나오는 나라. 하다못해 춘장 한 숟가락 들어가지 않는 음식까지 '물짜장'이라는 이상한 이름으로 부르는 나라.

지금이라면 충분히 짜장면을 우리 족보에 당당하게 끼워도 되는 때다. 만약 그래도 짜장면이 한국 음식이 아니라면, 내가 한국 사람이 아닐 것 같다. 정부는 즉시 짜장면에게 대한민국 여권을 부여하라.

8장

요즘은 관광객들이 넘쳐 나는 한국 게장 전문 식당들. 하지만 아직도 게장을 보면 눈살을 찌푸리는 외국인들이 절대 다수고, 심지어 한국 사람인데도 게장을 선뜻 입에 넣지 못하는 사람도 상당수다. 1,000년 가까이 먹어온 게장이 왜 누군가에겐 도전 정신이 필요한 '괴식'인 걸까? 알고 보면 게장의 뿌리도 날게에 소금을 뿌려 숙성시킨 게 젓갈이라는 사실을 모르는 사람도 많다. 날것과 익힌 것, 그사이의 음식인 젓갈을 만나본다.

날것과 익힌 것,
그 경계의 맛

삭힌
맛

우리는 언제부터
게장을 좋아했나

처음 게장을 소재로 하자는 취지는 이랬다. 젓갈, 즉 해산물을 오래 먹기 위해 염장하는 음식은 염장 과정에서 독특한 풍미를 내는데 이런 음식은 여러 문화권에 걸쳐 굉장히 보편적으로 존재한다. 젓갈의 세계 가운데서도 한국에는 게장이라는 독특한 것이 있어서 주변국의 관광객들을 끌어들인다. 이 독자성과 보편성 사이에서 다양한 정보들을 알려주자는 것이었다.

게장, 한자로 '해장蟹醬'이나 '해해蟹醢'라는 음식을 우리 조상들이 즐겨 먹었다는 사실은 수많은 문헌을 통해 거듭 확인할 수 있다. 산 게를 잡아서 끓인 간장을 붓고 폭 삭혀 먹는 음식은 순우리말로 '동난지이'라고도 불렀다. 조선 후기 시조 작가인 김천택이 편찬한 가집《청구영언》에 나오는 오래된 시조 한 수에 그 말이 담겨 있다.

댁들에동난지이사오져쟝스야네황후긔무서시라웨눈다사쟈

外骨内肉兩目이上天前行後行小아리八足大아리二足靑醬오스슥
슥ᄒ는동난지이사오
쟝스야하거복이웨지말고게젓이라ᄒ렴은

현대어로 해석하면 다음과 같다. 한 행상과, 상인이 외치는 소리를 듣고 그를 부르는 손님의 대화다.

"동넷분들 동난지이 사시오."

"저 상인아, 네 물건 그 무엇이라 외치는가 사자."

"겉은 뼈요 속은 살, 두 눈은 하늘을 향하고, 앞으로 가고 뒤고 가고

작은 다리 여덟 큰 다리 둘, 간장맛이 아스슥한 동난지이 사시오".

"상인아, 그리 거북하게 외치지 말고 그냥 게젓이라 하지 그러느냐."

그냥 게젓 사라고 하면 될 것을 온갖 수식어를 다 붙여서 알아듣지도 못하게 '동난지이'라고 할 이유가 뭐냐고 핀잔을 주는 내용이다. 게젓이 조선 후기 기준으로 상당히 보편적인 먹을거리였음을 엿볼 수 있는 대목이다.

물론 서민들만 게를 좋아했던 것은 아니다. 임금이나 명문 사대부들도 게장 사랑에는 예외가 없었다. 조선 성종 때의 명신이자 대문장가인 서

거정은 만년에 게장을 선물받은 기쁨을 이렇게 노래하기도 했다.

玉螯金甲內黃侯

風味江湖第一流

옥 집게발과 황금 갑옷의 내황후는

그 풍미가 진정 강호 최고이고 말고

'내황후內黃侯'란 속에 노란 알이 들어 있다는 뜻에서 게를 부르는 별명. 알밴 꽃게로 담근 게장 맛을 아는 사람이라면 저 표현이 결코 허튼소리가 아님을 알 수 있다. 이렇듯 게장은 조선 시대부터 많은 시인과 문사가 잇달아 맛을 칭송한 기호식품이었다. 그러다 보니 수많은 사람들의 목숨을 앗아간 사건에 연루된 문제의 음식이기도 했다.

조선 19대 왕 경종은 어린 시절부터 병약했다. 결국 왕위에 오른 지 5년째인 1724년 여름 36세의 젊은 나이로 붕어하고 말았다. 그런데 죽기 직전에 먹은 음식이 게장과 생감이라는 것이 두고두고 시빗거리가 되었다. 당시 대표적인 의서인《본초강목》에도 '상극相剋'이라고 쓰여 있을 정도로, 게와 감을 함께 먹으면 좋지 않다는 것이 널리 알려진 상식이었는데, 어째서 시름시름 앓고 있는 임금에게 이런 식단이 제공되었는지 의문이다. 당연히 누군가 일부러 상극인 음식을 먹여 경종을 해치려 했다는 소문, 심지어 게장에 독이 들어 있었을 것이라는 소문이 전국을 휩쓸었다.

이 때문에 경종이 죽고 왕위에 오른 영조에게는 "이복형을 독살하고 왕위에 오른 자"라는 추문이 따라다녔다. 영조는 몇 차례나 억울함을 호소했지만 경종의 죽음과 함께 권력을 빼앗긴 소론에게 그 말이 곧이 들렸을 리 없다.

그로부터 30여 년이 지난 1755년, 역모에 휘말린 소론의 잔당인 신치운은 국문을 받자 "나는 그해(1724년) 이후로 게장을 먹지 않았다"고 자백한다. 전후 맥락을 모르는 사람이라면 대체 이게 무슨 자백인가 싶겠지만, 당시 주위에서 이 말을 들은 관료들은 모두 새파랗게 질렸다. 이말은 곧 "나는 당신(영조)이 형 경종을 독살했다고 생각하고, 그 사실을 잊지 않기 위해서 게장을 일부러 먹지 않았다"는 의미이기 때문이다. 이자백으로 신치운과 수많은 연루자들이 형장으로 끌려 나갔다.

이런 일이 있었으면 어지간한 사람은 게딱지만 봐도 몸서리를 쳤을 법하지만, 영조는 게장을 꽤 즐겨 먹었던 모양이다. 대단한 멘탈이 아닐 수 없다. 영조 때 강원도 흡곡(오늘날의 통천군) 현령을 지낸 김광악은 영조가 대게로 만든 게장을 먹고 싶어 한다는 소식을 듣고 게를 구하러 나섰다. 그런데 때는 한여름. 동네 사람들은 "여름 대게로는 게장을 담글 수 없다"고 만류했지만 김광악은 "효자는 한겨울에도 잉어를 잡아 부모를

봉양하는데 무슨 소리냐"며 이리 뛰고 저리 뛰어 게 100마리를 진상했다는 기록이 《일성록》에 전해진다. 요즘 같으면 어느 공무원의 과잉충성과 갑질로 청와대 게시판에 올랐을 듯한 사연이지만, 당시에는 이것이 매우 칭찬받을 만한 행동으로 여겨졌다는 사실도 세상의 변화를 느끼게 한다.

그런데 이 대목에서 짚고 넘어가야 할 것이 있다. 현재 수많은 게장 전문 식당들이 성업 중이고 특히 해외 관광객들도 즐겨 찾는 관광 상품이 된 것은 분명한데, 이렇게 인기 있는 오늘날의 게장도 발효식품의 범주에 넣는 것이 좋을까? 영조와 서거정이 좋아했던 게장과 오늘날의 게장은 얼마나 비슷한 음식일까?

밥도둑 게장은 원래 젓갈?
게 젓갈의 뿌리를 찾아서

서울의 식당에서 파는 간장게장이 오늘날 우리가 먹는 게장의 전부는 아니다. 전통적인 '게젓'의 흔적은 아직도 여기저기 풍성하게 남아 있다. 예를 들면 지금도 남부지방 곳곳에서 많이 먹는 돌게장이나 참게장이 그렇다. 대신 엄청나게 짜다. 현재의 시판 게장은 대부분 냉동 게에 양념간장을 부어 그날 먹는 형태를 취하기 때문에 간장이 덜 짜고 달착지근하지만, 만약 오래전에 집에서 담가 먹는 게장을 동일한 염도로 했다가는 3일을 넘기지 못하고 상해버릴 것이다.

그렇다면 게 젓갈은 어떤 과정을 거쳐서 지금의 게장으로 바뀌었을까? 그 변화를 알아보기 위해 태안반도로 향했다. 서산시와 태안군, 당진군은 한국 사람이라면 누구나 아는 꽃게의 명산지. 특히 태안군 해안선으로 들어서면 게장과 꽃게탕, 게국지(게장과 묵은지를 넣고 끓인 찌개)를 파는 식당들이 줄지어 있다. 태안군 신진도에서 매년 5월 열리는 신진도 꽃게 축제는 국내에서 가장 큰 꽃게 축제 행사이기도 하다.

양식의 양식

▶ 태안반도는 우리나라의 대표
적인 꽃게 명산지다.

　백종원 대표와 채사장은 아침 일찍 신진도 외항에서 갓 잡아온 게의
경매 광경을 지켜본 뒤, 태안 해양유물박물관을 거쳐 안면읍의 게장 전
문점 '털보선장횟집'으로 이동하기로 했다. 신진도 외항에선 어시장이
열려 꽃게며 각종 해산물을 파는 상점들이 호객을 하고 있었다. 순진무
구한 채사장을 상대로 꽃게의 암컷과 수컷을 구별하는 방법을 강의하던
백종원 대표는 심지어 꽃게 장사만 20년이라는 상점 주인 아주머니를
상대로 "꽃게가 왜 꽃게인지 아느냐"는 질문을 던졌다. 모른다는 대답.

백 대표의 설명이다.

"꽃게가 뾰족한 모양이잖아요. 육지에서 바다 쪽으로 튀어나온 지형을 '곶'이라고 부르는 것처럼 처음엔 뾰족하다고 해서 '곶게'였어요. 그러다가 어느새 '꽃게'라고 부르게 된 거죠."

태안 해양유물박물관에는 서해안에서 발견된 8척의 난파선에서 발견된 수많은 유적들이 전시되어 있다. 일상 도구에서부터 화물 등 3만 점의 유물이 발견되었는데, 그중에는 젓갈 항아리에 담긴 음식의 흔적도

◀ 난파선에서 발견된
젓갈 항아리

◀ 항아리에 달려 있던 꼬리표.
배달전표로 추정된다.

양식의 양식

남아 있었다. 젓갈이 있었다는 말에 귀가 솔깃한 백종원 대표는 어떤 젓
갈들이 있었는지를 물었다. 정용화 학예사의 대답.

"전복 젓갈, 문어 젓갈, 게 젓갈 등이 있었습니다."

"게라는 건 우리가 요즘 먹는 그런 게요?"

"네. 그 게보다는 좀 작은 게들이죠."

심지어 조선 초기의 것으로 추정되는 항아리에는 꼬리표까지 달려 있
었다. 작은 나뭇조각에 배달 목적지의 주소와 내용물이 쓰여 있었다. 이
를테면 이런 식이다.

竹山懸在京校尉尹邦俊宅上 蟹醢壹缸入四斗

죽산현에서 서울의 교위 윤방준 댁에 게장(蟹醢) 넉 되가 든 항아

리를 올린다.

죽산이면 오늘날의 안성, 평택 지역. 태안반도의 바로 근처인데 육로
로 서울까지 배달하려면 현대 도로망으로 80킬로미터 정도 거리다. 물
론 당시에는 오늘날처럼 정비된 도로도 없었고, 그야말로 산 넘고 물 건
너가는 길이라 4~5일은 족히 걸리는 거리였다. 태안 지역에서 바닷길을
타고 가면 도성까지 3일가량 걸렸을 테니 수운이 훨씬 빠르고, 안전했을
것으로 생각된다. 육지로는 아무리 일꾼이 짊어지고 간다 해도 산적과

산짐승이 출현할 수 있는 왕복 열흘 길을 게장 배달을 위해 가기는 좀 무리였을 것 같다.

어쨌든 3일이건 5일이건, 이 음식은 우리가 요즘 먹는 게장과는 다른 음식이라는 것을 알 수 있다. 현재의 일반적인 게장 전문 식당들은 꽃게 암컷에 알이 차는 매년 5~6월에 잡힌 암케를 대량으로 냉동했다가 팔기 1~2일 전에 간장을 부어 단기 숙성하고 있다. 운반에만 3일 이상 걸린다면 분명 같은 게장 맛은 아니다. 그렇다면 당시의 숙성된 게장은 어떤 맛일까? 오래전 게장 혹은 게 젓갈의 흔적을 찾아간 곳이 서산의 털보선장횟집이었다.

털보선장횟집 사장님은 친절하게 안면도에서 아직도 전해 내려오는 염장게장을 재현해주기로 했다. 뱃사람들은 바다 위에서 갓 잡은 게를 그대로 끓인 바닷물에 담가 게장을 만들어 먹곤 했다. 간장보다 훨씬 염도가 강한 소금물을 부어 두고두고 먹기도 하지만, 급할 때는 배 안의 따뜻한 곳에 두어 하루 만에 익혀 먹기도 한다는 음식이었다. 현재 그 게장을 팔고 있지는 않지만, 가끔 식구들끼리 별미로 해먹는 정도인데 촬영상 필요하다면 재현해주겠다는 말씀. 그렇게 해서 소금으로 담근 게장의 맛을 보게 되었다.

사장님이 가져온 게장 두 접시는 눈으로 보기엔 구별이 쉽지 않았다. 먹는 것만큼은 대한민국에서 호기심 1등인 백종원 대표는 바로 소금으

▲ 소금만으로 담근 염장게장

▲ 외관상으로는 일반 간장게장과 비슷하다.

로만 담근 염장게장을 집어 들었다. 백 대표도 처음 먹어보는 몇 안 되는 음식. 눈살이 미세하게 찌푸려지는 듯하더니 "음… 두 번은 경험해보고 싶지 않은 맛"이라는 평가가 나왔다. 그런데도 백 대표는 다시 맛을 보고, "알 맛은 염장게장 쪽이 더 진하다"고 덧붙였다.

대체 무슨 맛일까? 컷 사인이 났고, 촬영이 중단됐을 때 염장게장을 집어 들었다. 백 대표 말대로 알에서 매우 농후한 맛이 났다. 굳이 비교하자면 성게알젓의 맛에 가깝달까, 밥에 얹어 먹어도 맛이 좋았다.

요즘 상품화된 간장게장이 그냥 게장이라면 염장게장은 확실히 숙성된 게 젓갈의 맛이었다. 1830년에 간행된 서유구의 《임원십육지》에는 소금과 술로만 담그는 게장을 '법해法蟹', 소금와 술지게미로 담그는 것을 '조해糟蟹', 간장과 소금으로 담그는 것을 '장해醬蟹'라고 세분해놓고 있다. 비슷한 시기의 유중림이 쓴 《증보산림경제》에도 게장 담그는 법은 술로 담그는 법酒蟹法, 간장과 식초로 담그는 법醬醋蟹法, 간장으로만 담그는 법醬蟹法, 소고기를 넣고 같이 졸이는 법醬蟹俗法 등 네 가지나 나와 있고, 게 양식법까지 기록되어 있어 조선 후기에 게장이 얼마나 인기 있는 음식인지를 짐작할 수 있게 한다.

어느 방법이든 소금이 추가로 들어가게 되어 있는데, 지금의 게장 맛을 생각하면 지나치게 짠맛이 강했으리라 추정된다. 냉장·냉동기술이 발달하고, 외식 시장이 발달하면서 게장은 기존의 젓갈들이 갖고 있던 특징들 중 상당 부분을 버리고 새로 태어났다. 하지만 여전히 한국의 젓갈 문화 혹은 발효식품 문화에서 상당히 큰 지분을 갖고 있는 것이 사실이다. 그렇다면 우리는 언제부터 이런 발효식품의 맛을 즐겨왔을까? 제대로 하자면 너무나 방대한 이야기지만, 최대한 압축해서 이야기를 풀어보자.

쌀 문화권 맛의 히어로!
동아시아 발효식품의 역사

주영하의《음식 인문학》에 따르면 고대 중국 주나라의 예법서인《주례
周禮》에 이미 120종의 장醬요리가 등장하는데, 이 120종은 다시 60종의
'해醢'와 60종의 '혜醯'로 구분된다.[20]

여기서 해는 소금에 생선이나 고기를 이용한 절임(젓갈)이고 혜는 소
금과 식초를 이용한 절임을 말한다. 하지만 이 두 구분은 분명치가 않고,
한자가 비슷한 탓인지 후대의 기록에서도 혼용되는 경우가 꽤 많다.

이 해醢와 혜醯가 오늘날 우리가 먹는 음식에 남긴 흔적을 보자면, 가장
가깝게 '식해와 식혜'가 있다. 우리 음식에서 식해食醢는 소금에 절인 생
선을 조밥과 버무려 만든 원시적 형태의 젓갈을 말하고, 식혜食醯는 찹쌀
밥을 발효시킨 달콤한 음료를 말한다.

곡물을 넣은 발효식품이라는 점에서 두 음식은 서로 친척간이긴 하지
만 결과물은 천지 차이가 나는데, 두 음식이 그리 먼 촌수가 아니라는 것
을 보여주는 음식이 있다. 바로 안동 지방의 특산물인 '안동식혜'다. 외

지인들은 고춧가루와 생강이 밥알과 함께 들어 있는 이 묘한 음료를 안동식혜라고 부르지만, 안동 사람들은 이 독특한 식혜만을 '식혜'라고 부르고, 다른 지방에서 먹는 달달하기만 한 식혜는 '감주甘酒'라고 구별해서 부른다. 안동에서만큼은 식혜와 감주는 다른 음료의 이름이다. 이 고춧가루가 들어간 안동식혜를 맛본 사람은 식해와 식혜 사이가 생각보다 가깝다는 것을 깨닫게 된다. 그리고 주나라 때 이미 이런 음식이 120종씩 있었다는 사실은 문명의 발달과 함께 소금과 식초를 이용해 음식을 발효시키는 기술이 일찍부터 발달했음을 보여준다.

이 해醢가 중국 역사에서 가장 인상적인 장면을 연출하는 것은 한 고조 유방이 초패왕 항우와 중원 천하를 놓고 다투던 때의 일이다. 오랜 격전 끝에 항우를 물리치고 천하를 차지한 유방은 서서히 자신에게 위협이 될 만한 부하 장수들, 특히 한신, 영포, 팽월 같은 유명한 장수들을 제거하기로 마음먹었다.

유방의 이런 속내를 알아차린 팽월의 부하가 "팽월이 모반을 꾀하고 있다"는 거짓 고변을 했다. 팽월은 직접 유방이 있는 도성으로 올라와 억울함을 호소하려 했지만 유방은 이때다 싶게 팽월을 잡아 죽이고, 시체를 소금에 절여 젓갈醢로 만든 다음 작은 단지에 담아 각지의 부하 장수들에게 보냈다. "나를 거역하면 누구라도 이 신세가 될 것"이라는 엄포였는데, 정작 이 젓갈을 본 장수들은 유방의 잔인함에 치를 떨며 잇달아 반란을 일으켰다. 역효과를 낸 셈이다.

불행히 우리나라에도 이를 따라 한 사람이 있었으니 폭군 연산이다. 연산군은 어머니 폐비 윤씨가 사약을 받은 사실을 뒤늦게 안 뒤, 아버지 성종의 후궁인 정씨와 엄씨를 잡아다 고문해 죽였다. 자신의 어머니를 참소했다는 이유였다. 그러고는 한밤중에 할머니 인수대비의 침전에 들어가 "왜 우리 어머니를 죽였느냐"고 따졌다. 그래도 분이 풀리지 않았는지 정씨와 엄씨의 시체로 더 끔찍한 짓을 저질렀다. 《조선왕조실록》 연산군일기 52권, 1504년 음력 3월 20일 자 기록에는 '後令內需司, 取嚴鄭屍, 裂而醢之, 散棄山野'라고 기록되어 있다. '내수사에 명을 내려 엄씨와 정씨의 시신을 찢어 젓갈을 담가 산과 들에 흩어버렸다'는 내용이다. 먹었다는 기록이 없는 것이 그나마 다행일지.

다소 끔찍한 이야기가 나왔는데, 이런 몇몇 기록들 때문에 해醢 자체를 사람고기로 만든 흉칙한 음식으로 알고 있는 사람들도 간혹 있다. 오해하지 마시길. 해는 젓갈을 가리키는 말이다. 다만 몇몇 잔혹한 권력자들이 이상한 용도로 사용했을 뿐이다.

해醢와 혜醯는 모두 중국에서만 일찍 발달한 것은 아니고, 우리 조상들도 열심히 발효식품을 만들었던 모양이다. 고대의 의료서인 《제민요술》에는 한 무제가 산동을 지나 동이(바로 우리나라다)를 정벌할 때 이족의 젓갈에 홀려 그 먹는 방식을 따라 했다는 기록이 있다. 한 무제의 군대가

동쪽으로 쳐들어 와 낙랑, 임둔, 진번, 현도의 4군을 설치했던 그 시기로, 우리 조상들도 이때부터 만만찮게 절이고 담갔던 이력이 있었던 것이다.

그리고 나서 《삼국사기》에는 신라 신문왕 때 젓갈 활용에 대한 기록이 나온다. 태종 무열왕의 아들인 신문왕은 왕위에 오른 지 3년 만인 서기 683년 신부를 맞았는데, 장인이 될 일길찬 김흠운의 집에 보내는 납채納 采(예물) 목록에 간장醬과 된장豉 그리고 젓갈醢이 포함되어 있다.

> 三年 春二月 以順知爲中侍 納一吉湌金欽運少女 爲夫人 先差伊湌
> 文穎波珍湌三光定期 以大阿湌智常納采 幣帛十五轝 米酒油蜜醬
> 豉脯醢一百三十五轝 租一百五十車
> 일길찬 김흠운(金欽運)의 작은딸을 맞아들여 아내로 삼기로 하고,
> 우선 이찬 문영(文穎)과 파진찬 삼광(三光)을 보내 기일을 정하고,
> 대아찬 지상(智常)을 보내 납채하게 하였는데, 예물로 보내는 비단
> 이 15수레이고 쌀, 술, 기름, 꿀, 간장, 된장, 포, 젓갈(醢)이 135수
> 레였으며, 벼가 150수레였다.

여기까지 보면 한 가지 의문이 생긴다. 장醬은 간장이나 된장을 말하고, 해醢는 고기나 생선을 소금에 절인 것이 오늘날의 용법인데, 《주례》에서 해醢를 장醬에 포함시켰다는 것은 대체 무슨 의미일까? 《삼국사기》

양식의 양식

에서도 구별해서 썼듯 장과 젓갈은 분명히 다른 음식 아닌가?

이 질문이야말로 발효식품의 세계를 제대로 이해하기 위해 넘어야 할 첫 번째 장벽이다. 오늘날의 사람들은 장과 젓갈이 별개의 것이라고 생각하지만, 역사를 거슬러 올라가면 장과 젓갈은 같은 뿌리의 식품이라는 사실을 알 수 있다. 둘 다 소금을 이용해 단백질을 분해하는 기술에서 가지치기를 통해 나온 음식들이기 때문이다.

먼 옛날에도 바닷가에는 소금이 흔했다. 정식으로 염전을 운영하지는 않아도 바닷물은 짰고, 그 바닷물에서 수분이 증발하면 하얀 결정체가 나온다는 것은 누구나 쉽게 알 수 있었다. 그 소금을 이용하면 음식의 맛이 좋아졌고, 오래 썩지 않게 보관할 수도 있었다. 소금에 삭힌 음식 맛은 그야말로 새로운 지평을 보여주었는데, 특히 절인 생선은 오래 두면 단백질이 완전히 녹아내리면서 독특한 풍미의 액체로 변했다. 이 액체는 다른 음식을 조리하는 데 중요한 조미료가 되었다.

이것은 오늘날까지도 이어지는, 젓갈이 액젓으로 바뀌는 과정이다. 소금과 생선이 존재하는 문명은 이 액젓을 이용해 풍부한 음식 문화를 일궈 나갔다. 로마인들이 애용했던 '가룸garum'이나 지금도 태국, 베트남 등지에서 널리 사용되고 있는 '남쁠라'와 '느억맘' 그리고 우리나라의 '까나리액젓'에 이르기까지 수많은 변형들이 있지만 원리는 거의 비슷하다. 이들은 '어장魚醬' 혹은 '어魚간장'이라고 불렸다.

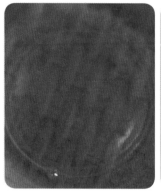 

▲ 한국의 까나리액젓　　　　　▲ 태국의 남쁠라

　어간장이 인기를 얻자 내륙 사람들도 이와 비슷한 것을 만들기 시작했
다. 미국의 음식사학자 마크 쿨란스키는 저서 《소금》에서 "최초의 '장醬'
이라는 한자는 소금에 절여 발효시킨 생선에서 비롯된 것이며, 내륙으
로 이 장이 전달되는 과정에서 재료에 콩(역시 고단백 식품이다)이 추가되
었고, 어느 순간엔가 생선이 재료에서 배제되며 콩만으로 장을 만드는
단계가 발생했다"고 해석하고 있다.[21] 일본의 음식문화학자 이시게 나오
미치도 어장과 육장이 고대의 조미료였지만 문명이 발달하면서 콩이 생
선이나 고기 대신 장의 재료로 사용되었다고 밝혔다.[22] 이것이 바로 간
장, 즉 한자로 '장유醬油'라고 부르는 음식이 탄생한 배경이다.
　태초에 소금에 절인 생선 젓갈醢로부터 장醬이 탄생했고, 장이 내륙으

　　　　　　　　　　　　　　　　　　　　　　　　양식의 양식

로 진출하면서 비슷한 기술로 콩을 이용해 만든 것이 간장이다. 달리 말
하면 간장은 '콩으로 만든 액젓'이라고 볼 수도 있다. 이 간장은 다시 수
많은 채소나 단백질과 만나 새로운 형태의 발효식품을 만드는 원동력이
되기도 했다. 그중 하나가 바로 우리가 즐겨 먹는 게장이다. 여기까지의
과정이 간략히 요약한 동아시아 발효식품의 역사다. 그리고 물론 아시
아에서만 음식을 소금에 절여 먹었던 것은 아니다.

세계 역사를 바꾼
유럽의 삭힌 맛

스페인 사람들에게 "맛있는 음식을 먹으려면 어디를 가야 합니까?"라고 물으면 대개 "아, 음식은 바스크 지방이 최고지!"라고 답한다. 바스크 지방은 북쪽으로는 대서양에 접하고, 동쪽으로는 피레네 산맥을 경계로 프랑스와 맞닿은 곳으로 아직까지 바스크어라는 특유의 언어 전통을 고집하는 지역이다. 바스크 지방의 중심 도시인 빌바오에서 서쪽으로 두 시간 정도 차로 달리면 산 세바스찬이라는 조그만 항구 도시에 도착한다. 공식 명칭은 산 세바스찬이지만, 도노스티오라는 바스크어 이름도 항상 병기되어 있다.

중세 때부터 중계무역과 해산물 가공으로 만만찮은 부를 축적해온 산 세바스찬은 '맛'에서만큼은 스페인 전역에서 가장 까다롭기로 유명한 도시다. 세계에서 가장 미니멀한 음식인 '핀초스pinchos'를 탄생시킨 곳이며, 바스크 지방의 중심인 빌바오에 대해서도 "아, 빌바오 사람들은 맛을 잘 몰라요"라고 한마디로 콧방귀를 뀌는 자존심 강한 사람들이 살고 있

▲ 스페인의 산 세바스찬 항구와 시내 중심지

다. 그런 산 세바스찬 사람들이 특히 고마워하는 음식이 있다.

산 세바스찬 중심부의 어시장. 백종원 대표가 한 가게 앞에서 멈춰섰다. "이게 바칼라오예요. 이거 하나 있으면 온갖 요리를 다 할 수 있어요."

소금에 절여 말린 대구는 유럽의 라틴 지역에서 모두 흔히 먹는 식재료다. 대구는 이탈리아어로는 '바칼라bacala', 포르투갈어로는 '바칼라우

▲ 소금에 절여 말린 염장대구 바칼라오

bacalau', 스페인어로는 '바칼라오bacalao'로, 부르는 이름이 거의 비슷하다. 산 세바스찬이 속해 있는 바스크 지역 말로는 '바칼랴오bakailao'. 역시 같은 단어로 들린다. 본래 생물 대구를 뜻하는 말이지만, 근래에는 염장대구를 가리키는 말로 사용되는 경우가 더 흔해졌다.

대구는 큰 생선이기 때문에 염장대구는 여러 부분으로 나뉘어 부위별로 다른 용도와 다른 가격으로 팔린다. 가장 인기 높은 턱살은 1킬로그램에 약 23유로(3만 원)에 팔린다. 만져보면 돌덩이 같지만 2~3일 정도물에 불리면 맛있는 생선으로 되살아난다.

북유럽, 발트해 연안의 특징적인 해산물이 절인 청어라면 프랑스에서서쪽 유럽에서는 절인 대구를 주로 먹는다. 보관 방법에는 좀 차이가 있다. 청어는 소금물에 푹 담가 통에 보관하고, 대구는 소금을 뿌려 바람에 말린다. 영국의 역사가 빌 프라이스는 《푸드 오디세이》에서 이 차이를 청어와 대구의 지방 함량 때문이라고 설명했다.[23] 청어는 지방 성분이 빨리 산패하기 때문에 소금물에 담가 공기를 차단해야 더 오래 보존할 수 있고, 대구는 지방 성분이 적기 때문에 대기 중에 말려도 쉽게 상하지 않는다는 것이다. 비슷한 저장 과정을 거친 북어가 생물명태가 갖지 못한 독특한 풍미를 갖게 되었듯, 염장대구 역시 생물대구와는 다른 독특한 맛을 갖게 된다.

염장대구는 이탈리아, 스페인, 포르투갈 모두 좋아하는 음식이지만 〈양식의 양식〉 제작진이 굳이 산 세바스찬으로 간 이유가 있었다. 염장대구를 가장 먼저 생산한 곳이 바로 스페인 북부의 바스크 지방이었기 때문이었다. 이들은 멀리서 온 바이킹들로부터 염장 기술을 배웠다. 마크 쿨란스키의 《소금》에 따르면 바이킹들은 근거지인 스칸디나비아에서는 충분히 소금을 생산할 수 없었다. 이들이 풍성한 소금을 맛보게 된 것은 북프랑스에 정착한 뒤의 일이다. 쿨란스키는 '북유럽인들은 대구는 있었지만 소금이 없었고, 남유럽인들은 소금은 있지만 대구가 없었다. 바스크인들은 아무것도 없었지만 용케도 두 가지 모두를 손에 넣었다'고 기록했다.[24]

사실 아무것도 없지는 않았다. 이들은 오랜 항해의 경험과 조선술을 지녔고, 곧 배 한가득 소금을 싣고 먼 바다로 나가 대구를 잡은 뒤 배 위에서 절여 육지로 가져왔다. 절인 대구는 금세 전 유럽의 인기 상품이 되었고, 이를 통해 산 세바스찬은 풍요를 누렸다. 소금이 곧 권력이었고, 소금에 절인 대구는 산 세바스찬의 축복이었던 셈이다.

절인 대구는 왜 이렇게 선풍적인 인기를 누렸을까? 교통수단이 발달하지 못했던 시절 내륙인들이 해산물을 맛본다는 것은 염장 기술이 없었다면 사실상 불가능한 일이었다. 우리나라에서도 안동 간고등어가 명물이 된 이유는 내륙인 안동지방에서 고등어를 맛보려면 소금에 절이는 것 외에는 다른 방법이 없었기 때문이었다. 배를 가르고 소금에 절인 고등어를 안동까지 운반하다 보면 그사이에 살짝 발효가 일어났고, 고등어 생물에서는 느낄 수 없는 발효된 지방의 맛이 더해져 명물 간고등어가 만들어졌다.

유럽에서도 이런 현상은 마찬가지였다. 쿨란스키는 16세기부터 18세기까지 유럽인들이 먹은 생선의 60퍼센트는 염장대구였을 것으로 추정한다. 나머지 40퍼센트 중 가장 큰 비율을 차지한 생선은 아마도 염장청어였겠지만, 어느 나라에서도 염장청어는 염장대구에 비해 저급한 식품 취급을 면치 못했다. 절인 청어는 대구에 비해 훨씬 심한 냄새를 풍겼기 때문이다.

절인 대구는 유럽의 내륙 사람들에게 생선 맛을 보게 해준 공로도 있지만 무엇보다 대항해 시대를 낳은 식품이라는 점을 인정하지 않을 수 없다. 쉽게 상하지도 않았고, 물에 불려 소금기를 빼면 금세 맛 좋은 요리로 가공할 수 있었기 때문에 장거리 항해에는 이보다 좋은 식재료가 없었다. 바스코 다 가마도, 콜럼버스도, 마젤란도 절인 대구가 없었다면 감히 먼 바다에 도전하지 못했을 것이다. 이처럼 유럽에서의 대구는 역사를 바꿨다. 촬영 도중 채사장 역시 염장대구를 만져보며 감동 어린 한마디를 남겼다. "그러니까 이게 없었으면 지리상 대발견 시대는 오지 않았을 거란 말인 거죠."

산 세바스찬 근처 산토냐는 또 다른 염장생선의 생산지로 유명하다. 바로 안초비. 스페인식으로는 '안초아'라고 부른다. 우리나라로 치면

▲ 우리나라 멸치젓갈과 비슷한 스페인 안초아(안초비)

▲ 빵과 파스타에 곁들여 먹으면 감칠맛을 내는 안초아

'멸치젓갈'과 같다. 어육이 다 살아 있다는 점에서 젓갈이라기보다는 염장생선에 더 가깝지만, 코를 찌르는 풍미는 '발효식품이구나'라는 느낌이 확연하다. 산토냐의 안초아 냄새를 맡으면서 백종원 대표는 몇 번이고 군침을 삼켰다. "이거야말로 유럽의 빵도둑이죠." 다른 재료 하나도 없이 바게트에만 얹어 먹어도 안초아 맛은 최고였지만, 파스타에 들어간 안초아는 더욱 화려한 맛을 뿜어낸다. 정재찬 교수는 산 세바스찬 방문 소감을 한마디로 정리했다. "여기 와 보니 소금이 얼마나 위대한지 알 것 같다."

양식의 양식

한국인은 발효식품을 사랑한다. 이런 이야기를 하게 되면 된장, 고추장, 간장, 막장 등의 장 종류와 수백 종의 김치를 비롯한 절임 음식 그리고 몇 종인지 헤아리기 힘든 다양한 젓갈류를 오래전부터 먹어왔다는 이야기가 근거로 제기된다. 물론 그렇다고 해서 한민족이 '세계에서 제일' 발효식품을 좋아하는 민족이라고 속단할 수는 없다. 단지 정도의 문제일 뿐이지, 지구상의 모든 민족과 문화권에는 발효음식이 있고, 그들은 모두 발효음식에 각별한 애정을 갖고 있다.

이 발효음식의 삭힌 맛은 크게 세 가지의 길로 나뉜다. 우선 하나의 길은 장醬, 즉 간장·된장·고추장·두반장 같은 소스이고, 그다음 길은 젓갈, 즉 새우젓 창난젓에서 멸치액젓 혹은 남쁠라로 향하는 길이다. 마지막 길은 바칼라오, 안초비, 가자미식해 그리고 수르스트뢰밍이나 홍어에 이르는 장기 보관 저장식품이다. 이 세 가지 길은 독립된 각각의 길이지만 도중에 서로 만나는 부분이 있다. 그리고 하나 더, 이 길에는 공통점이 있다.

첫째로 긴 시간에 걸쳐 먹을 수 있는 '저장식'이므로 장거리 이동을 가능케 하는 역할을 한다는 것, 둘째로 각 지역에서 밥도둑(그 지역의 대표 음식이 빵이라면 빵도둑, 국수라면 국수도둑)의 역할을 한다는 것, 마지막으로, 나와 남을 가르는 기준의 역할을 한다는 것이다. 특히 문화적인 관점에서 봤을 때 세 번째 역할은 의미심장하다.

마틴 호프만 같은 고전적인 사회심리학자에서 최근의 진화심리학자들까지, 대다수의 학자들은 '공감empathy'이 인류의 문명을 가능케 한 핵심 요인이라는 데 이견을 보이지 않는다. 여기서 말하는 공감이란 다른 개체의 감정, 특히 기쁨이나 슬픔을 내게 일어나는 감정처럼 느끼는 능력을 말한다. 공감이 작용하기 때문에 인간은 협력할 수 있고, 협력의 결과는 거대한 토목건축이나 조직과 규범의 형성을 통한 문명의 탄생으로 이어졌다.

그런데 공감이란 감정에는 자연스럽게 단계가 발생한다. 친척의 촌수가 1촌에서 2촌, 3촌으로 갈수록 멀어지듯 내 가족, 내 이웃, 내 고향, 내 나라와 같은 순서대로 집단이 커지고 나와의 직접적인 접촉이 적어질수록 공감의 폭은 줄어든다. 그래서 공감은 문명의 출발점이기도 하지만, 동시에 갈등의 출발점이기도 하다. 나의 공감 폭 바깥에 위치하는 사람들은 자칫 '그들'이나 '남들' 혹은 '적들'이 될 수 있기 때문이다. 어느 나라에나 있는 지역 갈등이나 프로스포츠 라이벌팀 팬들 사이의 갈등은 한쪽 공동체의 공감과 다른 쪽 공동체의 공감이 첨예하게 부딪히면서 생기는 현상이다.

이런 경우 음식, 특히 집단 고유의 발효음식은 공동체 내부의 공감을 더욱 공고하게 하는 역할을 한다. 이를 두고 유현준 교수가 "보이지 않는 지도를 그린다"고 표현했듯이 특정한 음식에 대한 기호가 '나'와 '남'을 갈랐던 경험은 누구나 한 번쯤 겪어봤을 일이다. 그만큼 이 발효식품의 맛은 강한 동질성을 일깨운다. 멀리 고향을 떠났을 때 가장 먼저 떠오르는 맛과 향이 바로 발효식품의 맛과 향이다.

마치 몽골 사람들이 아이락馬乳酒(말 젖을 발효시켜 만든 술) 맛을 생각하면 입맛을 다시고, 한국인들이 김치 냄새를 맡으면 식욕을 느끼고, 중국인들이 취두부 냄새를 맡으면 군침이 도는 것처럼 말이다. 그런데 묘하게도 세계의 많은 사람들이 자신이 속한 문화권의 발효음식은 맛있는 별미라고 생각하는 반면, 다른 문화권의 발효음식은 혐오식품이라고 생각하는 경향이 있다. 전혀 새롭지도, 놀랍지도 않은 현상이다.

심지어 우리나라 안에서도 음식이 '우리'와 '그들'을 나누는 경우를 볼 수 있다. 현재 어디에 살건 남도의 후예들은 홍어 맛을 잊지 못하고, 1·4 후퇴로 고향을 떠나 속초 언저리에 정착한 함경도 출신 피란민들이 집과 일터를 세운 다음 제일 먼저 재개한 것이 바로 가자미식해 담그기였다.

정재찬 교수가 속초 아바이마을을 찾아가서 만난 함경도 '아바이'들은 코흘리개 시절 6·25를 맞아 고향을 떠난 사람들이다. 하지만 이들은 지각보다 맛으로 더 분명하게 고향을 기억한다. 이 '아바이들의 아바이들'은 피란 온 속초의 단칸방에서 아들들에게 "한 석 달만 있으면 집에 돌아갈 수 있을 것"이라고 얘기했다. 하지만 집에 돌아가는 날은 아직 오지 않았다.

그렇게 주저앉은 70년 세월 동안 이들은 고향의 먹을거리를 그대로 재현했다. 같은 동해 바다를 타고 내려온 터라, 재료에는 차이가 없었다. 요즘은 귀할 대로 귀해졌지만 본래 동해의 생선은 명태. 함경북도 명천 앞바다에서 태太씨 성을 가진 어부가 처음 잡았대서 명태다. 당시 속초 앞바다에는 명태와 오징어가 지천이라 어부들은 "사람이 빠져도 죽지 않는다"고 했다. 그렇게 명태를 건진 다음 아바이들은 알 굵은 명태 알을 파내 명란젓을, 명태 창자를 긁어내 창난젓을 담갔다. 이북식 명란젓과 창난젓 담그기는 함경도 '오마이'들의 부업거리로 수입에도 크게 도움이 됐다. 이 피란민들의 명란젓은 부산을 거쳐 일본 규슈에도 전해졌고, '멘타이코明太子'라는 이름의 지역 명물로 변신하기도 했다.

물론 이들에게 고향 음식의 꽃은 가자미식해. 김치는 떨어질 수 있어도 식해가 떨어지면 안방에서 숟가락 내던지는 소리가 났다. 알 굵은 가자미의 내장과 등지느러미를 제거하고 소금에 절인 뒤 마늘, 좁쌀과 고

▲ 함경도 지역의 향토 음식인 가자미식해

춧가루로 버무려 익히면 쿰쿰하면서도 고소한 가자미식해가 된다. 식해
가 먹기 좋게 익으면 거기에 무를 적당한 크기로 썰어 넣고 깍두기처럼
담그는 것도 별미다. 좁쌀이 수분을 흡수해 꼬들꼬들한 맛이 따뜻한 밥
에 얹어 먹어도, 국수 꾸미로 먹어도 일품이다.

　국토의 북동쪽 끝에 가자미식해가 있다면 남서쪽 끝에는 홍어가 있다.
특정한 음식을 먹을 수 있느냐 없느냐를 갖고 우리 편과 남의 편을 구별
하는 정서를 말할 때 그 끝간 곳에 있는 것이 홍어다. 광주광역시에서,
목포에서, 나주에서 홍어를 잘 먹는 외지인은 더 이상 외지인이 아니다.
처가가 광주인 필자도 겪었던 경험이다. 결혼을 앞둔 상견례 자리에서,
교자상 한가득 반찬이 깔린 한정식 상 위에서도 홍어를 찾아서 입에 털

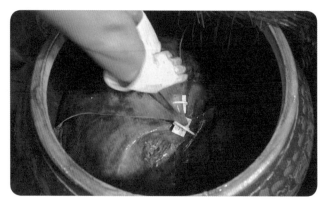

▲ 홍어는 체내 요소 덕분에 자연 발효되어 식감과 톡 쏘는 맛이 강해진다.

어 넣어야 잘 보일 수 있다는 생각을 하지 않을 수 없었다.

물론 홍어에도 브랜드가 있다. 흑산도 홍어 이야기를 하면 남도 사람들 중에도 "김대중 전 대통령이 흑산도가 최고라고 해서 그렇지 별 차이 없다"고 하는 사람들도 있고, "무슨 소리냐. 냄새부터 다르다"고 하는 사람들도 있다. 현재 최고의 홍어는 '흑산도에서 잡아 나주에서 숙성한 것'을 쳐준다. 흑산도에서 목포까지 뱃길로 약 200리 그리고 거기서 영산강을 타고 내륙으로 들어가면 구불구불한 강줄기를 타고 약 200리를 더 올라가야 나주 영산포가 나온다.

일찍이 나주는 나주평야의 중심인 곡창지대에다 목포에서부터 올라오는 영산강의 수운 그리고 남쪽으로 무안, 함평, 순천으로 이어지는 남

양식의 양식

도 내륙 교통의 요지로 크게 번성했다. 전라도라는 이름만 봐도 북쪽에는 전주, 남쪽은 나주가 이 지역의 중심지였던 것이다.

게다가 흑산도에서 잡혀 출발한 홍어는 이동하면서 이미 숙성이 시작되고, 목포를 거쳐 영산포에 이르면 어느 정도 숙성이 진행된 상태다. 일설에는 고려 중기 삼별초의 난 이후 많은 흑산도 주민들이 나주 지역으로 이동했고, 이들이 고향에서 먹던 홍어 맛을 잊지 못해 찾은 것이 영산포가 홍어의 집결지로 유명해진 가장 큰 이유라고도 전해진다. 18세기 정약전이 쓴《자산어보》에도 '나주 사람들은 삭은 홍어를 좋아한다'고 기록되어 있다.

정재찬·유현준 교수와 채사장, 최강창민은 제대로 된 홍어를 맛보기

▲ 생홍어회와 홍어삼합, 홍어찜을 맛보는 출연진

위해 서울 사당동 홍어연구소에 모였다. 노포는 아니지만 젊은 주방장이 홍어에 대해 진지하게 접근하는 식당으로 잘 알려진 곳. 이들은 서서히 생홍어, 생홍어 애를 거쳐 점점 더 '독한' 부위로 올라가면서 홍어의 진미를 맛봤다. 다 자란 홍어는 길이가 1.5미터, 무게는 8~10킬로그램을 오가는 큰 고기다. 당연히 부위가 다양한데 버리는 것 없이 다 먹는다.

홍어를 논할 때 전문가들은 흔히 '일코-이애-삼익'이라는 말을 한다. 일단 애호가들은 코(주둥이)와 애(간)를 진미로 친다. 애는 유일하게 숙성시키지 않고 먹는 부분이고, 삭힌 코는 얇게 썰었을 때 홍어 한 마리에서 4~6점 정도만 나오는 귀한 부위다. 물렁뼈가 들어 있어 쫄깃한 식감이 탁월하다. 남도 지역에선 '코만 먹어도 홍어 한 마리를 다 먹은 셈'이라는 말이 나올 정도다.

그다음 차례인 익은 날개를 말한다. 사실 홍어나 가오리가 물속에서 헤엄칠 때는 날아가는 것처럼 보여서 날개라고 부르지만, 정확하게 말하자면 지느러미 부위다. 지느러미살은 맛이 진해 삼합용 수육으로 많이 먹고 몸통, 꼬리, 뱃살 등은 주로 무침으로 먹는다.

홍어 마니아들은 또 "애국을 못 먹으면 홍어 먹을 줄 모르는 것"이라고 입을 모은다. 홍어 애와 기타 자질구레한 부위를 넣고 끓이는 애국은 홍어로 만든 여러 식품 가운데서도 냄새가 가장 강하기로 유명하다. 예전에는 내장과 뼈에 후추며 고춧가루며 온통 향신료로 범벅을 해서 끓

▲ 홍어의 삭힌 코는 몇 점 나오지 않는 희귀 부위다.

였지만 요즘은 된장 베이스로 우거지를 넣어 살짝 가볍게 끓여내는 스타일이 더 인기다.

서울에서도 홍어를 먹는 사람들이 꽤 흔해진 것은 1970년대 이후, 지방 인구가 서울로 대거 이동한 뒤의 일이다. 그전까지 전라도 지역에서도 홍어는 잔칫집이나 상을 당한 집에서 손님 접대를 위해 마리 단위로 '맞춰' 먹던 음식일 뿐, 홍어를 파는 식당이 따로 있는 것도 아니었다. 하지만 이동이 원활해지면서 서울로 이주한 사람들이 고향의 맛을 잊지 못해 홍어를 찾아 먹었고, 워낙 중독성 강한 음식인 만큼 자연스럽게 서울 토박이나 타 지역 출신들에게도 전파됐다. 이 때문에 홍어가 그 지역을 의미하는 음식이 되고, 나쁜 경우에는 지역 차별의 요소가 있는 말로 간주되기도 한다. 대체 음식에 무슨 죄가 있다고.

　사실 영호남 사이에 발효식품을 통한 구분이 있기는 하다. 호남 지역에서 홍어를 먹을 때 영남 지방의 바닷가에서는 청어를 꾸덕꾸덕 말려 과메기로 만들었고, 상어는 내륙으로 들어가면서 역시 이동 시간에 의해 자연스럽게 삭아 돔베고기가 되었다(영남 지방의 '돔베'는 상어를 뜻하는 사투리지만 제주도의 '돔베'는 도마를 뜻한다. 그래서 영남의 돔베고기는 '삭힌 상어고기', 제주의 돔베고기는 '삶은 돼지고기를 도마에 올려 썬 것'을 의미한다). 홍어도 맛있고, 과메기도 맛있다. 둘 중 어느 것을 먹고 자랐느냐가 서로 다른 사람을 만들지는 않는다.

　한국보다 작은 섬나라인 아이슬랜드에서는 홍어도 먹고, 상어도 먹는다. 사방이 터진 섬인 탓인지 그쪽에서는 홍어를 먹는 사람들과 상어를 먹는 사람들 사이에 아무런 구분이 없다고 한다. 이제부터 서로 더 잘 이해하기 위해서라도, 양쪽의 특산물을 좀 바꿔서 많이 먹을 필요가 있을 것 같다.

통과의례로서의 음식이,
다양성을 인정하는 음식으로

　홍어가 잡히는 곳은 흑산도를 비롯한 먼 남해 바다지만 '삭힌 홍어' 맛을 가장 잘 아는 건 영산포, 즉 나주 사람들이라는 말이 옛적부터 있어 왔다. 반면, 정작 산지인 흑산도 사람들은 오늘날에는 생홍어를 더 선호한다. 냉장시설이 미비했던 옛날에야 육지 사람들이 생홍어의 맛을 볼 방법이 없었지만, 요즘도 '홍어는 삭힌 것이 역시 최고'라는 생각을 갖고 있던 홍어 마니아들도 생홍어를 한 점 먹어 보면 다들 눈이 휘둥그레진다. 그만큼 생홍어 회는 맛이 좋다. 특히 별미 중 하나인 홍어 애(본래 '애'는 이순신 장군의 시조에 나오는 '남의 애를 끊나니'처럼 창자를 가리키는 말이지만 홍어의 경우에는 간을 말한다)는 대개 냉동으로 유통되는데, 생물 홍어에서 바로 꺼낸 애의 맛은 정말이지 비길 것이 별로 없는 별미다.

　이렇듯 숙성의 맛이 발견되는 데는 갖가지 사연이 함께 존재한다. 안동 간고등어 역시 바닷가에서 갓 잡은 고등어를 갈라 염장하고, 그 염장 고등어가 내륙인 안동까지 이동하는 사이 숙성의 맛이 스며 생물보다

▲ 홍어회는 돼지고기, 묵은 김치와 함께 싸먹기도 한다.

유명한 안동 명물을 낳았다. 포항 과메기, 함경도 가자미식해 역시 언제 어떻게 해서든 누군가의 첫 발자국이 있었고, 해당 지역의 취향과 맞아 떨어지면서 강렬한 고향의 미각으로 남은 것이다.

물론 교통이 원활하지 못했던 옛날이야기. 지금은 각 고장 음식들이 서울 한복판에서 충분히 경쟁하는 시대다. 북한이라곤 가보지도 못한 남쪽 젊은이들이 가자미식해의 맛에 반하고, 제주도를 모르는 사람도 자리젓 맛을 본다. 그렇게 '우리 고향'이라는 작은 커뮤니티에서 벗어나 맛의 공감을 통해 '우리'의 폭을 넓혀 가는 취향의 확장이 곧 문화의 확장이다. 이런 식으로 전혀 교감 없던 지역 사람들이 각자 블루치즈를, 취두부를, 수르스트뢰밍을 맛보고 서로의 차이를 즐거움으로 인정할 때

양식의 양식

진정한 '위 아 더 월드'가 이뤄지지 않을까. 이제는 '우리가 먹는 것은 잘 삭은 음식이지만 너희가 먹는 것은 썩은 음식'이라는 태도를 버리자. 우리 동네 발효음식의 맛을 자랑하는 것은 계속하되 남들이 먹는 것을 비웃거나 배척하지 말자. 온 세상의 음식 문화를 제대로 즐기는 길은 바로 이 지점에서 시작한다.

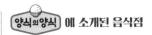

1장 삼겹살 편

셰드 바비큐 앤 블루스 조인트 The Shed Barbeque&Blues Joint
7501 HWY 57 Ocean Springs, MS. 39565, USA | (228) 875-9590

사실 <양식의 양식> 제작진도 이 레스토랑에 직접 가본 것은 아니지만, <양식의 양식> 삼겹살 편을 보고 그 통돼지 바비큐에 감동하신 분이 있다면, 한 번쯤 들러 보시라는 뜻에서 소개한다. 2018년 멤피스 인 메이 바비큐 월드 챔피언십에서 우승한 관록의 바비큐 전문 레스토랑. 대회에 참가했던 팀이 경영하고 있는 레스토랑이니 아마도 거기 근접한 맛을 낼 듯.

을지로 전주집
서울 중구 충무로11길 18-8 | 02-2279-1086

서울 올드 타운 을지로의 분위기를 물씬 풍기는 관록의 노포. 물론 삼겹살을 취급하지만 사실이 집의 단골들이 더 즐겨 찾는 메뉴는 목삼겹살이다. 목살을 삼겹살과 비슷하게 얇게 썰어서 냉동시켜 삼겹살을 굽는 기분으로 목살을 먹을 수 있는 특이한 영업 방침을 자랑한다. 바싹 구운 삼겹살의 바삭한 맛을 좋아하되 고기보다 지방이 더 많은 싸구려 삼겹살을 싫어하는 분들이라면 특히 더 좋아할 맛이다. 달걀노른자에 비빈 파무침과, 그 파무침이 듬뿍 들어가는 볶음밥 맛도 정평이 나 있다.

김해 삼일뒷고기
경남 김해시 전하로 277 | 055-334-4138

뒷고기란 본래 돼지를 잡는 과정에서 도축인들이 뒤로 슬며시 빼돌려 먹던 고기라는 데서 비롯된 말이지만 요즘은 일반 식당에서 흔히 찾지 않는 부위를 싸게 파는 집으로 통한다. 코, 볼, 혀, 목구멍 등 돼지머리 부위가 많이 나오는데, 일반적으로 이런 부위들은 순댓국집에 국물 재료로 많이 팔려간다. 1인분에 5,000원(그러나 2인이면 3인분 이상 주문해야 한다는 묘한 규정. 차라리 1인분을 7,500원 받는 게 낫지 않을까)이라는 저렴한 가격에 돼지의 특수 부위를 양껏 즐길 수 있다.

메종 드 캉디도 Mesón De Cándido

Plaza Azoguejo, 5, 40001 Segovia, Spain | +34 921-42-59-11

전설의 새끼 돼지 통구이 맛집. 마드리드에서 1시간 정도 달려 세고비아의 중심부로 향하면 어디서나 보이는 로마 유적 수도교가 있고, 수도교 바로 근처에 있어 쉽게 찾을 수 있다. 전형적인 관광객용 맛집이 아닐까 의심스럽기도 하지만 맛에 대한 자부심은 대단하다. 아무리 친한 사이에 같이 가도, 살코기를 내줄지언정 껍질은 서로 양보할 수 없다는 맛을 즐겨 보시길.

오 피에드 드 꼬숑 Au Pied de Cochon

6 Rue Coquillière, 75001 Paris, France | +33 1-40-13-77-00

루브르 박물관에서 멀지 않아 한국 관광객들에게도 이미 잘 알려진 파리 맛집. 문고리 모양을 볼 때부터 돼지에 목을 맨 집이라는 것을 알 수 있다. 간판 메뉴는 뭐니 뭐니 해도 프랑스식 족발. 1947년 개업한 노포답게, 족발을 일단 양념에 삶은 뒤 기름에 튀겨서 속살은 촉촉하고 거죽은 바삭한 고기의 이상을 구현했다. 어느 나라에서나 돼지족발이 비싼 나라는 없으니 물가 비싼 파리에선 충분히 가볼 만한 집. 용기 있는 사람이라면 정재찬 교수가 경악했던 돼지 코 부위도 맛볼 만하다.

2장   냉면 편

강서면옥

서울 중구 세종대로 11길 35 | 02-752-1945

서울의 수많은 평양냉면 명가 중에서도 세 손가락 안에 드는 관록의 노포. 간판은 당연히 냉면이며, 수정처럼 투명한 육수를 자랑하는 경쟁 식당들과는 달리 간장 빛이 은은한 다소 진한 색의 육수로 확실히 구분된다. 불고기와 빈대떡, 수육무침 등 냉면과 함께 먹을 수 있는 메뉴들도 충분한 경쟁력을 갖추고 있다.

능라도

경기도 성남시 분당구 산운로 32번길 12 | 031-781-3989

경기도 분당을 시작으로 프랜차이즈화에 성공한 평양냉면 2세대의 대표주자. 대기업 출신으로 냉면 마니아였던 창업주가 평생의 꿈을 성사시킨 스토리가 흥미롭다. 냉면은 물론이고 만두, 순대, 가자미식해 등 다양한 메뉴가 안주로 제공되고, 특히 다양한 분점 체제 안에서도 거의 차이 없는 맛으로 유명하다.

서관면옥

서울 서초구 서초대로 56길 11 | 0507-1317-9945

평양냉면계의 신흥 세력 중 두드러진 활약을 보이고 있는 식당. 제주산 메밀의 도입으로도 유명하고, 전통적인 명가들의 장점을 취합한 듯한 육수가 경쟁력을 자랑한다. 전통적인 물냉면과 비빔냉면 외에도 들기름과 깨, 나물을 활용한 골동면이 독특하고 냉면 육수에 밥을 말아 먹는 메뉴의 개발 등 신흥 주자다운 패기 있는 도전의식이 돋보인다.

내호냉면

부산 남구 우암번영로길 17 | 051-646-6195

부산 밀면의 원조로 공인받는 식당. 전철을 내려 마을버스를 타고 한참을 더 들어와야 하는 외진 곳에 있지만 명성으로 끌어들이는 손님이 여전히 적지 않다. 평양냉면보다는 함흥냉면 쪽에 가까운 뿌리를 갖고 있고, 아직도 냉면과 밀면 메뉴를 따로 팔고 있는 점이 특이하다. 육수 맛에 단맛이 강하고, 일반 평양냉면보다는 약간 쫄깃한 면발이다.

사곶냉면

인천 옹진군 백령면 사곶로 122번길 54-19 | 032-836-0559

백령도 냉면집 가운데 가장 육지에 잘 알려진 대표적인 식당. 지명도를 바탕으로 최근 인천에 분점을 내고 진출했다. 돼지 뼈와 고기를 우린 진한 육수에 비장의 무기 까나리액젓을 첨가한 달달한 육수가 중독성 있는 맛. 물냉면과 비빔냉면 사이에 육지에서 온 젊은 해병대 장병들의 취향에 따라 반반냉면이라는 새로운 메뉴를 개발하기도 했다.

연변냉면

서울 영등포구 도림로 136 | 02-844-5544

대림동 차이나타운에서 옌볜식 냉면을 처음 한국에 소개한 식당 중 하나. 돼지와 소, 닭을 모두 넣고 한약재와 함께 우려낸 육수에 메추리알, 수박, 오이, 양배추 등 다양한 고명을 올린 맛이 독특하다. 19세기 후반부터 간도 지역으로 진출한 한인들의 문화 속에서 함경도식과 평안도식, 그리고 북만주 특유의 전통이 혼합되어 만들어진 음식이며, 한국에 거주하는 옌볜 조선족 동포들에게는 잊을 수 없는 고향의 맛으로 꼽힌다. 서울식 입맛에는 낯설 수도 있는 맛.

3장   치킨 편

광주 양동통닭

광주 서구 천변좌로 262 | 062-364-5410

양동시장 닭전 골목의 역사와 전통을 자랑하는 통닭 전문점. 물론 통닭이라는 이름과 달리 토막쳐서 튀긴 닭이 나오지만, 일단 양이 사람의 기를 죽인다. 일반 치킨의 1.5배 분량이 나오고, 닭발과 닭똥집도 들어 있다. 닭전 골목 입구에서 마주 보고 있는 수일통닭과는 숙명의 라이벌.

알세니아스 Alcenia's

317 N Main St, Memphis, TN 38103, United States | +1 901-523-0200

미국 멤피스에서도 소문난 남부 음식 전문점. 프라이드치킨과 메기catfish 튀김이 소문난 메뉴다. 유명 셰프인 B.J. 체스터 타마요의 특제 레시피인 튀김옷이 두둑하게 입혀진 치킨 한 쪽이면한 끼 식사는 거뜬. 사이드 메뉴로는 그린 빈과 프라이드 캐비지가 일품이다. 특히 한국인들은프라이드 캐비지에서 우거지 볶음의 향취를 느낄 수 있다. 추천.

뽈로 깜뻬로 Pollo Campero

2450 Grand Concourse, The Bronx, NY 10458, United States | +1 718-933-4261

미국에서 인기를 모으고 있는 과테말라계 치킨. 미국 전역에 400여 개의 매장이 있다고 하는데 맨해튼에서 가장 가까운 매장은 맨해튼 북쪽, 브롱크스에 있다. 단맛에서 고수(실란트로)향이 나는 소스까지 치킨을 찍어 먹는 소스가 다양하며, 라틴계 음식답게 토르티야에 싸 먹는 것이 특징이다. 역시 중남미풍의 매운맛과 궁합이 좋다.

TKK 프라이드치킨 TKK Fried Chicken

115 E 23rd St, New York, NY 10010, United States | +1 646-476-2013

맨해튼에 위치한 대만계 프라이드치킨 전문점. 일찌감치 대만 문화로 각국에서 소개된 버블티의 인기를 타고, 버블티와 치킨을 조합해 뉴요커들의 입맛에 도전하고 있다. 한국에 치킨 무가있다면 대만 치킨에는 꽈리고추 튀김이 있다. 닭날개 속에 밥을 넣고 튀긴 꽈꽈바오도 한번 도전해볼 만한 특별 메뉴.

Bonchon 32nd Street

325 5th Ave, New York, NY 10016, United States | +1 212-686-8282

맨해튼에서만 3개의 매장을 운영하고 있는 한국산 치킨. 국내에서는 잘 알려지지 않은 치킨이지만 뉴욕에서는 상당히 각광받고 있다. 교촌치킨과 흡사한 달달 간장 양념이 특징이고, 치킨무를 곁들여 먹는 방식도 한국식. 3개 매장이 있지만 아무래도 맨해튼에서 한국인의 본거지인32가에 있는 매장이 가장 눈길이 간다.

르 코크 리코 Le Coq Rico
98, rue Lepic75018, Paris, France | +1 212-267-7426
파리에서도 손꼽히는 가금류家禽流 전문 레스토랑. 닭, 칠면조, 달걀 등을 이용한 다양한 메뉴가 있지만 가장 유명한 메뉴는 로티세리(꼬치에 끼워 고기를 굽는 장치)로 조리한 브레스 닭. 싼 가격은 아니지만 브레스 닭 1마리에 사이드 디시를 주문하면 3~4인분도 가능. 식후 몽마르트르 언덕으로 넘어가며 인상파 시대 파리를 주름잡던 거장 화가들의 발자취를 살펴볼 수 있다.

히어로 Hero
289 Rue Saint-Denis, 75002 Paris, France | +33 1-42-33-38-01
파리의 핫플레이스로 떠오른 한국식 치킨 전문점. 주인도 주방장도 한국인이 아니고 서빙하는 아르바이트생만 한국인인데 한국식 치킨을 팔고 있다는 놀라움. 아시아 지역을 여행하다가 한국에 관심이 생겨 개업하게 되었다는 식당으로 한국식 치킨 무는 물론이고 파김치를 사이드 디시로 내놓고 있다. 식당 가운데 손 씻는 시설을 마련하고, 손으로 뜯어 먹게 유도하는 점도 이색적.

4장   백반 편

순천 대원식당
전남 순천시 장천2길 30-29 | 061-744-3582
남도 한정식을 다루는 TV 프로그램들이 웬만하면 피해가기 힘든 전국구 한정식 전문점. 너무 알려지는 바람에 2인상 8만 원이 기본 상차림이 됐는데 동네 어르신들에게는 너무 비싸고 문턱이 높아졌다는 평도 있다. 하지만 지어진 지 100년 된 한옥 방에 앉아, 상 위에 그릇을 놓을 자리가 모자라 2층으로 포개져 나오는 별미들을 보면 역시 감탄이 앞선다. 기본 반찬만 28개에 계절별로 메뉴가 바뀐다. 역시 굵고 가는 방법밖에 없다.

숙이네 갈치조림
서울 종로구 종로40가길 13 | 02-2267-0837
동대문시장, 평화시장과 그 배후의 봉제, 의류 공장의 애환이 그대로 담겨 있는 동대문 백반 골목. 좁은 길 양쪽으로 연탄불에 굽는 생선 냄새가 식욕을 자극한다. 최근 들어 냄새 때문에 가정에서 구워 먹기 힘들게 된 고등어, 조기, 굴비, 갈치 등 생선구이 백반이 이 골목의 주 메뉴. '숙이네 갈치조림'도 간판 메뉴는 갈치조림이지만 많은 손님들이 생선 모둠구이를 더 찾는다. 비슷한 종류의 식당들이 몰려 있던 서울 시내의 피맛골, 을지로 삼제리제 등이 점점 문을 닫아 가면서 동대문 백반 거리에 대한 관심이 더 모이는 편이다. 최근에는 동대문 패션타운과 함께 관광객들의 발길도 이어지고 있다.

양식의 양식

인천 명월집

인천 중구 신포로23번길 41 | 032-773-7890

1966년 개업. 3대째 이어지는 가정식 백반의 명문. 세월의 흐름 때문에 가격은 1인당 8,000원까지 올랐지만 밥과 반찬 외에 돼지고기김치찌개와 누룽지가 무한리필이라는 점을 생각하면 결코 비싸다는 말을 할 수 없다. 깔끔함과 맛은 기본. 왕년에는 인천항 노무자들이나 뱃사람들의 허기를 달래주는 귀한 밥집이었다면, 요즘은 20세기 전반의 분위기가 살아 있는 인천 구시가를 산책한 뒤 가벼운 마음으로 들르는 맛집의 느낌도 어색하지 않다.

삼각지 골목식당

서울 용산구 한강대로 62가길 8-6 | 02-795-7019

오래된 맛집들이 몰려 있는 삼각지의 육군본부 쪽 골목 안으로 들어오면 점심시간 때마다 긴 줄이 보인다. 21세기 서울 시내 복판에서 1인당 6,000원에 반찬 6가지가 나오는 백반을 먹을 수 있는 곳. 주인들도 "솔직히 백반 팔아서 뭐가 남겠느냐"고 말한다. 그나마 저녁에는 삼겹살과 낙지볶음, 감자탕에 미리 주문하면 홍어삼합도 가능해 술 손님이 끊이지 않는다. 저녁 장사가 잘 되면 굳이 점심에 힘든 백반을 안 하게도 되련만, '그래도 백반을 해야지'라는 가게 주인의 의지가 고맙게 느껴진다. 맛은 역시 기본.

가오쉬시팡차이 高氏私房菜, Gaoshi private kitchen

20 Zhuhai Rd, Ao Fan Ji Di Bai Li Guang Chang Shang Quan, Shinan District, Qingdao, Shandong, China | 青岛市南区珠海路20号 | +86 532 8589 3899

식당 이름은 '고씨의 부엌 집밥' 정도로 번역할 수 있다. 중국 사람들은 확실히 외식을 많이 하는 편인데 특히 아침식사용 음식을 집 근처 식당에서 바로 먹거나, 사서 집에 가서 먹거나, 출근하면서 들고 먹는 경우가 모두 흔하다. 그런 아침 식사 풍경을 경험해 볼 수 있는 맛집. 중국 전역에서 아침 식사로 즐겨 먹는 유타오油條(기름에 튀긴 커다란 꽈배기)와 더우장豆漿(따뜻한 두유)을 비롯해 만두, 찐빵, 죽 등을 판다. 팔뚝만 한 유타오가 2.5위안(약 430원), 어른 주먹만 한 배추고기만두白菜肉包가 3위안(약 520원)으로 가격은 놀랍게 저렴한 편이다.

마오마오찬팅 毛毛餐厅

桦川路16号洪山坡小区内(洪山坡小区附近) | +86 532 8569 1422

주택가에 있는 식당이라고 무시하기엔 음식 내공이 깊은 식당. 본문에서도 소개했듯, 밥 해먹기 싫은 동네 사람들이 가족 단위로 나와서 테이블 가득 음식을 시켜 놓고 자창차이家常菜(가정식)를 즐기기 좋은 식당이다. 가격도 적당해서 부담이 없지만 주방에서 다루는 음식은 상당히 다양한 편. 중국 음식에 어느 정도 익숙한 사람이라면 동북지역 음식인 둥베이라피东北拉皮(양장피와 비슷한 묵 무침)나 쓰촨 지방의 민물생선 요리인 수이주위水煮鱼(찐 생선을 고추기름에 다시 익혀 먹는 음식)도 시도해볼 만하다.

라 칸티나 데 하베아 La Cantina de Javea

Muelle Pesquero, S/N, 03730 Xàbia, Alicante, Spain | +34 965 79 21 90

하베아의 바닷가 해수욕장을 살짝 벗어나 어선들과 요트들이 정박하는 포구에 위치한 식당. 조금 한적한 분위기에서 지중해 분위기를 만끽할 수 있다. 바닷가답게 각종 해산물 요리와 함께 파에야나 아로스 칼도소 같은 쌀을 이용한 요리를 잘 한다. 햇살이 일렁이는 바닷가에서 와인 한 잔을 곁들이면 시간이 증발하는 듯한 느낌이 들 것이다.

하동관

서울 중구 명동1가 명동9길 12 | 02-776-5656

대한민국에 입국해서 딱 한 끼의 식사를 국에 만 밥으로 하려고 한다면 추천해야 할 최종 후보 중 하나. 특히 명동 본점을 가면 1939년 개업이라는 역사성이 맛에 녹아들어 있음을 느끼게 된다. 메뉴는 곰탕 하나지만 보통, 특, 스무공(2만 원짜리 특별 주문), 스물다섯공(2만 5,000원짜리 특별 주문), 내장 많이, 국물 많이, 밥 조금 등 다양한 주문에 맞춰 나만의 곰탕을 만들 수 있다. 긴 줄이 두렵다면 여름이든 겨울이든 점심시간대는 피해 가는 것을 권장한다. 그날의 판매분이 소진되면 문을 닫기 때문에 대략 오후 4시가 폐장 시간이라는 것을 염두에 둬야 한다.

이남장

서울 중구 명동 삼일대로12길 16 | 02-2267-4081

서울에서 가장 오래된 설렁탕집을 찾으면 창업 100년이 넘은 '이문설렁탕'이 있지만 끊임없는 설렁탕 맛의 연구를 기준으로 한다면 이남장 역시 무시할 수 없는 관록을 자랑한다. 특히 설렁탕과 곰탕 국물을 따로 끓인 뒤 배합하는 것이 장관. 여러 곳의 분점이 있지만 을지로 본점을 찾는 것을 권장한다.

와타나파닛 Wattana Phanich

336 338 Ekkamai Rd, Khlong Tan Nuea, Watthana, Bangkok 10110, Thailand | +66 2 391 7264

방콕에서 손가락에 꼽히는 우육탕면집. '郭炎松'이라는 창업자의 이름을 봐도 짐작할 수 있듯 중국 차오저주潮州식 우육탕이 태국 사람들의 입맛에 맞게 변형된 형태로 보인다. 소뼈, 내장, 고기와 각종 향신료를 넣고 푹푹 곤 진하디진한 국물에 대개 국수를 말아 먹는데, '카오라오'로 달라고 하면 국수를 빼고 고기 건더기와 국물만 한 사발을 준다. 그럼 거기에 공깃밥을 시켜 말아 먹을 수 있다. 한국인에겐 거무튀튀한 낯선 국물이 다소 경계심을 자아내지만, 일단 한번 먹어 보면 기억을 떠올릴 때마다 군침이 도는 맛.

교통부돼지국밥
부산 부산진구 연지동 연지로 12-1 | 051-805-3591

부산에는 돼지국밥 잘 하는 집이 천지고 그 맛도 매우 다양하지만 아무래도 가장 큰 구분은 밀양식과 부산식. 뽀얀 국물에 파를 넣는 밀양식과 말간 국물에 정구지(부추)를 넣는 부산식이 두 개의 큰 흐름인데 요즘은 다양한 변형들이 점점 늘어나고 있다. 6·25 당시 행정수도였던 부산의 교통부 자리 앞에 있어 '교통부국밥'이 된 범일동 할매국밥은 부산식의 대표적인 식당. 지금도 돼지 국물이 맞나 싶을 정도로 잡내 없는 깔끔한 맛을 자랑한다. 2대째를 맞은 교통부국밥은 연지동과 부전동의 두 군데에서 성업 중이다.

6장   불+고기 편

한일관
서울 강남구 압구정로38길 14 | 1577-9963

1939년에 개업한 서울식 불고기의 대명사. 종로의 터줏대감이다가 본점을 강남으로 옮겨 성업 중이다. 간판은 역시 하루 300인분도 팔았다는 불고기와 서울식 육수맛의 냉면. 아직도 간이 세지 않은 전통식의 맛을 유지하고 있다. 비빔밥, 육개장 등 일반 식사류에도 대단한 강점이 있다.

유래회관
서울 성동구 마장로 196 | 02-2293-8866

성동구 홍익동 부근에서 대도식당, 특우정과 함께 3대 고기 전문점으로 꼽히는 식당. 특히 부근의 라이벌인 대도식당과는 창업 때부터 밀접한 관계에 있었던 것으로 알려져 있다. 백종원 대표가 평소 자주 찾을 정도로 육질의 가공에 일가견이 있는 식당. 생등심이 전문이며 후식 메뉴로 나오는 된장국수가 특이하다.

킨즈 스테이크하우스 Keen's Steakhouse
72 W 36th St, New York, NY 10018, USA | +1 212-947-3636

피터 루거, 울프강 등과 어깨를 나란히 하는 맨해튼 굴지의 스테이크하우스. 에이브러햄 링컨과 시어도어 루스벨트 등 역대 대통령에서 홈런 타자 베이브 루스, 가극왕 엔리코 카루소까지 일세를 풍미한 셀러브리티들이 이용했던 식당이다. 2층으로 올라가면 거대한 무스 머리 박제가 스테이크와 남성성의 관계를 직접 보여주는 듯. 거대한 티본 접시를 받으면 20세기 초로 돌아간 듯한 느낌을 준다.

라 쿠폴 La Coupole

102 Boulevard du Montparnasse, 75014 Paris | +33 1-43-20-14-20

장 콕토, 사르트르, 헤밍웨이가 즐겨 찾았다는 파리의 명소. 1927년 개업으로 100년을 바라보는 역사를 갖고 있다. 아르데코 양식으로 건설된 식당 건물까지도 문화재급으로 취급받고 있다. 프랑스의 유명 소고기 산지 중 하나인 샤틀레산 소를 이용한 다양한 메뉴가 유명하고, 특히 타르타르스테이크는 파리에서도 유명한 명물이다.

엘 카프리초 Bodega El Capricho

c/ Carrobierzo, 28, 24767 Jiménez de Jamuz, León, Spain | +34 987-66-42-24

세계 최고의 스테이크하우스로 꼽히고 있는 스페인 레온의 레스토랑. 생육 기간 3년 이하의 소들을 취급하는 미국식 레스토랑에 비해 6년 이상, 최고 18년까지 키운 소를 특유의 방식으로 장기간 숙성시켜 굽는 특특한 방식으로 세계 미식가들로부터 호평을 받았다. 특히 마블링이 많은 미국 소와는 달리 풀을 먹고 자란 소 특유의 육향이 짙은 느낌.

꽃 Cote

16 W 22nd St, New York, NY 10010 미국 | +1 212-401-7986

맨해튼에서 한창 각광받는 한식당. 정통 스테이크하우스를 표방하면서 등심, 양념갈비, 불고기를 한국식 숯불에 구워 상추, 마늘 등 한국식 쌈재료와 함께 서비스하는 특유의 스타일로 인기를 끌고 있다. 특히 전통적인 한국 레스토랑과는 다른 세련된 분위기가 특징이다. 지하의 바도 핫플레이스로 꼽히고 있다. 2018년 미슐랭 원스타를 받았다.

7장   짜장면 편

태화원

인천광역시 중구 선린동 22 | 032-766-7688

신승반점, 만다복 등과 함께 인천 차이나타운의 터줏대감 손덕준 셰프가 운영하는 노포. 기본 짜장인 '인천 향토짜장'의 이름에서 자부심이 느껴진다. 춘장을 쓰지 않는 하얀 짜장과 역시 고춧가루를 쓰지 않은 하얀 짜장에서는 전통과 현대의 조화를 느낄 수 있다. 깐풍기와 라조기 등 강한 불을 사용하는 요리에 특히 강점이 있다.

엠피르 셀레스테 Empire Celeste

5 Rue Royer-Collard, 75005 Paris, France | +33 1-43-26-80-49

상하이의 1950년대 건물을 보는 듯한 고색창연한 분위기가 눈길을 사로잡는다. 적당한 가격에 요리 몇 가지를 반찬으로 주문하고 공깃밥을 시켜 식사하는 것을 권장한다. 여러 명이 갈수록 여러 가지 요리를 먹을 수 있어 좋다는 것은 어느 나라를 가도 중국집의 기본 요령. 산라탕hot and sour soup, 라쯔지spicy chicken, 블랙빈 소스로 조리한 소고기beef witth blackbeen sauce 등을 권장. 주인장이 산둥 옌타이 출신이므로 짜장면을 먹어보는 것도 좋다. 한국식과 산둥식의 중간 정도 느낌. 단 주류는 와인만 판매한다.

후다 본점 胡大饭馆, Huda Restaurant
Dong Zhi Men, Dongcheng Qu, Beijing Shi | 东城区 东直门内大街223 | +86 6400 3511
둥즈먼東直門 근처에 있는 구이제 마라 거리의 제왕. 약 2킬로미터에 다다르는 거리 양편으로 '후다胡大'라는 간판을 단 대형 식당들이 본점부터 5호점까지 위풍당당 성업 중이다. 당연히 마라샤오룽샤를 먹어야 하고, 역시 마라 양념을 한 개구리 통구이와 토끼 머리도 별미다. 매운 입은 차가운 맥주로 씻어내려도 좋고, 이 집의 명품인 소 위로 끓인 내장국수, 셴라뉴두 鲜辣牛肚도 강력히 추천한다.

도원 桃园中华料理
山东省青岛市市南区燕儿岛路20-7 | +86 13730947412
중국 여행 중 향수(?)를 달래기 위해 고국의 맛이 궁금하신 분들이 찾아갈 수 있는 한국식 중화요리 전문점. 달달한 한국 짜장 맛을 온전히 느낄 수 있다. 물론 한국인보다는 중국 손님들이 압도적으로 많다. 짜장면 한 그릇에 20위안의 착한 가격인데, 1인당 50위안짜리 코스(4인 이상 주문)를 시키면 가성비의 신기원을 볼 수 있다는 후문. 칭다오 대학교 근처인데, 구글맵에 나오지 않으니 이 책에 있는 주소를 운전기사에게 보여주는 편이 가장 빠른 방법일 수 있다.

8장 삭힌 맛 편

털보선장횟집
충남 태안군 안면읍 백사장1길 95 | 041-672-1700
안면도 백사장항의 전통 있는 횟집·게장 전문점. 안면도답게 새우와 게를 중심으로 한 다양한 메뉴들을 보유하고 있다. 특히 게장과 게국지가 유명하고, <양식의 양식> 제작진이 들렀을 때에는 옛날 방식으로 염장게장을 맛보여 주기도 했다. 오래전 어부들의 방식인 염장게장은 정식 메뉴에는 없지만, 궁금하신 분들은 혹시 미리 연락해서 부탁하면 가능할지도 모른다.

흑산도 홍어

서울 서초구 방배천로 40-2 | 02-584-1275

노포는 아니지만 전통의 명가들을 제치고 진짜 제대로 된 홍어 맛을 볼 수 있는 집으로 각광받고 있는 홍어 전문점. 젊은 감각의 양식 전공 요리사가 마련하는 홍어 코스(1인당 5만 원)가 경쟁력 있다고 정평이 나 있다. 특히 홍어애탕은 서울에선 이만한 집이 드물다는 평. 최강창민을 깜짝 놀라게 한 삭힌 홍어전도 별미다.

김포 소쇄원 김포본가

경기도 김포시 대곶면 송마리 973 | 031-981-1146

같은 김포 지역에 소쇄원 '김포본가'와 '김포본점'이 있는데 무슨 사연인지는 알 길이 없으나 촬영을 한 곳은 '김포본가'다. 간장게장정식 1인분의 가격(4만 2,000원)은 만만치 않으나 맛과 게의 크기를 보면 인정을 하게 하는 면이 있다. 서울에서 간다면 야외로 나간 시원한 풍경이 일품이다.

쏜통 포차나 Sornthong Pochana, 頌通酒家

2829 31 Rama IV Rd, Khlong Toei, Bangkok 10110 Thailand | +66 2-258-0118

이미 꽤 알려진 방콕 맛집. 날게를 간장 대신 남쁠라로 양념해 먹는 태국식 게장 '뿌덩'과 생새우를 남쁠라 양념으로 먹는 '꿍채남쁠라'가 별미다. 물론 태국 식당에서 일반적으로 먹는 솜땀류와 뿌빠퐁가리 등 요리도 수준이 높다.

블루 엘리펀트 방콕 Blue Elephant Bankok

Surasak BTS Station, 233 S Sathon Rd, Yan Nawa Sathon Surasak, Bangkok 10120 Thailand | +66 2-673-9354

100년 전통을 자랑하는 태국 굴지의 전통 레스토랑. 미주·유럽에도 이미 30년 전에 분점을 냈다. 태국 중부 요리의 중심이며 궁중 요리에서 비롯된 고급 퀴진을 맛볼 수 있다. 대신 일반적인 태국 식당에 비하면 격조 있는 가격. 2인 10만 원 정도는 있어야 정찬을 즐길 수 있다. 쿠킹 클래스도 유명하다.

양식의 양식

참고문헌

1   한성우,《우리 음식의 언어: 국어학자가 차려낸 밥상 인문학-음식의 언어》(어크로스, 2016)

2   김재민 외 공저,《대한민국 돼지산업사: 삼겹살, 한국인의 소울푸드가 되기까지》(팜커뮤니케이션, 2019)

3   김재민 외 공저,《대한민국 돼지산업사: 삼겹살, 한국인의 소울푸드가 되기까지》(팜커뮤니케이션, 2019)

4   동아일보(1967년 6월 5일 자)

5   경향신문(1968년 7월 13일 자)

6   서현정 외 공저,《한국민중구술열전》(눈빛, 2005)

7   제프리 스타인가튼,《모든 것을 먹어본 남자》(북캐슬, 2010)에서 재인용

8   주영하,《식탁 위의 한국사》(휴머니스트, 2013)에서 재인용

9   이용재,《냉면의 품격》(반비, 2018)에서 재인용

10 앤드루 롤러,《치킨로드: 문명에 힘을 실어준 닭의 영웅 서사시》(책과함께, 2015)

11 재레드 다이아몬드,《대변동 위기, 선택, 변화: 무엇을 선택하고 어떻게 변화할 것인가》(김영사, 2019)

12 김상보,《조선시대의 음식문화》(가람기획, 2006)

13 주영하,《한국인은 왜 이렇게 먹을까》(휴머니스트, 2018)에서 재인용

14 주영하,《식탁 위의 한국사: 메뉴로 본 20세기 한국 음식문화사》(휴머니스트, 2013)

15 김훈,《칼의 노래》(문학동네, 2014)에서 재인용

16 장항석,《판데믹 히스토리》(시대의창, 2018)

17 리처드 랭엄,《요리 본능: 불, 요리, 그리고 진화》(사이언스북스, 2011)

18 마빈 해리스,《음식문화의 수수께끼》(한길사, 2018)

19 김동진,《조선, 소고기맛에 빠지다》(위즈덤하우스, 2018)

20 주영하,《음식 인문학》(휴머니스트, 2011)

21 마크 쿨란스키,《소금: 인류사를 만든 하얀 황금의 역사》(세종서적, 2003)

22 이시게 나오미치,《음식의 문화를 말하다》(컬처그라퍼, 2017)

23 빌 프라이스,《푸드 오디세이: 음식은 어떻게 인류 역사를 바꾸었나》(페이퍼스토리, 2017)

24 마크 쿨란스키,《소금: 인류사를 만든 하얀 황금의 역사》(세종서적, 2003)

양식의 양식